山西文華·著述編

曇鸞集

北魏 曇鸞◎著　陳揚炯　馮巧英◎評注

《山西文華》編纂委員會　編

山西出版傳媒集團
三晋出版社

圖書在版編目(CIP)數據

曇鸞集 / 陳揚炯，馮巧英評注．—太原：三晋出版社，2018.11

ISBN 978-7-5457-1780-8

Ⅰ．①曇… Ⅱ．①陳… ②馮… Ⅲ．①净土宗—佛經—譯文 ②净土宗—佛經—注釋 Ⅳ．①B946.8

中國版本圖書館 CIP 數據核字(2018)第 263599 號

曇鸞集

著　　者：〔北魏〕曇　鸞
評 注 者：陳揚炯　馮巧英
責任編輯：落馥香
審　　訂：梁歸智　孫希鎮

封扉設計：山西天目·王明自
出 版 者：山西出版傳媒集團·三晋出版社（原山西古籍出版社）
地　　址：太原市建設南路 21 號
郵　　編：030012
電　　話：0351-4922268（發行中心）
　　　　　0351-4956036（總編室）
　　　　　0351-4922203（印製部）
網　　址：http://www.sjcbs.cn

經 銷 者：新華書店
承 印 者：山西臣功印刷包裝有限公司

開　　本：700mm × 1000mm　1/16
印　　張：18.5
字　　數：330 千字
版　　次：2018 年 11 月　第 1 版
印　　次：2018 年 11 月　第 1 次印刷
書　　號：ISBN　978-7-5457-1780-8
定　　價：110.00 圓

ISBN 978-7-5457-1780-8
9 787545 717808 >

《山西文華》編纂委員會

《山西文華》學術顧問委員會

《山西文華》分編主編

出版説明

山西東屏太行，西瀕黄河，北通塞外，南控中原，是中華民族的主要發祥地之一。中華文明輝煌燦爛，三晋文化源遠流長。歷史文獻豐富、文化遺産厚重，形成了兼容並包、積澱深厚、韵味獨特的晋文化。山西省政府決定編纂大型歷史文獻叢書《山西文華》，以彙集三晋文獻、傳承三晋文化、弘揚三晋文明。

《山西文華》力求把握正確方向，尊重歷史原貌，突出山西特色，薈萃文化精華，按照搶救、保護、整理、傳承的原則整理出版圖書。叢書規模大，編纂時間長，參與人員多，特將有關編纂則例簡要説明如下。

一、《山西文華》是有關山西現今地域的大型歷史文獻叢書，分"著述編""史料編""圖録編"。每編之下項目平列；重大系列性項目，按其項目規模特徵，制定合理的編纂方式。

二、"著述編"以 1949 年 10 月 1 日前山西籍作者（含長期在晋之作者）的著述爲主，兼收今人有關山西歷史文化的研究性著述。

三、"史料編"收録 1949 年 10 月 1 日前有關山西的方志、金石、日記、年譜、族譜、檔案、報刊等史料，以影印爲主要整理方式。

四、“圖録編”主要收録1949年10月1日前有關山西的文化遺產精華，包括古代建築、壁畫、彩塑、書畫、民間藝術等，兼收古地圖等大型圖文資料。

五、今人著述采用簡體漢字横排，古代著述采用繁體漢字横排。

《山西文華》編纂委員會

No. 1957

❶略論安樂淨土義

❷釋曇鸞撰

問曰。安樂國於三界中何界所攝
答曰。❸如釋論言。如斯淨土非三界所攝。何以故。無欲故非欲界。地居故非色界。有❹形色故非無色界。經曰。❺阿彌陀佛本行菩薩道時。作比丘。名曰法藏。於世自在王佛所。❻請問諸佛淨土之行。時佛爲說二百一十億諸佛刹土天人善惡國土精麁。悉現與之。于時法藏菩薩。卽於佛前。發弘誓大願。取諸佛土。於無量阿僧祇劫。如所發願。行諸波羅蜜。萬善圓滿。成無上道。別業所得。非三界也
問曰。安樂國有幾種莊嚴。名爲淨土
答曰。若依經據義。法藏菩薩四十八願卽是

慧光明照除癡闇。十一者。梵聲開悟遠聞十方。十二者。阿彌陀佛無上法王善力住持。十三者。從如來淨華所化生。十四者。愛樂佛法味。禪三昧爲食。十五者。永離身心諸苦。受樂無間。十六者。乃至不聞二乘女人根缺之名。十七者。衆生有所欲樂。隨心稱意。無不滿足。如是等⑬十七種。是名器世間淸淨。衆生世間淸淨有十二種莊嚴成就。一者。無量大珍寶⑭王微妙華臺以爲佛座。二者。無量相好無量光明莊嚴佛身。三者。佛無量辨才應機說法。具足淸白。令人樂聞。聞者必悟解。言不虛⑮說。四者。佛眞如智慧猶如虛空。照了諸法總相別相。心無分別。五者。天人不動衆廣大莊嚴。⑯譬如須彌山映顯四大海。法王相具足。六者。成就無上果。尙無能及。況復過者。⑰七者。爲天人丈夫調御師。大衆恭敬圍遶。如師子王師子⑱圍遶。八者。佛本願力莊嚴住持諸

大正新修《大藏經》書影

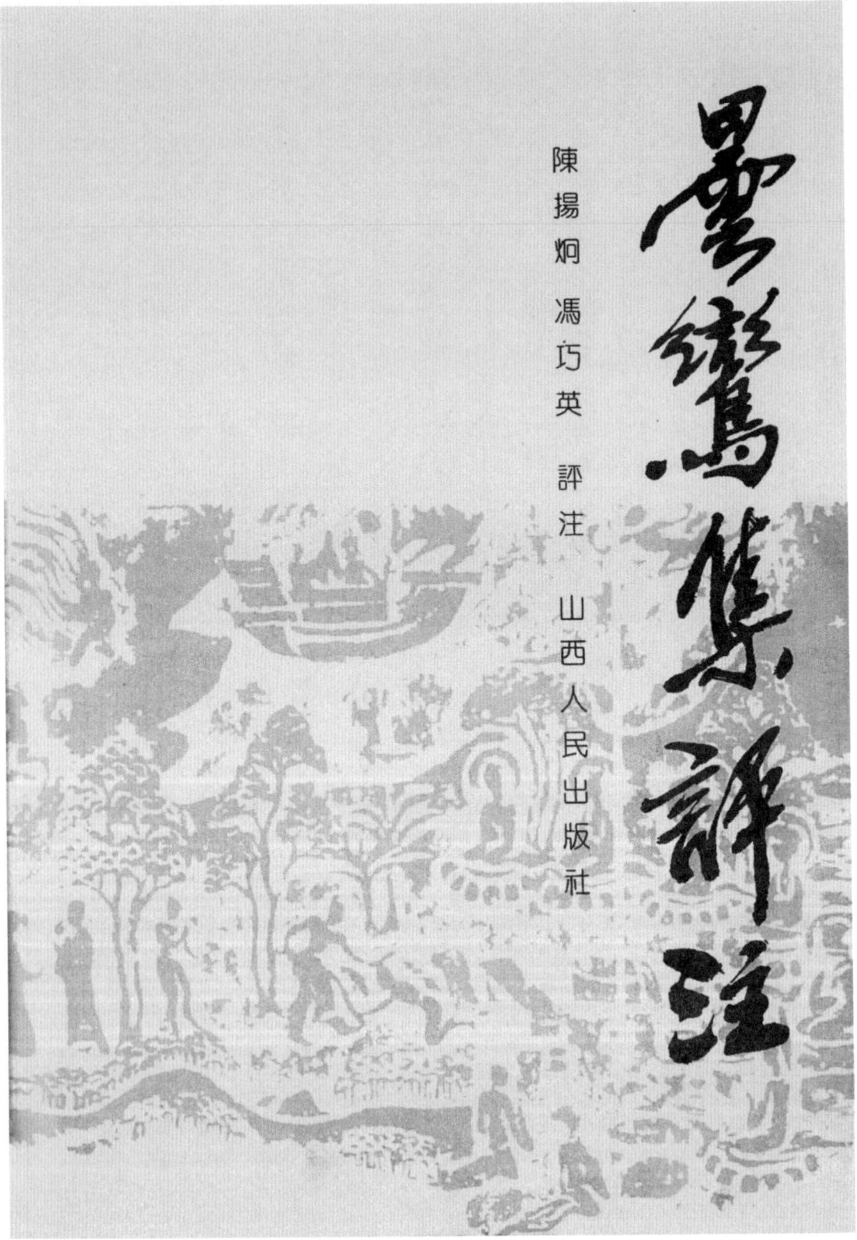

1992 年山西人民出版社《曇鸞集評注》書影

出版前言

阿彌陀佛及其左脅侍觀世音菩薩、右脅侍大勢至菩薩，合稱“西方三聖”。阿彌陀佛之國土稱爲“西方淨土”，或稱“安樂國”，通常稱“西方極樂世界”。

持念阿彌陀佛名號，仗佛力求生西方淨土者，稱爲淨土宗。

淨土宗爲佛教中的一派。因它最富宗教性而又最簡便易行，信仰者頗多。中國佛教，在唐宋以後，可以説是禪宗與淨土的天下，而明清以來，又可以説是淨土一宗之天下。佛門即淨土，淨土即佛門，一句“阿彌陀佛”，成爲整個佛門僧尼的口頭語。由此，淨土法門又普及於民間，“家家觀世音，户户阿彌陀”，阿彌陀佛成爲中國民衆精神的宗教砥柱。

淨土宗的創始人、奠基者則是曇鸞。

曇鸞（476—542）學問淹博，不僅深通佛理，對中國傳統思想尤其是道家思想也頗有研究。產生於印度的阿彌陀佛淨土信仰傳入中國後，影響不大。曇鸞按照中國國情，把印度的一套加以解釋、發揮，創造出中國的淨土理論，爲以後的淨土宗奠定了理論基礎。日本的淨土宗及淨土真宗都奉曇鸞爲中國淨土宗的初祖，並不是偶然的。

曇鸞的主要著作爲《往生論注》，是對印度世親（天親）《無量壽經優婆提舍願生偈》的注解。此作剖一爲二，分爲上下兩卷，上卷解釋偈頌，下卷專釋長行，其間隨處發表他的見解。《贊阿彌陀佛偈》，有七言偈一百九十五行，是依《無量壽經》贊詠阿彌陀佛及其淨土的作品，又名《無量壽經奉贊》或《大經奉贊》。《略論安樂淨土義》，用問答體裁解説有關彌陀淨土的疑問，原附屬於《贊阿彌陀佛偈》流傳，名爲《問答》。現存的曇鸞著作，就是這三篇。

20 世紀 90 年代初，陳揚炯、馮巧英伉儷曾將曇鸞的以上著作進行注釋及評述，名曰《曇鸞集評注》，由山西人民出版社出版。《山西文華》叢書啟動後，編委會將此書列入"著述編"，依叢書之體例重新排版，易名爲《曇鸞集》。時過境遷，惜陳先生已駕鶴西游，一切增删訂訛等工作，均由馮先生承擔。

本書依據的底本爲日本《大正藏》。《大正藏》所收録的曇鸞著作較精確，整理者主要做了注釋和評述的工作。《曇鸞的生平及其思想》一文，試圖對曇鸞作一個總的評價，放在曇鸞著作之前，供讀者參考。

不妥之處，敬請讀者批評指正。

三晋出版社

2018 年 5 月

凡　例

一、本書以日本《大正藏》(《大正新修大正藏經》)所收録曇鸞著述爲底本。《大正藏》所收録的曇鸞著述,自日本淨土真宗祖師親鸞加點之後,歷代曾多次廣收各種藏本校對,因而頗爲可靠,個别錯訛之處,於注中説明。

二、原文未分章節,某些地方段落不清。此次整理,按原文順序分章節並分清段落,以醒眉目。

三、曇鸞爲世親(天親)《往生論》作注,都是先列世親的原文,然後注解。有時一句一注,有時兩句一注、三句一注,直至十幾句一注不等。注解中或再引原文,或不引。因此,世親的原文與曇鸞的注解已渾然一體,不可分割。我們只能把世親的原文和曇鸞的注解同録,先以【 】列世親的原文,再列曇鸞的注解。不過,我們只注解曇鸞之文,對世親的原文則只録不注。

四、佛教有其一套自成體系的名詞術語,盡可能予以通俗的解釋,很難通俗解釋的,只能仍用佛家語言説明。有的頗有歧義,或不同時代中詞義有變化,或不同宗派的解釋各異,注釋中一般按曇鸞原意擇善而從,需要列舉歧義者則一一列舉。

五、原文爲文言文,其中的非佛家典故及生僻字,也酌情注釋,以便讀者。

六、曇鸞的《往生論注》《贊阿彌陀佛偈》及《略論安樂淨土義》,

爲各成體系的獨立著作,因而分别爲其獨立注釋。如此,三篇的注釋之間,自有不可避免的重復。

七、附録不同時代有關曇鸞之傳記八篇,供讀者比較、研究之用。

目 録

曇鸞的生平及其思想

隋唐時期,中國佛教八個宗派相繼形成,淨土宗爲其中之一。五代之後,各個宗派都衰微了,只有禪宗和淨土宗尚能廣泛流傳。宋代,禪淨合流。明代以後,淨土宗成爲各宗共同信仰的中心,以至"人人阿彌陀,家家觀世音",佛門已是淨土一宗的天下。而淨土宗真正之奠基者,則應當爲山西玄中寺的曇鸞。

一、曇鸞的生平

曇鸞(476—542),或作曇巒。據《續高僧傳》卷六、《佛祖統紀》卷二十七、《古清涼傳》卷上、《往生西方淨土瑞應傳》《淨土往生傳》卷上載,爲雁門(治所在今山西代縣)人。唐代迦才《淨土論》説是并州汶水(今山西文水)人,恐誤。他出生"高族",因家近五臺山,從小就聽了有關文殊菩薩靈異的種種傳説。十四歲時,登山尋訪靈跡,在今佛光寺址"結草爲庵,心祈真境。既而備睹聖賢,因即出家"(《古清涼傳》卷上)。一説"遊五臺山金剛窟,見異征,遂落髮"(《代州志》)。

其時,北魏佛教盛行。從道武帝拓跋珪建都平城(今山西大同市),便在平城建立塔寺,設立沙門統,令綰攝僧尼。明元帝拓跋嗣敬佛,並令僧人開導民俗。太武帝拓跋燾滅佛,爲中國佛教史上“三武一宗”滅法之始。文成帝拓跋濬嗣位,明令重興佛教。從文成帝起,北魏國勢開始衰落,各種社會矛盾日益尖鋭。孝文帝元宏實行均田制等改革,民衆反抗有所緩和。但平城周圍,農民吃不到糟糠,織婦穿不上短衣,而官庫則谷帛充盈,商市寶貨滿列。487 年大旱,孝文帝只好讓大批貧民出境求食。朝廷之中,漢族士人與鮮卑貴族之間的矛盾加劇,鮮卑貴族内部的分歧越來越深刻。493 年,孝文帝遷都洛陽,推行鮮卑的漢化,取得了漢族士人的支持。但他三次起大軍攻齊無功,最後病死於歸路上。從此,北魏進入内亂時期。國勢日弱,向宗教求助則日益加强。在統治者大力扶植下,佛教蓬勃發展,以平城爲中心的周圍地區發展尤爲迅速。460 年,文成帝令沙門統曇曜開鑿雲冈石窟,主要石窟完成於遷都洛陽前的三十多年中。五臺山正在開拓,清涼寺、大孚靈鷲寺、佛光寺、宕昌寺等數十所寺院建成,香火頗盛。515 年,整個北魏疆域内寺院已有一萬三千七百餘所之多。一族一村的佛教組織遍於民間,稱爲“義邑”。信徒們以修功德爲主要事務,因而使北魏佛教呈現出偏重宗教實踐的特點。但是,佛教義學也頗爲發達,有學問的小乘、大乘僧人各就所學,標舉心得,聚徒講授,形成學派,與南朝僧人共同爲隋唐佛教全盛時期作了重要準備。

在這種佛教氣氛濃郁的環境中,曇鸞精研佛學,廣學經論,尤其對於《中論》《百論》《十二門論》《大智度論》等“四論”及佛性學説,很有研究。

“四論”是印度龍樹一系倡導的大乘中觀學派的基本著作,其核心觀念是“中觀”或稱“中道觀”。《中論·觀四諦品》給“中道“下的經典性定義是:

“衆因緣生法,我説即是空,亦爲是假名,亦是中道義。”

意思是説,諸法(萬事萬物)是因緣和合而生,並無自性,故性空。因其性空而非真有,只是假有;雖是性空而假有,畢竟非“無”。

既要看到現象假有,也要看到現象非無。既不執着於"有",也不執着於"無"。非無非有,亦無亦有,無有雙遣,不落兩邊,便是"中道"。

北魏弘揚四論的稱爲四論師,是北魏佛學中的一個重要學派。曇鸞學識淵博,遠近聞名,爲四論師學派中的高僧。在後來曇鸞的淨土理論中,常見中觀學派的影響,這決不是偶然的。不過,曇鸞不僅精通佛學,他於諸子百家,無不涉獵,於道家造詣尤深。因此,在他的著作中,也有百家的痕跡,尤其存在着道家明顯的影響。

曇鸞讀北涼曇無讖所譯的《大集經》,感到經中的詞義深奥,難以看懂,便着手注釋。寫了一半多,忽然得了氣疾,暫時停筆。於是出門尋醫治療,到了汾州,氣疾忽然好了,又想繼續寫作。但又感到生命短促,如果不獲長年,很難完成自己的志願。聽説江南道士陶弘景(456—536)精研神僊方術,學問淵博,便於梁大通(527—528)年間南遊相訪。這時,曇鸞已經五十一歲。

當時梁朝對於北人入國是不輕易允許的。曇鸞到了梁都建康(今江蘇南京市),經過官府的勘問,被引見梁武帝蕭衍(502—549)。武帝非常好佛,他不但大力支持佛教,而且四次捨身同泰寺爲寺奴,親自講經説法,還著有各種經的疏記、問答等數百卷。武帝知道曇鸞不是北魏的奸細,請他入重雲殿談論佛性深義。後來,武帝常顧侍臣云:"北方鸞法師……肉身菩薩也。"(《續高僧傳·僧達傳》)材料缺乏,曇鸞怎麽談的,已經無法知曉了。不過,他的見解能够得到武帝這樣内行人的極高評價,説明他的佛學造詣一定是很高的。

陶弘景住在句容的茅山,自號"陶隱居"。他是卓越的道教學者,於陰陽、五行、風角、星算、山川、萬物、醫術、本草等,無不通曉,勤於著述,開創了對後世道教發展有深遠影響的茅山宗。他在政治上也很活躍,梁武帝遇有朝廷大事,常前往咨詢,時人稱之爲山中宰相。曇鸞在建康先寫信給陶弘景,説明願從他學僊術的來意。陶弘景回信表示歡迎,在茅山殷勤接待曇鸞,不久即授與《僊經》十卷。曇鸞攜經辭還北魏，調心練氣，欲往名山進一步如法修煉。

途經洛陽時，曇鸞遇見北印度三藏法師菩提流支，便問："佛法中頗有長生不死法，勝此土《僊經》者乎？"菩提流支回答説："是何言歟！非相比也。此方何處有長生法！縱得長年，少時不死，終便輪回三有（指慾界、色界、無色界）耳。"意思是説，道教不配與佛教相比，靠道教的《僊經》，即使能多活些年，終究不能擺脱生死輪回，達到長生不老的。菩提流支把一部《觀無量壽經》授給曇鸞，説："此大僊方，依之修行，當得解脱生死。"（《續高僧傳·曇鸞傳》）曇鸞頂禮接受此經，當場把江南帶來的十卷《僊經》燒掉，從此研究和弘揚淨土信仰。

曇鸞的淨土學説傳自菩提流支，但也有别的説法。有的認爲，菩提流支是經過慧寵、道場二師傳於曇鸞的，其依據是道綽的《安樂集》卷下：

"第一依中國及以此土大德所行者。余五翳（按指煙、雲、塵、霧、阿修羅之手五者能障日月之光，稱爲五翳）面牆，豈寧自輒？但以遊歷披勘，敬有師承。何者？謂中國大乘法師流支三藏；次有大德呵避名利，則有慧寵法師；次有大德尋常敷演，每感聖僧來聽，則有道場法師；次有大德和光孤棲，二國慕仰，則有曇鸞法師；次有大德禪觀獨秀，則有大海禪師；次有大德聰慧守戒，則有齊朝上統（按指法上）。"

道綽這裏説的是"師承"，因而人們據此列出曇鸞一系的傳統是：菩提流支——慧寵——道場——曇鸞——大海——法上。

其實，這是誤解。

淨土名"宗"，但這個宗與其他各宗不同，它根本不存在法嗣制度，既没有師徒授受、衣缽相傳那一套，也没有"心心相印"的説法。道綽在這裏所説的"師承"只不過是從思想影響的意義上説的，並非指法嗣相傳。其次，道綽所謂師承六大德，意思是説，道綽自己曾接受這六位高僧的思想影響，並不是給這六位高僧排列師徒關係。

再次，這六位高僧之間一般没有師徒關係。慧寵，即道寵，《續高僧傳》中有傳。他俗名張賓，大約在北魏分裂爲東西魏之後，在鄴都(故址在今河南安陽境内)從菩提流支學習《十地經論》，並自開講席。他的活動高潮是在北齊年間，爲地論師北道系的創始者。道場(一作長)精通《大智度論》，在鄴都敷講，爲四論師名僧，他的活動高潮也是在北齊年間。這兩人雖然也信仰淨土，但稍晚於曇鸞，與曇鸞没有任何交往的記載，很難相信曇鸞是道場的弟子，道寵的法孫。又如法上，是慧光的門人。當菩提流支在洛陽譯《十地經論》時，慧光曾參與譯事，爲地論師南道系的創始者。在慧光門人中，法上的成就最大，在北齊任最高僧官"大統"。他在弘揚地論的同時，崇信彌勒，願生兜率淨土，與曇鸞的彌陀淨土信仰不是一回事。道綽把他列入淨土六大德之内，顯然是在廣義的淨土信仰意義上説的，恐怕不會把他當作曇鸞的法孫。可見，道綽《安樂集》列舉淨土六大德，只是列舉淨土信仰(包括彌勒信仰)的名僧。如果把這六大德當作淨土宗祖師世系，以爲曇鸞是慧寵法孫，那就錯了。

曇鸞返回北魏後，精修淨業，自行化他，逐漸得到廣大群衆的皈依，這時已是北魏末年，戰亂頻仍，民不聊生。534年，北魏分裂爲東西兩魏，東魏孝靜帝遷都於鄴，十七年後爲北齊所代。在這種亂世，民間原有的彌勒信仰盛行，同時，曇鸞所倡導的彌陀信仰也在迅速發展。據道宣《曇鸞傳》記載，孝靜帝對曇鸞非常敬重，稱之爲"神鸞"，並敕住并州大寺(故址在今太原)。後來，曇鸞移居汾州北山石壁玄中寺(今山西交城玄中寺)，又時常到介山(今山西介休縣綿山)之陰集衆念佛，後人稱此處爲鸞公岩。玄中寺直到唐代仍是傳佈淨土信仰的中心，曇鸞在玄中寺的時期應該是他一生最有光彩的時期，可惜史料佚失，已經無法具體瞭解了。

東魏興和四年(542)，曇鸞因疾入滅於平遥的山寺，時年六十七歲。魏孝靜帝敕葬於汾西泰陵文谷，營造磚塔，並爲立碑。

關於曇鸞入滅的年代，唐時已有異説。唐代迦才《淨土論》卷下的《曇鸞傳》載:“魏末高齊之初猶在。”《續高僧傳》卷十二《道綽傳》及文諗、少康《往生西方淨土瑞應傳》都稱他爲“齊時曇鸞法師”。另外,據近人羅振玉所藏拓本北齊天保五年二月《敬造太子像銘》,記有二十個名字,其中有“比丘僧曇鸞”。據此,曇鸞入滅似應在北齊天保五年(554)以後,當達八十高壽。

曇鸞的主要著作有:

《往生論注》(即《無量壽經優婆提舍願生偈注》)二卷,是注釋世親著《往生論》的,上卷解釋此書的二十四行“願生偈”,下卷注釋此書對偈頌所作的釋文。

《略論安樂淨土義》一卷,對阿彌陀佛的“安樂”(或譯“極樂”)淨土進行描繪、論述,並宣傳達到“往生”淨土的修行方法。

《贊阿彌陀佛偈》,有七言偈頌一百九十五行,依據《無量壽經》,贊頌阿彌陀佛及其淨土。

此外,《續高僧傳·曇鸞傳》載:他善於“調心練氣,對病識緣”,著有《調氣論》,著作郎王邵爲之作注,流行於世。《隋書·經籍志》子部醫方類載曇鸞著《療百病雜丸方》三卷,《論氣治療法》一卷。《舊唐書·經籍志》丁部醫術類録曇鸞《調氣方》一卷。《宋史·藝文志》子部神仙類録曇鸞《服氣要訣》一卷。可見,曇鸞除弘揚彌陀淨土信仰外,還行醫治病,從事醫學著述,醫學造詣很高,尤其善於調氣。這可能與他自己得過氣疾又治好氣疾的體驗有關。毫無疑問,這對於他接近民眾弘揚淨土是很有幫助的。

曇鸞的弟子不見記載。在曇鸞與道綽之間,《佛祖統紀》卷二十七記載往生高僧有二十二人,這些人和曇鸞沒有直接關係。如前所述,道綽《安樂集》所舉淨土教系六大德的名字,提到曇鸞之後有大海和法上,並未肯定他們和曇鸞的傳承。只有日本聖聰《淨土三國佛祖傳集》卷上説大海是玄中寺鸞公的嗣法弟子,法上又是大海的嗣法弟子。這是對道綽六大德一説的誤解,並非事實。

真正祖述曇鸞的,是曇鸞去世二十年後才出生的道綽(562—

645)，以及淨土宗的建立者、道綽弟子善導(613—681)。曇鸞首次比較系統地注釋、論證彌陀淨土教義，初步建立了彌陀淨土教義體系，爲淨土宗的創立奠定了理論基礎。經道綽、善導的發揮、宣揚，彌陀淨土的影響遍於佛門，曇鸞之道可謂不孤了。

曇鸞在日本很受崇敬。日本僧人源空(1133—1212，號法然)，創立日本淨土宗。他在《選擇本願念佛集》中以菩提流支、曇鸞、道綽、善導、懷感、少康爲祖師(其《類聚淨土五祖傳》中没有菩提流支)，以自己爲他們的繼承者。源空的弟子親鸞(1173—1262)創立淨土真宗，他在《顯淨土真實教行證文類》六卷中，以印度的龍樹、世親(天親)，中國的曇鸞、道綽、善導，日本的源信、源空爲真宗七祖。在《正信念佛偈》中，他特稱曇鸞爲"本師"，贊頌道："本師曇鸞，梁天子常向鸞處菩薩禮。三藏流支授淨教，焚燒仙經歸樂邦。天親菩薩論注解，報土因果顯誓願。往還回向由他力，正定之因唯信心。或染凡夫信心發，證知生死即涅槃。必至無量光明土，諸有眾生皆普化。"在《高僧和贊》中，他爲上述真宗七祖所著的贊頌偈共 117 首，其中，贊曇鸞的有 34 首；其次是善導，26 首；第三才是日本的源空，20 首。日本淨土宗和淨土真宗都以曇鸞爲中國淨土宗的初祖，尊奉曇鸞、善導遺教，這是一致的。1920 年，日本名僧、淨土真宗的常盤大定來華踏查佛跡，發現玄中寺祖庭，公之於世。1942 年 7 月，與菅原慧慶率代表團到玄中寺，舉行了盛大的嚴修曇鸞大師圓寂一千四百周年法會及玄中寺奉贊大法會，宣佈"曇鸞大師之佛教……於中國佛教發展過程上地位之重要，及寄於日本淨土教學上稀有之功績，實示古今東西無可比儔之大哲學者及大宗教家之威儀"。自此以來，日本佛教界與玄中寺來往絡繹不絕，可見曇鸞影響之深遠。

二、曇鸞以前的淨土信仰

(一)淨土與穢土

爲了説明曇鸞的貢獻,我們需要簡單地追溯淨土信仰的軌跡。

一切宗教都宣稱,除了我們生活在其中的現實世界之外,還有一個天上世界。這種兩個世界的理論,是一切宗教的基礎。佛教也是如此。佛教把我們這個現實世界稱爲“娑婆世界”。“娑婆”是梵文的音譯,意爲堪忍。娑婆世界即堪忍世界,或譯忍土。佛教認爲,自無始以來,由於“無明”(貪、嗔、癡三者的總稱,三者又稱三毒)的緣故,衆生從出生到死,又從死到生,在生死苦海中流轉不息,可是衆生安於忍受衆惡三毒及諸煩惱,不肯出離,因而稱之爲娑婆世界。佛教也稱這個現實世界爲“火宅”,是説衆苦充塞,甚可畏怖,常有生老病死憂患,如是等火,熾然不熄。也稱這個現實世界爲“穢土”,是説污穢不淨,業障蔽蒙,受苦無量。

至於另一個世界,佛家則稱之爲佛國、淨土、淨界、淨刹、淨國、極樂世界等等。當然,原始佛教以釋迦牟尼佛爲歷史人物而不是神,他們追求的是現世的解脱而不是遥遠未來的死後如何到天國。但到部派佛教時期,佛已經被抬高爲超自然的神,而且提出“過去佛”的説法,宣稱在釋迦佛之前已有過去七佛,釋迦佛之後將有彌勒菩薩成佛。大乘佛教出現,佛教分化爲大乘、小乘。小乘一般認爲佛只有一個,數億歲出世一次,絶無二佛並出。他們也不承認有諸菩薩。對於佛國,小乘是不談的,只講天堂,如彌勒的兜率天宫。他們認爲佛没有另外的國土,他與衆生一樣就在這個世界中,度化衆生。衆生是難以修行成佛的,刻苦修行也只能修成阿羅漢果,轉生到天界，擺脱生死輪回。大乘則宣稱過去、現在、未來，三界十方，到處有佛，其數如恒河之沙，多得無法計量。每位佛都有自己的淨土，有無量佛便有無量佛國淨土，各在自己的淨土教化衆生。大乘還提出“菩薩”的名稱，作爲成佛的準備，即候補佛。大乘指斥堅持前期佛教的學者只求個人解脱，是“小乘”；標榜自己以成佛爲目的，要普度衆生，使衆生渡過無邊苦海，到達幸福的彼岸，是“大乘”。所以，關於淨土的理論，主要是大乘佛教的説法。他們把佛、菩薩的淨土世界與現實的穢土世界相對立，極力宣揚淨土世界是穢土世界的主宰，教給人們請求佛、菩薩幫助脱離穢土，獲得永生成佛的方法，以滿足人們通過神靈擺脱現實苦難的理想。

（二）三種淨土

雖説有無量佛便有無量淨土，但比較普遍弘傳的是彌勒淨土、阿閦佛淨土和阿彌陀佛淨土。這三種淨土的順序大體上是按淨土思想發展的順序排列的，其基本内容如下。

1.彌勒菩薩爲主的兜率淨土

佛教把世俗世界分爲慾界、色界和無色界。慾界是深受各種慾望支配和熬煎的生物所居之處，有天、人、阿修羅（意譯“非天”，魔神）、畜生、鬼、地獄“六道”。天有六重，即：四天王天、忉利天、夜摩天、兜率天、樂變化天、他化自在天。色界是粗俗慾望已經斷絶但居住者仍有形狀身體的地方，共十七梵天。無色界是既無慾望又無形體的生存者居住之處，共四天。兜率天有内外二院，其内院爲補處菩薩住所。所謂補處菩薩，指在釋迦佛滅後，補其空缺，將來繼承釋迦爲佛的菩薩，即彌勒菩薩。兜率天内院稱彌勒淨土，或稱兜率天宫。前面説過，部派佛教時已有三世佛的説法，而以彌勒爲未來佛。大乘佛教更進一步宣揚彌勒淨土的美妙殊勝。《彌勒上生經》云：當彌勒上生兜率天時,天上有五百億天子以"天福力"爲他造作宫殿、園林,化出無數金光蓮花、珠寶樂器,還有衆多"諸天寶女"。如能往生彌勒淨土,便可享受此淨土諸樂。不僅如此,彌勒菩薩經四千歲(相當於人間五十六億七千萬歲)後下降人間,在龍華樹下成佛,普度衆生。往生彌勒淨土者,將隨彌勒下生人間、淨化人間,實現人間淨土,最後得到解脱。

2.阿閦佛的東方妙喜淨土

阿閦佛,意譯爲不動如來。大乘佛教初興時,《大般若經》《維摩詰經》等宣傳阿閦淨土,説阿閦佛在修菩薩道時立下三十願,終於滿此願望而成佛,建設淨土於東方。阿閦淨土在理想化的程度上,不及阿彌陀佛淨土的微妙莊嚴,而且慾求往生要修菩薩六度之行與般若空觀,以及稱念諸佛聖號,偏重於自力往生。

3.阿彌陀佛的西方極樂世界

阿彌陀佛是梵語,意譯爲無量、無量壽、無量光、甘露等。阿彌陀佛的含義,既專指西方極樂世界的阿彌陀佛,也可以泛指無量無數的佛——無量佛,即是一切佛的代表。據説阿彌陀佛是國王,名爲法藏,於世自在王佛處聽佛法後,決心向道,捐王捐國,出家爲僧,發下四十八大願(《無量壽經》有不同本子,幾經增改。初期《無量壽經》爲二十四願,後增至三十六願,三國魏康僧鎧譯本最完整,爲四十八願),後來成佛,在西方離我們南贍部洲十萬億佛國處,建立西方極樂世界,又稱阿彌陀佛淨土,或西方淨土。西方淨土除教主阿彌陀佛外,還有他的左脅侍觀世音菩薩,專主救苦救難,濟度衆生;右脅侍大勢至菩薩,智慧普照,威力無邊。阿彌陀佛、觀世音、大勢至合稱"阿彌陀三尊"或"西方三聖"。

西方淨土諸苦盡除,但享諸樂,其美妙幸福與彌勒淨土無異,而比阿閦佛淨土理想化。不過,三者相較,特别是阿彌陀佛淨土與彌勒佛淨土相較,畢竟阿彌陀佛淨土更高一些。

①彌勒淨土有衆多的天女,天女也是女人,所以,生於彌勒淨土者,可以充分享受五慾(一説爲色、聲、香、味、觸,一説爲財、色、飲食、名、睡眠)之樂。阿閦佛淨土中一半是在家者,可以建設家庭、生兒育女,只不過很有道德罷了。西方淨土則是男性世界,"純是化生,無有胎生,亦無女人。其他國女人,有願生我國者,命終即化男身。"(《無量壽經》)所以,西方淨土之樂,非五慾之樂,而是不思議法性樂,寂靜無爲之樂。

②往生彌勒淨土者,還不是菩薩,只是菩薩、緣覺、聲聞三乘中的聲聞衆,而且尚須過五十六億七千萬歲後,隨彌勒下生人間淨化人間才能成佛。阿閦佛淨土除聲聞衆外,又以菩薩衆爲教化對象。往生西方淨土者已是菩薩,同阿彌陀佛一樣無量壽、無量光,可以很快地成佛。

③往生彌勒淨土者需要修行才能往生, 將來隨彌勒出世還得上求佛道,下化衆生,總之離不開自己的努力。阿閦佛淨土也需努力化凡爲聖,使聖更向上。西方淨土則可憑藉佛力帶業往生,一切衆生,無論有多少罪障,都有往生成佛的機會。

④阿彌陀佛有大願, 凡稱念其佛號者, 臨終前他定來親自接引,所以阿彌陀佛又名"接引佛"。這是西方淨土的特色,給人以萬修萬成,往生西方保險之感。彌勒及阿閦佛均未發臨終接引之願,將來病危神昏之時,全憑自己往生,恐怕没有把握。

由此可見,西方淨土最莊嚴殊勝,條件最好,往生最易,也最能爲一般群衆接受。從佛教發展史來看,西方淨土顯然是大乘淨土思想發展的最高峰。

但在印度,淨土思想在佛教中並不突出,影響不大。尤其阿閦佛淨土,不受重視。

(三)淨土信仰在中國的傳佈

傳入中國的淨土信仰主要是彌勒信仰和阿彌陀佛信仰。在曇鸞之前,彌勒信仰最爲流行。

東漢末年,支婁迦讖所譯《道行般若經》(卷五)已載有彌勒信仰的内容。西晉竺法護譯《彌勒下生經》《彌勒菩薩所問本願經》,其他彌勒經也陸續譯出。彌勒信仰迅速傳播,其中最有名的是前秦高僧道安(312—385,一説 314—385)對彌勒的服膺。《高僧傳》卷五載:道安與弟子法遇、道願、曇戒等八人常在彌勒像前"立誓願生兜率"。曇戒病重時不斷稱誦佛號,弟子問他爲何不願往生西方淨土,他回答説:"吾與和上(指道安)等八人同願生兜率,和上及道願等皆已往生,吾未得去,是故有願耳。"由於道安等名僧的弘揚,南北朝時期,南北方廣大地區彌勒信仰非常普遍。自此以來,彌勒信仰綿綿不絶,延續至今,一直是中國淨土信仰中的一個支派。因爲淨土宗是阿彌陀佛信仰,有人便以爲中國的淨土信仰只是阿彌陀佛信仰,那是不符合歷史事實的。

與彌勒經典傳入同時,關於阿彌陀佛的經典也傳入了。東漢末年,支婁迦讖譯的《般舟三昧經》就特别稱頌和宣傳阿彌陀佛淨土。三國時吴支謙譯出《大阿彌陀經》,曹魏康僧鎧譯《無量壽經》,其他經典也陸續譯出。《法苑珠林》第三十二所引《冥祥記》載,傳西晉闕公則及其弟子衛士度往生西方安樂淨土。這是現存文獻關於阿彌陀佛信仰的最初記載。醉心於莊子《逍遥遊》的名僧支遁(314—366),其逍遥遊最後歸結爲進入極樂世界。他寫有《阿彌陀佛贊》,在序中説:"遁生末蹤,忝廁殘跡,馳心神國,非所敢望。"(《廣弘明集》卷十五)名僧竺法曠(327—402)也"每以《法華》爲會三之旨,

《無量壽》爲淨土之因，常吟詠二部，有衆則講，獨處則誦”（《高僧傳·竺法曠傳》）。這就是説，他不僅信仰西方淨土，而且當衆宣傳。值得一提的是道安弟子慧遠（334—416），雁門樓煩（今山西原平縣崞陽鎮東）人，45 歲後定居廬山。傳説他在廬山時，曾邀集僧俗十八人即十八高賢立白蓮社，入社者 123 人，外有不入社者 3 人，在無量壽佛前建齋立誓，共以往生西方極樂世界爲期。後世根據這個傳説，奉慧遠爲淨土宗初祖，又稱淨土宗爲蓮宗、白蓮宗。這個傳説，湯用彤考證其不可信（見湯著《漢魏晉南北朝佛教史》上册第十一章）。方立天加以補充，認爲所謂十八高賢結蓮社之事完全不可靠（見方著《慧遠及其佛學》第六章）。湯、方所論根據充足，此處不贅述。不過，慧遠確實信仰西方淨土，曾與劉遺民等人在阿彌陀佛像前立誓願生西方，爲往生而念佛甚勤。

慧遠的念佛是觀想念佛，即觀想佛的種種美好形相和功德威神，以及淨土的莊嚴美妙。但是，慧遠並非專修而只是兼修淨土，他的佛教思想兼容並蓄。因此，他的念佛的淨土思想與般若學、禪法是結合在一起的，開後世禪智並重、禪淨雙修的先河。他在《念佛三昧詩集序》中寫道：

“又諸三昧，其名甚衆，功高易進，念佛爲先。何者？窮玄極寂，尊號如來，體神合變，應不以方。故令入斯定者，昧然忘知，即所緣以成鑒。鑒明則内照交映而萬像生焉，非耳目之所暨而聞見行焉。於是，睹乎淵凝虚静之體，則悟靈相湛一，清明自然，察夫玄音之叩心聽，則塵累每消，滯情融朗。非天下之至妙，孰能與於此哉？”

意思是説，禪定（三昧）的方法很多，以念佛爲第一。因爲窮極玄寂大道的，被尊稱爲如來佛，他的體和神共同變化，感應無處不在。所以，進入念佛禪定的人，昧然忘卻一切知慮，可以把所攀緣對象爲鏡。鏡子明亮,向内心洞照,内心與外緣交映而産生萬像,不用耳聽目見而有所聽聞見知（即可以通過觀想而見聞阿彌陀佛與西方淨土情景）。於是,見到深沉凝成的虚鏡的真體(即佛的本體、真如、實相、法性),悟到心靈與佛湛然合一,清明自然。體察佛的玄妙教化,以心聽之,便會使煩惱盡消,積滯的情慾也都消融盡淨。不是天下至妙的修持方法,又怎能達到這樣的境界呢?

在這裏,禪定、觀想念佛以及悟解法性統一起來了,反映出慧遠把淨土與禪法、般若結合在一起的特點。

由於慧遠等名僧的倡導,西方淨土的信仰也迅速傳播開來。如東晉哀帝興寧(363—365)年間,竺道鄰造阿彌陀佛像,竺法曠爲之立殿。齊永明二年(484),江蘇棲霞寺西崖石壁造龕室,内雕阿彌陀佛坐像高三丈一尺,通座四丈。梁天監八年(509)建康光宅寺鑄造丈九阿彌陀佛金像。北魏造雲冈石窟及龍門石窟等,也有阿彌陀佛造像。

不過,南北朝時期,特别是在北方地區,彌勒造像爲多。日本學者塚本善隆在《北朝佛教史研究》第七之三《龍門造像的盛衰和尊像的變化》中統計,北魏在龍門石窟共造佛像 206 尊,其中有釋迦像 43 尊,彌勒像 35 尊,觀世音像 19 尊,阿彌陀佛像 10 尊。日本佐藤智永《北朝造像銘考》列舉雲冈崗、龍門、鞏縣諸石窟和所知傳世金銅像的類别數字,按總數計,釋迦 187 尊,彌勒 150 尊,阿彌陀 33 尊,觀世音 171 尊。阿彌陀佛像不僅數量少,而且時代也較晚。這種狀況反映出在南北朝時期,特别是在曇鸞以前,中國淨土信仰的主流是彌勒信仰。阿彌陀佛的西方淨土雖經慧遠等的提倡而有所傳播,但並未受到特别的尊崇。

東晉以來，無論是北方或南方，都不斷經歷着民族之間的戰爭、仇殺，階級之間的鬥爭和統治集團内部的火併，使社會長期處於動亂震蕩之中，各個階層都有一種不安全感。人們在現實中找不到切實可行的出路，不得不仰望茫茫蒼天，希望從那裏得到救助。佛教的流傳由此有了肥沃的土壤。飽受災害和苦難的人們虔誠地祈求佛、菩薩的保佑和幫助，信佛成爲社會生活中普遍性的内容。可是，中國傳統的思維特點是重實際而輕理性思維，像慧遠那種與般若、禪法相結合的觀想念佛方法，既需高深的理性，又需安定的環境，很難爲普通人所接受。而憑造像、建塔、立寺以至禮拜、念誦之類較爲簡易實際的方法傳播的彌勒信仰、觀世音信仰則易受歡迎。其次，許多佛教信徒是凡佛、菩薩都信的，他們只求能得保佑，而不大理會佛經上所説的它們之間的區别，什麼彌勒、彌陀，他們不大注意，以至阿彌陀佛淨土的殊勝，淹没在彌勒淨土信仰之海中而顯不出來。再次，即使某些人懂得彌勒淨土與彌陀淨土的區别，然而，總以爲彌勒淨土在世俗世界之内，爲菩薩住所，彌陀淨土則是最高的佛國，求生彌勒淨土已是不易，何敢求生彌陀淨土成佛？支遁在《阿彌陀佛像贊》序中所説"馳心神國，非所敢望"，便是這種心態的反映。因此，在曇鸞之前，彌陀淨土只是淨土信仰中不受重視的一個淨土，並且，彌陀淨土信仰是偏於悟解而只能在所謂"上根"者中流傳的信仰，群眾基礎不廣。

把彌陀淨土信仰群眾化而終於蔚成大宗的是曇鸞。正是他繼承印度大乘的彌陀淨土信仰，結合中國社會心理，建立起自己的淨土學説，開創了淨土信仰的新局面。

三、曇鸞的淨土學説

曇鸞淨土學説的基本内容如下。

(一)二道二力説

曇鸞認爲,在末法時期,求"阿毗跋致"(不退轉法),有的靠自力,有的靠他力(佛力),靠自力的爲難行道,靠他力的爲易行道。這叫二道二力説。

1.五濁之世

佛教認爲,釋迦牟尼佛入滅之後,佛教的發展將經歷正法、像法、末法三個時期。佛雖已逝,法儀未改,佛法隆盛,衆生障輕福重,所以任修一法都可成就,是爲正法時。到了像法時,佛去世已久,道化訛替,人心不古,思慮日雜,所以,十人修行難有一人成道。到了末法之時,去聖更遠,世道日濁,衆生業障充滿,助緣少,礙緣多,唯有教在,無行無證,億萬人修道難有一人成就。正法時與像法時的長短,各佛經説法不一。《大悲經》説正法千年,像法千年。《大乘三聚懺悔經》説正法、像法各五百年。《悲華經》説正法千年,像法五百年。《大乘月藏經》等説正法五百年,像法千年。至於末法時,各經都説爲萬年,並無分歧。確説其時已是末法時期的是其後的道綽。曇鸞只説當時是五濁之世,認爲已到《阿彌陀佛經》中所説的"五濁惡世"。

五濁又名五滓、五渾。"濁"是污穢不潔淨的意思。五濁指劫濁、見濁、煩惱濁、衆生濁、命濁。劫濁的"劫",本是時間概念,一大劫有四中劫,每一中劫有二十小劫。一大劫約爲一百三十億三百八十四萬年。"劫"本無所謂清濁,因後面四濁而成爲這個劫濁的"濁"。見濁有五種:身見(我見)、邊見(偏見)、邪見、見取見(固執見)、戒禁取見(視不正確之戒律、禁律制等,爲可達涅槃之戒行,並執着之),這五種見解,都可以束縛住一個人,不能跳出三界,所以都叫濁。煩惱濁也有五種,即貪、瞋、癡、慢、疑。這五種都擾亂心思,使人多生煩惱,不得清淨。衆生濁指衆生永遠在六道中生死輪回受苦,永無脱離之期。命濁指衆生因煩惱業集,心身交瘁,因而壽命縮短,其間老病侵乘,生滅變幻,一旦無常,便成異物。

審時度勢,對每個人都是至關重要的問題。曇鸞慧心獨運,依據佛經指出:已是五濁之世,前途暗淡,成佛之路渺茫。使信佛者不能不由此而生警惕之心,增探索之渴望,信易行之淨土。當然,從真實的歷史來説,釋迦逝世於公元前約五世紀,至曇鸞之時只有千年左右,不到末法之時。但曇鸞不是講歷史,他是因傳教需要説的,我們不能要求他的説法符合於歷史的真實。

2.難行道與易行道

曇鸞給信徒定的目標是求阿毗跋致。阿毗跋致是梵語,"阿"是"無"的意思,"毗跋致"的意思是"退轉"。阿毗跋致即不退轉。不退轉是很高的階位,有三個含義:一是位不退,即已到佛門的聖賢地位,不會退轉爲凡夫;二是行不退,菩薩一心一意度脱衆生,不會再退到小乘的聲聞、緣覺中去;三是念不退,即心思總是同佛的智慧相合,不會再有别的念頭起來。《阿彌陀經》卷下説:"極樂國土,衆生生者,皆是阿鞞跋致。"這就是説,求阿鞞(毗)跋致與求生阿彌陀佛淨土與求成菩薩,是一個意思,因爲生於阿彌陀佛淨土便是阿鞞(毗)跋致,便是菩薩。

如何求呢?龍樹的《十住毗婆沙論》曾提出難行、易行二道之説：

“佛法有無量門，如世間道，有難有易，陸道步行則苦，水道乘船則易。菩薩道亦如是，或有勤行精進，或有以信方便易行。”

曇鸞把龍樹的説法吸收入自己的淨土學説之内，在《往生論注》卷上指出：

“求阿毗跋致有二種道：一者難行道，二者易行道。難行道者，謂於五濁之世，於無佛時，求阿毗跋致爲難。此難乃有多途，粗言五三，以示義意：一者外道相善，亂菩薩法；二者聲聞自利，障大慈悲；三者無顧惡人，破他勝德；四者顛倒善果，能壞梵行；五者唯是自力，無他力持。如斯等事，觸目皆是。譬如陸路，步行則苦。易行道者，謂但以信佛因緣，願生淨土，乘佛願力，便得往生彼清淨土。佛力住持，即入大乘正定之聚，正定即是阿毗跋致。譬如水路，乘船則樂。”

這裏所説“大乘正定之聚”，即大乘學説中所説的正定聚。大乘把眾生分爲三類：一爲正定聚，必定證悟者；二爲邪定聚，畢竟不證悟者；三爲不定聚，在正邪二者之間，有緣證悟，無緣不證悟者。關於這三聚的含義，各派有不同的解釋。按《無量壽經》的説法，阿彌陀佛淨土没有後二種，皆爲正定聚。所以，曇鸞據此把正定聚作爲阿毗跋致的同義詞，即菩薩境地。曇鸞認爲，在五濁惡世，依靠個人的勤苦修行，甚難達到正定聚。他分析難的原因有五點：外道僞裝，淆亂大乘佛法；小乘只求自己解脱，阻塞大乘普度眾生慈悲精神之實行；惡人搗亂，毫無顧忌，破壞修道者的勝德；是非不分，善惡顛倒，損害清淨之行；靠自力修行，不相信依靠佛的他力拯救。因這五者之故，難得斷惑證真，修因得果，比如陸路步行則苦，名爲難行道。反之，只要信佛，以此因緣願生阿彌陀佛淨土，便可借助阿彌陀佛願力，死後往生淨土，達到正定聚，比如水路乘船則樂，名爲易行道。這就是二道(難行、易行)二力(自力、他力)之説。

曇鸞的二道二力説,承襲龍樹二道説而實爲創新。龍樹的二道説是:①所求阿毗跋致在此土此身均可得之,不發生往生淨土之必要,始終没説求生淨土,也没把求不退轉與求生淨土聯繫起來。换句話説,龍樹所説阿毗跋致不等於淨土,求阿毗跋致不等於求生淨土。②龍樹的二道説是不同修行方法的對立,不是淨土思想與大乘佛教的對立,他的易行道不是指求生淨土,難行道也不是指大乘教法。③龍樹所説易行道,指的是恭敬之心念十方諸佛,“稱其名號”便可以很快地達到阿毗跋致。他説的是稱念“十方諸佛”,不是專門稱念阿彌陀佛名號,並非宣傳阿彌陀佛信仰的。曇鸞的二道二力説則明確以兩個世界的理論爲前提,他把淨土與此土鮮明對立,在這個前提下談難行易行二道之别。所以,①他所説的阿毗跋致,是死後往生淨土之益,是永離穢土,得正定聚,做菩薩,不是指現世此土得益。②曇鸞的二道對立,是指求生淨土與大乘佛教的對立,不是念佛與其他行法的對立。難行指大乘佛教,易行指念佛求生淨土。③曇鸞所説的易行道,專指稱念阿彌陀佛,宣傳的是阿彌陀佛西方淨土。可見,龍樹是泛論求阿毗跋致有難行易行二道,曇鸞則是專門論證西方淨土信仰易行。二道説雖肇始於龍樹,但成爲淨土理論則起於曇鸞。正是曇鸞,把龍樹二道説改造成淨土法門的判教理論。

3.判教與開宗立派

中國佛教各個宗派都有自己的判教理論。所謂判教,便是把所有的佛教理論和信仰區分高下等級。當然,都是按本宗的觀點加以區分的,而且本宗必定是最上等的。各個宗派開宗立派,自成一家,其理論根據就是各自的判教理論。因此可以説,判教,是派性的集中表現,每個宗派必須要有自己的判教理論,才能獨立成派。在各個宗派的理論體系中,判教理論佔有特殊重要的地位。這與印度佛教是不同的。

印度大乘佛教産生後,也有簡略的判教。如《法華經》按自利、利他分小乘、大乘;《楞伽經》按修行之方法分漸、頓二教;《涅槃經》按佛説法對象分五味(五時)等等。印度龐雜的教義體系傳入中國,小乘、大乘不同異説,分歧、衝突甚多,但都聲稱爲釋迦牟尼佛之口所説,不容懷疑。因此,如何把這些分歧調和起來,並把自己的宗義定於一尊,便是勢在必行的了。中國佛教宗派的判教理論便是在這種條件下興起的。與印度佛教的判教不同,中國佛教各宗派的判教具有特別的重要性,關乎本宗派的生死存亡。由此,判教理論自然也比較完整豐富。

中國佛教的判教,大概始於北涼(401—439)時期,慧觀分頓、漸、不定三教。南北朝判教異説極多。至隋唐的天臺宗、華嚴宗、禪宗那裏,判教學説發展得精緻豐富,圓融無礙,而且極富創造性。這些判教學説評述各派時,總是要作理論論證,講些道理的,並且總要爲其他各宗派保留一定的地位,無非貶低它們,抬高自己而已。唯獨淨土宗不然。淨土宗宣傳,末法之時,其他各派都是不合時宜的難行道。不管大乘、小乘,是禪是教,是律是密,一概爲“難行”“自力”,難以成佛,唯有念佛往生的西方淨土法門可通佛國。並且,淨土宗這個判教説法是訴諸於主觀信仰的,没有多少理論的論證。很清楚,淨土宗的這個判教説法,啟端於曇鸞的二道二力説,後來的淨土宗不過是曇鸞此説的發展而已。正是曇鸞,指出末法時只有西方淨土信仰易行,這就爲否定其他各宗,也爲淨土爭取群眾奠定了理論基礎。從宗派的觀點來説,淨土宗乃是以曇鸞二道二力説爲判教理論而開宗立派的,曇鸞則是淨土宗名符其實的初祖。

(二)往生淨土與成佛

依仗佛力成佛當然易行，問題在於佛力可靠嗎？果有淨土嗎？往生淨土能成佛嗎？誰也能往生嗎？這是信徒必有的疑問。曇鸞對這些問題作出了答復。

1.阿彌陀佛“神力”可靠

佛力可靠嗎？曇鸞在《往生論注》卷下强調依佛本願力，回答這個問題説：

“凡是生彼淨土及彼菩薩人天所起諸行，皆緣阿彌陀如來本願力故。何以言之？若非佛力，四十八願便是徒設。”

爲了理解這句話中的“本願”，需要簡單説説大乘佛教的本願思想。因爲諸種淨土，便是由本願思想而來的。

大乘佛教所説菩薩之本願，是指菩薩在其修行時代，於將來成佛道時，在其所建設之佛國内實現某某狀態或某某作用的預先誓願。本願不是今世發願今世成就，而是經過生生世世長遠修行最後實現的。

一般説來，本願分總願與别願兩種。“總願”是一切菩薩共同的誓願。其内容有四，即四弘誓願：立誓濟度無邊之眾生（眾生無邊誓願度），立誓斷滅無邊之迷執（煩惱無盡誓願斷），立誓學習無量之法義（法門無量誓願學），於是成就最高無上之佛道（佛道無上誓願成）。把這四弘誓願概括爲“上求菩提，下化眾生”兩句，便是大乘佛教的根本精神。“别願”是各個菩薩或佛陀下化眾生樣式的特殊誓願，其誓願的種類、性質以至數目各不相同。總願與别願相較，總願雖是大乘佛教的根本精神，但只是抽象的口號，别願則是各種淨土的具體規定，不但反映各自産生的時代、地區的文化、道德、宗教特色，而且反映出本願思想發展的歷史軌跡。因此，别願最受重視，信徒因其具體而崇信，研究者則從中瞭解其宗教、道德、文化的意義及歷史。

前面説過，阿彌陀佛西方淨土是大乘淨土思想發展的最高峰，本願思想的發展也是如此。早在小乘佛教的佛本生故事中，便已經有本願思想的萌芽。大乘佛教初期出現的《小品般若·甚深義品》談菩薩六願，兼總願與别願，是最早的初期大乘本願思想。至阿閦佛，原爲十二願，後發展爲十八願。至阿彌陀佛的本願，支婁迦讖譯《無量清淨平等覺經》爲二十四願，羅什譯《摩訶般若經》爲三十願，法賢譯《無量壽莊嚴經》爲三十六願，康僧鎧譯《無量壽經》爲四十八願。本願思想演進到《無量壽經》四十八願，達於頂點，阿彌陀佛西方淨土圖樣由此而完成。曇鸞和後世淨土宗人都是以四十八願爲依據的。

在阿彌陀佛四十八本願中，曇鸞以第十一、十八、二十二願爲中心。

十一願爲："設我得佛，國中天人不住定聚，必至滅度者，不取正覺。"

十八願爲："設我得佛，十方衆生，至心信樂，欲生我國，乃至十念，若不生者，不取正覺。唯除五逆，誹謗正法。"

二十二願爲："設我得佛，他方佛土諸菩薩衆，來生我國，究竟必至一生補處。除其本願自在所化，爲衆生故，被弘誓鎧，積累德本，度脱一切。遊諸佛國，修菩薩行，供養十方諸佛如來，開化恒沙無量衆生，使立無上正真之道。超出常倫諸地之行，現前修習普賢之德。若不爾者，不取正覺。"

曇鸞以這三願爲例，認爲緣佛願力，便住正定聚，緣佛願力，十念念佛便往生；緣佛願力，便必至"一生補處"爲佛。可見，佛願力爲"增上緣"（能對其他事物的生長起幫助作用的條件），不容懷疑，並非“徒設”。曇鸞强調説：

“又如劣夫跨驢不上，從轉輪王行，便乘虚空遊四天下，無所障礙。如是等名爲他力。愚哉！後之學者，聞他力可乘，當生信心，勿自局分也。”（《往生論注》卷下）

阿彌陀佛的本願便是力，這在一般場合是不合邏輯的。因爲願望是意識現象，力量是物質現象。意識不等於物質，任何願望總是願望而不等於物質的力量。可是，曇鸞卻把它們等同起來了。這是由於佛家强調心，以心爲萬事萬物的本原。“萬法唯心”，萬事萬物都不過是心的變現。既然如此，那末，心即物質，心願本身也就是物質的了。還有，阿彌陀佛既發大願，必爲實現大願而盡力，於是，願望本身便代表力。這種由本願而産生的力，本願所代表的力，曇鸞稱之爲本願力，或願力。

不過，即使本願便是力，這個本願力是否靠得住，總還應該加以證明。可惜，曇鸞並没有證明這一點。他只是簡單地舉三個大願爲例，斷定憑佛願力便可住正定聚，往生淨土，必成菩薩。這裏既無理論的論證，也没有事實爲依據，缺乏説服力。其實，曇鸞根本無法作出有説服力的證明。究竟有没有阿彌陀佛，有没有西方淨土，有没有願力，都尚是問題，何論願力之可靠性？不過，《觀無量壽經》説：“是心作佛，是心是佛。”關於佛、佛力等乃是主觀信仰領域中的問題，又何必需要世俗的論證？所以，關於佛力的可靠，曇鸞只是訴諸信徒的主觀信仰，反復强調佛的本願力，要求信徒“當生信心”而已。

2.往生淨土是真

對於曇鸞來説，還面對着一個特殊的困難，即淨土學説與佛教傳統理論的矛盾。原始佛教是否認彼岸世界的。“佛”的含義只是“覺者”，既非創世主，也非世界的主宰。釋迦牟尼强調“無我”，

"我"是實體,是主宰,"無我"即無實體,無主宰,無自性。既然"無我",則必然會無所依止,歸於寂滅。因此,釋迦牟尼以涅槃寂靜、無生無死爲最高理想,而不是到什麽彼岸世界去享受種種高級生活待遇。曇鸞的淨土學説宣揚西方淨土殊勝,與原始佛教否認彼岸世界相衝突,宣揚往生淨土也與原始佛教追求無生相矛盾。不解決這個矛盾,淨土學説就很難立足。關於這個問題,曇鸞採取了調和的態度,提出往生即無生之説爲往生淨土辯護。在《往生論注》卷上,他自設賓主説道:

"問曰:大乘經論中,處處説衆生畢竟無生如虚空,云何天親菩薩(天親,又譯世親,或音譯婆藪槃頭,約爲四五世紀人,古印度大乘佛教瑜伽行派創始人之一,《往生論》即其所著)言願生耶?

答曰:説衆生無生如虚空,有二種:一者如凡夫所謂實衆生,如凡夫所見實生死。此所見事畢竟無所有,如龜毛,如虚空。二者,謂諸法因緣生故,即是不生,無所有如虚空,天親菩薩所願生者,是因緣義。因緣義故假名生,非如凡夫謂有實衆生、實生死也。

問曰:依何義説往生?

答曰:於此間假名人中修五念門,前念與後念作因。穢土假名人、淨土假名人不得決定一,不得決定異。前心後心,亦復如是。何以故?若一,則無因果;若異,則非相續。"

曇鸞這段話的意思是説,衆生"無生如虚空"這個佛教的傳統觀念有兩個含義:

其一,從凡夫的觀點看,衆生是真實的衆生,生死是真實的生死,一切都是真實的。按這種觀點,"無生"當然便是真實的無生,便是擺脱生死輪回。歸於寂滅,無生亦無死。龜本無毛,虚空本無物,"無生"即生命如同虚空,如同龜毛,毫無所有。從這個含義來説,西方淨土確是不存在的,往生西方淨土自然只是虚話。

其二,從佛家"諸法因緣生"的觀點來看,即從哲學觀點來看,往生即無生,往生西方淨土與佛教傳統的無生之說並不矛盾。曇鸞的這個解釋,涉及哲學觀點,即龍樹的中觀學派觀點。爲瞭解曇鸞的意思,下面試作些分析。

按照中觀學派的觀點,諸法(包括人在内的萬事萬物)都是因緣和合而生,即都是各種條件互相關聯、互相作用而生,因緣分散則滅。正如借款不是真正的財産,依賴的存在不是真正的存在。凡依賴各種因緣和合而成的事物,當然没有自我存在的權利,不是真正的存在。因此,任何事物都無"自我",没有獨立的真實的自身性質,不但没有永恆存在的實有自性,即使暫時存在之時,也只是因緣和合而假設其有,非真實的存在。這叫作"性空"("自性空")。

俗人以事物爲實有,不知其性空,執着於有,就有是非、有愛憎取舍,由我又擴展到我所有的東西,身口意三業由此而造,是非由此而起……故佛破我執,又進而破法執。不過性空只是否定事物獨立實在的自性,不否定假有的事物現象(幻象)。俗人所見的實在的萬千事物現象,佛家也承認其存在,只不過認爲它們無獨立實在的自性,都是因緣和合的"假有"。各種"假有"用各種概念來表示,這各種概念都是與"空"聯繫的各種概念,也不是實在的而是假設的,稱爲"假名"。人們對任何事物的認識都是依據假名,其實,任何事物皆空,並無實在自性。"空"與"假"密切相聯,因爲是空才有假設,因爲是假設才爲空。

俗人以事物爲實有,不知其性空。但只知其性空,而不承認其假有,也是錯誤的。叫惡取空。所以,對待事物的看法,既不要執著於"有"(實有),也不要執著於"空"(虚無的空),既要看到有,又要看到空,這就叫中觀,或稱中道觀。龍樹曾以水中月來比喻中道。他説,水中月並非真月,也就是没有月亮的自性,是空;但是,人們又確實看到了水中月,水中月作爲月亮的幻相,即幻月、假名月是存在的。説水中真有月亮不對,説水中根本没有月亮也不對,只有説水中無真月而有假名月才是合乎中道的。他概括自己的觀點説：

“衆因緣生法，我説即是無（空），亦爲是假名，亦是中道義。”（《中論·觀四諦品》）

曇鸞運用統一真俗二諦的中道觀來解釋“往生”淨土問題。他的意思是説：既然諸法因緣生，所以諸法性空，那末，所謂因緣和合而生，因緣散離而滅，就不是實在的生和滅，而是没有實在自性的生和滅，即不生不滅，無生無滅。這便是他所説的“諸法因緣生故，即是無生，無所有如虚空”。儘管性空，畢竟由因緣和合而假生，所以假名爲“生”。“往生”亦空亦假，由空而言，往生即無生，這與佛教傳統的無生之説相符合；由假而言，往生即“生”，正是天親菩薩所説願望之“生”。於是，互相矛盾的傳統無生之説與淨土往生之説統一起來了。

按中道觀，日月星辰、山河大地，飛禽走獸、春蘭秋菊，萬事萬物都非有非無，皆空皆假。曇鸞按中道觀論述的“往生”，也是非有非無，皆空皆假，是假名往生。一切都是假名，穢土中人是假名人，淨土中人也是假名人。穢土中假名人修淨土法門五念門爲因，往生淨土成淨土假名人爲果。穢土假名人與淨土假名人不是一回事，因爲一爲穢土，一爲淨土；一爲因，一爲果。但也不是絶對不同，因爲淨土假名人便是穢土假名人修行而成。所以，往生雖是假名，畢竟非無，從凡夫説，畢竟是真。

這些論述，是一種相對主義。可以把曇鸞這些繁複的論述簡化爲一種類比邏輯推理：普通人認爲真實的萬事萬物，其實是空，只是假名；往生淨土是空，是假名；因此，往生淨土也就是普通人所説的真實往生。真既爲假，假即是真。往生淨土是真實的，這便是曇鸞的結論。

曇鸞用相對主義的中道觀方法，把虚幻的往生淨土與真實的萬事萬物混同起來，又把傳統的佛教無生之説與淨土往生理論相調和,證明了“往生”的真實性。這就調和了佛教理論中的矛盾,爲往生淨土提供了理論根據。這是曇鸞對淨土宗的重大貢獻。明代傳燈著《生無生論》對此説有更詳闡釋。

3.往生淨土必定成佛

往生淨土與成佛不完全是一回事。按《觀無量壽經》,一切衆生,只要一心不疑地念佛,可以憑阿彌陀佛之願力往生淨土。但衆生智慧與功行不齊,生是生了,品級便有高低之别。往生之品級爲三品九級。三品是上品、中品、下品,各品又分上、中、下三級,三品共爲九級。

總的來説,深信因果,不謗大乘,大智大善之人爲上品。上品上生者,一日到七日,即可往生淨土。生淨土後,聞法即得“無生法忍”(菩薩於無生之法,安忍而不動心,證觀真理而安住於無生之理,稱無生法忍),經須臾間即可“歷事諸佛,遍十方界,次第受記”成佛。上品中生者經一小劫(約一千六百萬年)“得無生忍,現前受記”。上品下生者則須三小劫,“得百法明門(明,智慧;門,進入;百法明門,指菩薩於初地所得之智慧門,智慧能通入百法之真性),到歡喜地(初成菩薩之位)”。

中品者之條件主要是持戒,行善,不造諸惡。其中,中品上生者可得阿羅漢。中品中生者先得“須陀洹”(即預流果,指初入聖道之位),經半小劫後成阿羅漢。中品下生者須得“須陀洹”後,經一小劫成阿羅漢。

下品者,大多在世時遍造諸惡,臨終向道,稱念阿彌陀佛名,乘佛願力,得以往生淨土。其中,下品上生者到淨土後,聞法起信,經十小劫得入“初地”(初地,有聲聞乘初地、緣覺乘初地、菩薩乘初地、佛乘初地、真言初地等不同説法,大體是指發心剛入道之位)。下品中生者,須先於蓮花内經六劫後,才聞法起信,發“無上道心”

（願求無上道之心，即願求佛道之心）。下品下生者，則須在蓮花内經十二大劫，觀音菩薩、大勢至菩薩爲其説法除罪後，才能發"菩提心"（菩提指覺悟，真道，佛道。菩提心，即願求佛道之心。也有不同説法，如緣事菩提心、緣理菩提心以及密宗的三種菩提心等）。

由此看來，三品九級有成佛的，成菩薩的，成阿羅漢的，發無上道心的，發菩提心的，並非都成佛。如此森嚴的等級，實際上是人間世界森嚴等級的佛國化。在人間世界，最下等的人若要成爲最上等者，其難如同上青天。淨土中的下品下生者若要成佛，顯然也是極爲困難的事，甚至經書中就没有明文許諾其最終能成佛。規定太嚴，成佛之門開得還不够大，對於爭取群衆是不利的。正是曇鸞，在《往生論注》中發揮了彌陀經典的精神，大開方便之門，把西方淨土的優勝又推進了一步。

首先，曇鸞抬高淨土本身的地位，宣揚西方淨土超越三界之上，往生淨土即是菩薩。

按佛教説法，有情衆生居住的世界分爲慾界、色界和無色界，稱爲三界。慾界指深受各種慾望支配和熬煎的生物住處，分地獄、鬼、畜生、阿修羅、人、天（天又分六重天）六道。色界指粗俗慾望已經斷絶的地方，只是其中居住者仍有形體，有所居的宫殿、國土，即有"色"。色界在慾界六重天之上，有十七天。無色界是既無慾望又無形體的生存者居住的地方，是没有宫室和自然國土的處所。因爲此界没有任何物質性的東西，稱之爲無色界。此界雖然無色，又無固定方所，但就果報來説，是在色界之上。慾界六天及色界、無色界又統稱天界，居於天界可以長壽歡樂。彌勒淨土便在慾界第四天——兜率天。曇鸞認爲西方安樂國在三界之上，他在《往生論注》卷上説：

"此三界蓋是生死凡夫流轉之暗宅。雖復苦樂小殊，脩短暫異，統而觀之，莫非有漏（有漏，指有生死輪回）。倚伏相乘，循環無際；

雜生觸受，四倒（於常樂我淨四者有顛倒妄見，稱四倒）長拘；且因且果，虚僞相襲。安樂是菩薩慈悲正觀之由生，如來神力本願之所建……勝過三界，抑是近言。”

安樂國土不僅所享受安樂高於天界，而且往生者可超脱生死，成爲菩薩。也是在《往生論注》卷上，曇鸞説道：

“安樂淨土諸往生者，無不淨色，無不淨心，畢竟皆得清淨平等無爲法身，以安樂國土清淨性成就故。”

這裏所説“清淨平等無爲法身”，又稱“寂滅平等法身”，或簡稱“平等法身”，爲高等菩薩的别稱。曇鸞在《往生論注》卷下解釋説：

“平等法身者，八地已（以）上法性生身菩薩也。寂滅平等者，即此法身菩薩所證寂滅平等之法也。以得此寂滅平等法，故名爲平等法身，以平等法身菩薩所得，故名爲寂滅平等法也。……未證淨心菩薩者，初地已（以）上、七地已還諸菩薩也。此菩薩願生安樂淨土，即見阿彌陀佛。見阿彌陀佛時與上地諸菩薩畢竟身等、法等。”

意思是説，菩薩有十地（十個等級），八地以上菩薩之身名爲平等法身。但七地以下菩薩願生安樂國，則畢竟也能成平等法身。

當然，曇鸞並不允諾往生淨土即成高等菩薩。他所謂“畢竟皆得清淨平等無爲法身”，“與上地諸菩薩畢竟身等、法等”諸句中，都有“畢竟”二字。他解釋説：

“言‘畢竟’者，未言‘即等’也。畢竟不失此等，故言等耳。”（《往生論注》卷下）

也就是説，往生淨土者並不等於高等菩薩，但能修成高等菩薩。那末，是否往生淨土者已是低等菩薩呢？曇鸞的回答是肯定的。有人認爲，求佛道者有三乘：聲聞乘、緣覺乘和菩薩乘。諸經中多言安樂國有聲聞不言無聲聞，爲什麽《往生論》説安樂國没有聲聞、緣覺二乘？曇鸞在《往生論注》卷上回答道：

“以理推之，安樂淨土不應有二乘。何以言之？夫有病則有藥，理數之常也。法華經言：釋迦牟尼如來以出五濁世，故分一爲三。淨土既非五濁，無三乘明矣。”

曇鸞在這裏所説的理由是否充足且不去管它，其論點是淨土中只有菩薩，則是明明白白的。這樣一來，曇鸞便把往生三品九級之説修正爲兩級：一級成佛，二級成諸等菩薩。只要往生淨土，最低也是菩薩，而其享受之高，連天界也不能比擬。

其次，菩薩與佛之間的差距是很大的。儘管菩薩是所謂“候補佛”。等級低的菩薩與佛的差距更大。人們的心理總是不滿足於當菩薩，而想成佛。曇鸞抓住這種心理，認爲從低等菩薩到高等菩薩可以不是循序漸進的。他在《往生論注》卷下説：

“案此經（《無量壽經》）推彼國菩薩，或可不從一地至一地。言‘十地’階次者，是釋迦如來於閻浮提一應化道耳。他方淨土何必如此。五種不思議中佛法最不可思議。若言菩薩必從一地至一地，無超越之理，未敢詳（别本作“許”）也。”

至於高等菩薩之成佛，經中所説阿彌陀佛四十八願中之十八願，已許其“究竟必至一生補處”，即經一生即可成佛。曇鸞利用經文强調佛之必成、速成。如：

“如經言，阿彌陀佛國有無量無邊諸大菩薩，如觀世音、大勢至等，皆當一生於他方次補佛處。”（《往生論注》卷上）

“佛所得法，名爲阿耨多羅三藐三菩提（意譯爲無上正遍道）。以得此菩提，故名爲佛。今言速得阿耨多羅三藐三菩提，是得早作佛也。”（《往生論注》卷下）

總之，只要往生淨土，即成菩薩，可以超越階次，迅速成佛。

那末，那些犯五逆罪的呢？阿彌陀佛第十八願是不允許犯五逆罪及誹謗正法者往生淨土的。阿彌陀佛四十八願是《無量壽經》説的，而在《觀無量壽經》中，則認爲五逆十惡具諸不善亦得往生。兩經有出入。曇鸞爲此在《往生論注》卷上作了詳細的解釋。他説：

"答曰:一經(《無量壽經》)以具二種重罪,一者五逆,二者誹謗正法,以此二種罪故,所以不得往生。一經(《觀無量壽經》)但言作十惡五逆等罪,不言誹謗正法。以不謗正法故,是故得生。

問曰:假使一人具五逆罪而不誹謗正法,經許得生。復有一人但誹謗正法而無五逆諸罪,願往生者,得以生不?

答曰:但令誹謗正法,雖更無餘罪,必不得生。……汝但知五逆罪爲重,而不知五逆罪從無正法生。是故謗正法人,其罪最重。"

曇鸞對誹謗正法者最爲不滿,這是可以理解的。因爲淨土信仰的根基不是理性的論證,也不是經驗,而是主觀信仰。抽掉了主觀信仰,整個淨土學説就要崩潰。誹謗正法者正是主觀信仰之大敵。再者,淨土是信仰者的理想,誹謗正法者根本不信,你就爲他留下方便之門,他也不想來,留門何用?所以,曇鸞堵死了誹謗正法者往生淨土之路。除此之外,即使犯五逆十惡大罪,只要在臨命終時遇善知識,教稱南無阿彌陀佛,具足十念,"便得往生安樂淨土,即入大乘正定之聚,畢竟不退,與三塗諸苦永隔"。

曇鸞此説,調和了兩經之間的矛盾,實際上修改了《無量壽經》中的第十八願,允諾犯五逆罪者可以消除各罪,進入天國。

這樣一來,曇鸞便把天國之門開大了。不僅如此,只要往生淨土,即成菩薩,隨即又可超越階次,迅速成佛。成佛之路安全而保險,容易又迅速,用曇鸞的話來説便是:"彼佛國即是畢竟成佛道路無上方便也。"(《往生論注》卷下)曇鸞此論是"人皆可以爲堯舜"思想在佛教中的表現。

天國之門大開,成佛迅速容易,這也是曇鸞的貢獻。

(三)念佛方法轉向持名爲主

爲了成佛,佛教各派有各自强調的修行方法,有的重悟解,有的重苦行。曇鸞既把其他各派都算作難行道,而以彌陀淨土信仰爲易行道,則自然已把其他各派的修行方法都否定了,而只宣傳彌陀淨土諸經所强調的修行方法——念佛三昧。

"三昧",又譯爲"三摩地""三摩提",意爲"定""修持",是一種心定於一境而不散亂的精神狀態。又擴而指精神集中法,即專思默想的禪定功夫,控制意志使心集中於一境,以獲得佛教悟解、功德、神通的思維修習方法。念佛三昧是各種三昧之一,爲淨土法門所特有。

一般人們以爲念佛便是口念阿彌陀佛。其實,口念阿彌陀佛即持名念佛,只是念佛方法之一。除了持名念佛,還有心念,即實相念佛及觀想念佛。慧遠的念佛三昧是觀想念佛,曇鸞別出心裁,在重視實相念佛及觀想念佛的同時,强調持名念佛。

1.實相念佛

①什麽是實相

要瞭解什麽是"實相",就需瞭解什麽是"相"。牛有牛相,馬有馬相,山有山相,水有水相。萬物莫不有自己特殊的相,因其特殊的形相狀貌而互相區別。事物的特殊的形相狀貌是由其特殊的性質決定的,這種由其特殊性質決定的形相狀貌,便是事物的"相"。人們能夠認識事物,就是因爲能够知道它的相。

佛家認爲,"凡所有相,皆是虚妄"(《金剛般若波羅蜜經》)。"色、色相空,受想行識、識相空,乃至一切種智、一切種智相空。"(《大智度論》卷七十二)爲什麽所有的相都是虚妄的,都是空?大乘空宗花了很大力氣來論證,其中,有許多論證是非常精彩的。比如,人們總是通過感官接觸事物,取得感性材料,把這些感性材料加以整理排比、分析綜合,才知道事物的相。這時,人們心中所形成的事物的相,實際上是思想中的概念或觀念,是一些看法或想法。也就是説,已經進入主觀領域,其主觀成分非常之多。這個相與客觀事物本身實在的相即實相是否一致呢?佛家認爲是不一致的,這個相虚妄不實,並非實相。以人我相來説,常人都有"我"的觀念,但什麽是"我"?人是形體和精神的集合體,是由色(物質,指人的肉體)、受(指由感官生起的喜怒哀樂之情)、想(指理性活動)、行(專指意志活動)、識(統一前幾種活動的意識)五種因素組成。這五種因素稱爲五藴。五藴之中,没有任何一種可以代表我,但離開這五種更找不到另外的我。好像梁椽磚瓦和合而成房屋,無論梁或椽或磚或瓦,都不是房屋,而離開梁椽磚瓦更找不到另外的房屋。我由五藴假合而生,假名爲人,虚妄不實,本無有我。再者,人的生理和心理的存在狀態都是無常的,身體有生長、衰老、壞滅,受想行識念念生滅,變化不停,即使在這數十年短暫的生存中也没有一個前後一致自主統一的人格存在。所以,實際上没有我,人我相乃是虚妄,是空。這是小乘的看法。大乘更深入一步,斷定人以外的其他事物也和人一樣,都是各種因素的集合體,也都没有獨立自存的實體,關於它們的相自然也都是虚妄的,空的。不僅如此,就連無常無我觀念同樣不真實,也非實相。這樣一來,佛教便在主觀與客觀、虚妄相與實相之間劃了一道鴻溝,斷定客觀事物的實相不可知,否定了客觀事物的真實性、規定性。

可見,"實相"與虚妄相對立,指的是事物實在的相狀、本相、本來面目。從這個含義説,牛相是虚幻的,另有牛的實相;馬相是虚妄的,另有馬的實相;一切具體事物,都有其實相。這是大乘般若空宗初期的觀念。

各個具體事物的實相各有其特殊性、個性,也相互聯繫而有其普遍性、共性。隨着般若空宗的發展,實相這個概念成爲一切事物和現象共同的真實相狀！即成爲一切事物和現象的總相、本質、本體。作爲總相的這個實相體現於任何事物之中，任何事物無非是這個實相的顯現。"實相"仍然與虛妄相互相對立，指事物本相，不過多指的是宇宙萬有總的本相，即宇宙萬有的本體。在大乘佛教中，作爲本體概念，"實相"與"真如""法界""圓成實性""法身""如來""佛"是同義詞。彌陀淨土中實相念佛的"實相"，就是本體概念。

佛家説，實相無相，無定相，是"一相""不二相""平等相""空無所有相""無分别相""不可得相"。照常人的邏輯，抽象概念是脱離具體形相的，"實相"作爲本體，乃是抽象的抽象，最大的抽象，當然没有具體形相可言。但佛家所説"實相無相"，不像常人的理解這麽簡單。實相作爲本體，是佛家神秘的玄學所追求的目標，是宇宙的主宰，萬有的靈魂。因此，關於實相之相，他們有許多玄學的論證。如：

"問曰：云何諸法實相？答曰：衆人各各説諸法實相，自以爲是。此中（即般若中）實相者，不可破壞，常住不異，無能作者。如後品中佛語須菩提，若菩薩觀一切法，非常非無常，非苦非樂，非我非無我，非有非無。亦不作是觀。是名菩薩行般若波羅蜜（波羅蜜，意譯爲到彼岸，即修行方法。般若，智慧）。是名捨一切觀，滅一切語言，離諸心行，從本以來不生不滅如涅槃相，一切諸法亦如是，是名諸法實相。"（《大智度論》卷十八）

在這裏所説的不可破壞，常住不異，無能作者，非常非無常，非苦非樂，非我非無我，非有非無，便是實相的相。這些相實在説只是一堆矛盾，等於説實相是這樣又不是這樣，不是這樣又是這樣，什麽都是，也什麽都不是，不落定實，不著邊際，其實無相。所以，儘管菩薩如此矛盾地談實相之相，結果還是"亦不作是觀"（全掃自説），把自己的説法又全否定了。那末，到底實相之相是什麽？便是不生不滅的涅槃相，這是"捨一切觀（拋棄一切看法），滅一切語言，離諸心行(心裏什麽也别想)”才能悟解的。這就是説,只有抛棄理性和語言才能證到“實相”,其神秘性可想而知。

②“廣略相入”

實相念佛的這個實相既然如此神秘而無法把握, 怎麽念便是個大難題。曇鸞便提出了有名的“廣略相入”原理,爲的就是解決這個難題。

何謂廣與略? 原來阿彌陀佛有四十八大願,天親在《往生論》中歸納整理爲國土莊嚴十七種,如來莊嚴八種,菩薩莊嚴四種,共計三類二十九種(每種一句話,所以又稱二十九句),以描述阿彌陀佛淨土之安樂偉大。曇鸞把二十九種莊嚴分爲兩大類:

“國土莊嚴十七句、如來莊嚴八句、菩薩莊嚴四句爲廣,入一法句爲略。”(《往生論注》卷下)

讓我們看看它們的具體内容:

“若依《無量壽》論,以二種清淨,攝二十九種莊嚴成就。二種清淨者,一,器世間清淨;二,衆生世間清淨。

器世間清淨有十七種莊嚴成就:一者,國土相勝過三界道;二者,其國廣大,量如虚空,無有齊限;三者,從菩薩正道大慈悲出世善根所起;四者,清淨光明圓滿莊嚴;五者,備具第一珍寶性,出奇妙寶物;六者,潔淨光明常照世間;七者,其國寶物柔軟,觸者適悦,生於勝樂;八者,千萬寶華莊嚴池沼,寶殿寶樓閣種種寶樹雜色光明影納世界,無量寶網復虚空,四面懸鈴常吐法音;九者,於虚空中,自然常雨天華天衣天香,莊嚴普熏;十者,佛慧光明照除癡暗;十一者,梵聲開悟遠聞十方;十二者,阿彌陀佛無上法王善力住持;十三者,從如來淨華所化生;十四者,愛樂佛法味,禪三昧爲食;十五者,永離身心諸苦,受樂無間;十六者,乃至不聞二乘女人根缺之名;十七者,衆生有所慾樂,隨心隨意,無不滿足。如是等十七種,是名器世間清淨。

衆生世間清淨有十二種莊嚴成就:一者,無量大珍寶王微妙華臺以爲佛座；二者，無量相好無量光明莊嚴佛身；三者，佛無量辯才應機説法；具足清白，令人樂聞，聞者必悟解，言不虚説；四者，佛真如智慧猶如虚空，照了諸法總相别相，心無分别；五者，天人不動衆廣大莊嚴，譬如須彌山映顯四大海，法王相具足；六者，成就無上果，尚無能及，況復過者；七者，爲天人丈夫調御師，大衆恭迎圍繞，如師子王師子圍繞；八者，佛本願力莊嚴住持諸功德，遇者無空過，能令速滿足一切功德海，未證淨心菩薩畢竟得證平等法身，與淨心菩薩與上地菩薩，畢竟同得寂滅平等；九者，安樂國諸菩薩衆，身不動搖而遍至十方，種種應化，如實修行，常作佛事；十者，如是菩薩應化身，一切時不前不後，一心一念放大光明，悉能遍至十方世界，教化衆生，種種方便，修行所成，滅除一切衆生苦惱；十一者，是等菩薩於一切世界無餘照諸佛大會，無餘廣大無量供養恭敬讚歎諸佛如來功德；十二者，是諸菩薩於十方一切世界無三寶處，住持莊嚴佛法僧寶功德大海，遍示令解，如實修行。如是等法王八種莊嚴功德成就，如是菩薩四種莊嚴功德成就，是名衆生世間清淨。"（《略論安樂淨土義》）

以上這二十九種（句）爲"廣"。至於"略"，即入"一法"句，即天親二十九句中的第一句"莊嚴清淨功德成就"，簡稱"清淨"句。實際上，"廣"指的是彌陀淨土中的萬象，即千差萬别的具體的種種安樂或神通；"略"指的是彌陀淨土的本體，即"清淨"。"廣"是特殊性，個性；"略"是普遍性，共性。曇鸞懂得普遍性與特殊性相統一的道理，把本體與萬象的關係歸結爲普遍性與特殊性的關係，提出"廣略相入"的原理，認爲"廣"與"略"，本體與萬象是互相依存、互相滲透的。他提出法性法身與方便法身，並從三個方面來論述：

"何故示現廣略相入？諸佛菩薩有二種法身：一者，法性法身；二者，方便法身。由法性法身生方便法身，由方便法身出法性法身。此二法身，異而不可分，一而不可同。是故廣略相入，統以法名。"（《往生論注》卷下）

在這裏，他運用自創的法性法身和方便法身兩個概念來論述廣略相入。所謂"法性法身"，簡稱"法性身"或"法身"，即體現佛法（佛家絶對真理）的本身，是佛法的人格化。"方便法身"或稱"化身""應身"，爲方便教化衆生而隨緣所現，如釋迦牟尼佛的生身便是方便法身。曇鸞在這裏把彌陀淨土的"廣"，即彌陀淨土的萬象都當作方便法身，當作佛的顯現；把"略"即彌陀淨土的本體當作法性法身。本來，他提出"廣略相入"，爲的就是論證佛的無所不在，所以，他直接地以法性法身及方便法身的關係來説明廣略相入。他説："由法性法身生方便法身，由方便法身出法性法身。此二法身，異而不可分，一而不可同。"意思是説，法性法身是本體，是萬物的靈魂、主宰、創造主，它派生出方便法身。但共性寓於個性之中，通過個性才能表現，法性法身又寓於方便法身之中，通過方便法身表現出來。法性法身與方便法身，本體與萬象，儘管相異卻互相依存而不可分割（相入），儘管互相依存不可分割卻又不是同一體。法性法身與方便法身的這種互相依存不可分割的關係，便叫作"廣略相入"。既然廣略相入，本體與萬象統一而不可分割，法性法身與方便法身統一而不可分割，所以，可以把法性法身與方便法身、本體與萬象，統稱爲"法身"。這樣一來，曇鸞通過廣略相入原理，論證了彌陀淨土的萬象俱是法身。

"略"便是法性法身，它和"實相"是不是一回事呢？曇鸞論述道：

"依何義名之爲法？以清淨故。依何義名爲清淨？以真實智慧無爲法身故。真實智慧者，實相智慧也。實相無相，故真智無知也。無爲法身者，法性身也。法性寂滅，故法身無相也。無相故能無不相，是故，相好莊嚴即法身也。無知故能無不知，是故，一切種智即真實智慧也。以真實而目智慧，明智慧非作非非作也。以無爲而標法身，明法身非色非非色也。非於非者，豈非非之能是乎？蓋無非之曰是也，自是無待復非是也。非是非非，百非之所不喻，是故言清淨句。

清淨句者,謂真實智慧無爲法身也。”(《往生論注》卷下)

在這裏,曇鸞是運用中觀學派的觀點來説明實相即真實智慧無爲法身。中觀學派的代表人物僧肇,把佛家般若(聖智)和世俗的認識(知)兩種認識對立起來,認爲世俗的認識只是對現象世界的片斷的、虚幻的認識。因爲這個現象世界本身就是不真實的、虚幻的,是人們主觀造成的假象。世俗的認識總是以“假有”爲實,從根本上便顛倒了真實與虚幻,何況,人的生命有涯,感官能力有限,所以説,凡“知”都是有限的,必定“有所知則有所不知”。般若聖智或稱“一切種智”“真實智慧”“無知知”,這種無知之“智”,是只有佛那樣的認識者才能達到的洞察一切的境界。僧肇在《般若無知論》中説:

“夫有所知則有所不知。以聖心無知,故無所不知。不知之知,乃曰一切知。故《經》(《思益梵天所問經》卷一)云:聖心無所知,無所不知。”

這種無知之智,其認識對象便是宇宙之本體,即“無相之實相”或“無爲法身”,或“法性法身”,或“無相之真諦”。這個本體無相、無爲,是世俗之知無法達到的,只有無知之智才能認識。所以,僧肇説:“聖人以無知之般若,照彼無相之真諦。”

這個無知之智,即否定一切世俗認識而取得的“智”,實際上便是棄絶一切認識,單憑内心的體驗而得到的悟。而能得到這種智,也就與實相、法身合而爲一了,也就成了佛了。

正是在中觀學派這種理論的基礎上,曇鸞解釋真實智慧無爲法身即實相時,把“真實智慧”“實相智慧”“無爲法身”“法性身”“無知之智”“無相之實相”“相好莊嚴”,等等,通通當作了同義詞。看他的解釋彎來繞去,什麽智慧非“作”非“非作”,什麽法身非“色”非“非色”,什麽非“是”非“非”,似乎深奥難明,其實,無非是論證這些名詞,就是那個什麽都是又什麽都不是的“實相”。

在論證這些名詞同義之後,曇鸞論證這些同義詞與“清淨”又是同義的:“清淨句者,謂真實智慧無爲法身也。”曇鸞把清淨分爲两種,一種爲器世間,即西方極樂世界的國土;一種爲衆生世間,即生活於西方極樂世界的佛、菩薩。他説:

“夫衆生爲别報之體,國土爲共報之用。體用不一,所以應知。然諸法心成無餘境界,衆生及器復不得異,不得一。不一則義分,不異同清淨。器者用也,謂彼淨土是彼清淨衆生之所受用,故名爲器。如淨食用不淨器,以器不淨故食亦不淨。不淨食用淨器,食不淨故器亦不淨。要二俱潔,乃得稱淨。是以一清淨名,必攝二種。”(《往生論注》卷下)

這就是説,西方極樂世界稱爲清淨土,既包括國土清淨,也包括衆生清淨。“清淨”二字,貫穿於西方國土之中,也貫穿於衆生之中。“清淨”即“略”,即“實相”,即“法身”,即“佛”,而與“污穢”的虚妄的現實世界相對立。既然“清淨”的性質即法性、佛性,所以,生於淨土,皆達清淨,皆可成佛。這便是曇鸞所説的:“安樂淨土,諸往生者,無不淨色,無不淨心,畢竟皆得清淨平等無爲法身,以安樂國土清淨性成就故。”(《往生論注》卷上)

總上所述,曇鸞以清淨爲略,而以淨土二十九種莊嚴爲廣,認爲廣略相入,即互相滲透、互相包容、互相依存。他先從法性法身(略)與方便法身(廣)的關係,證明“略”可在方便法身中求得。又用中觀學派觀點,證明“略”即“實相”,它“無相故能無不相”,“無知故能無不知”,可在淨土一切相中求得。然後,他説明“略”即清淨,而清淨體現在淨土的器世間及衆生世間之中。曇鸞從佛學的這樣三個角度來證明廣略相入,從而證明無相之實相這個“略”,具體表現在“廣”中,在淨土的一切相中。正如他所總結的:

“通一法入清淨,通清淨入法身。”

“廣中二十九句,略中一句,莫非實相也。”(《往生論注》卷下)

曇鸞這個廣略相入原理，從理論上回答了無相之實相在哪里的問題，試圖引導人們從淨土的一切相去體驗實相。這是曇鸞對"實相念佛"的貢獻，也是對淨土理論的創造性發展。

③實相念佛與禪

不過，無論曇鸞如何論證，這個"實相"乃是抽象的本體，必須靠内心從哲理上悟解，即要靠想象，想象才無所不能。比如一張方桌，你無法把它看作圓桌，但在主觀想象中，你可以隨便把方桌想象成圓桌，想象成老虎，想象成美女，想象成什麽妖魔鬼怪，都可以實現的。實相念佛也是如此，只能在每個人内心中憑想象去念。可惜實相無相，無定相，不可得相，非"有"非"無"，非"是"非"非是"，雖然曇鸞力圖把它具體化爲淨土諸相，從理論上説似乎可以想象了，實際上仍然很難體驗到。因爲淨土諸相全是想象出來的，要通過這些很難把握其形相的淨土諸相去體驗抽象的本體，在想象基礎上再想象，這個内心的昇華過程自然還是玄虚的極爲不易之事，而且不容易説得清。或者説這個内心體驗過程根本就不是語言文字所能説得清的。所以，有人説，實相念佛所顯的境界是淨土，究其本質，實在是禪。此話不無道理。

禪宗認爲，一心具萬法，自心即是佛。這個實相佛，就在自己心中。與淨土的理論相比較，淨土實相念佛的"實相"，説起來總還是客觀存在於西方淨土。實相念佛是要在内心中想象出"實相"，一旦想象出"實相"，"實相"其實就在心中而不在西方淨土，但淨土理論偏要説心中的這個"實相"是西方淨土的"實相"。禪宗則乾脆撇開西方淨土，直截了當地説實相便在心中，可以説，淨土的實相是客觀佛，禪宗的實相是主觀佛。儘管如此，淨土的實相實質上也是主觀佛，只存在於主觀之中，只能在内心中憑悟解求證。在這一點上，禪淨相通，禪即是淨，淨即是禪。

在禪宗那裏，如何才能明心見性，悟得自心是佛？禪宗主張以

無念爲宗。所謂無念,便是於一切法,不取不捨,不染不著。《壇經》説:

"汝之本性,猶如虛空,了無一物可見,是名正見。無一物可知,是名真知。無有青黄短長,但見本源清淨,覺體圓明,即名見性成佛,亦名如來知見。"

《大珠禪師語録》卷上,載慧海關於禪宗宗旨的問答:

"問:此頓悟門,以何爲宗?以何爲旨?

答:無念爲宗,妄心不起爲旨。

問:既言無念爲宗,未審無念者,無何念?

答:無念者,無邪念。

問:云何爲邪念?云何爲正念?

答:念有念無,即名邪念。不念有無,即名正念。"

也就是説,念"有"着相爲邪念,念"無"着空也是邪念。只有不念"有"也不念"無",既不着相,也不着空,方爲正念。禪宗這個"無念"即"無邪念"即"正念",其實便是淨土的實相念佛法門。實相念佛要求非"有"非"無",非"是"非"非是",非"作"非"非作",非"色"非"非色",與禪宗主張的"無念"實在是一回事,都是繼承中觀學派"不執有無,空有相即"的中道觀而來。實相念佛不着於國土相,不着於佛相,也不着於念相,到了念而不念,不念而念,"能"念佛的我和被我"所"念的佛,都一無所有,即"能所雙忘",真心顯露之時,虛空粉碎,大地平沉,當前一念心性,與佛心融合爲一,實不能分别何者爲阿彌陀佛,何者爲我,或者説我即佛,佛即我。如此證得的實相,是阿彌陀佛,但不也就是禪宗所説的本源自性天真佛嗎?

實相念佛是哲理性的,也可謂"理即佛"。普通人連實相是什麽尚且茫然,怎能實相念佛?所以,儘管淨土宗人十分稱贊曇鸞的廣略相入原理,卻認爲非上上根器者不能修證,屬於易行道中的難行道,很少有人去實行。禪宗以此爲專業,但真正能獲得悟解,有所成就者,也並不多見。

2.觀想念佛

①什麽是觀想念佛

觀想西方彌陀淨土的莊嚴美妙以及佛的形相和功德成就,叫做觀想念佛。觀想念佛是單純觀想西方淨土諸相,不必在此基礎上進一步去體驗實相,亦即不必去作哲理性的探索。因此,比起實相念佛來,是低一個層次的念佛方法。

觀想的内容,天親《往生論》舉二十九種,稱二十九觀,前面已經介紹過。《觀無量壽經》舉十六種,稱十六觀,即:日想觀、水想觀、地想觀、樹想觀、八功德水想觀(寶池觀)、總想觀(寶樓觀)、花座想觀、像想觀、佛身觀(真身觀)、觀音觀、勢至觀、普觀、雜想觀、上輩觀、中輩觀、下輩觀。

②觀想念佛甚難

觀想念佛觀想淨土種種形相,似乎容易,其實不然。因爲一般説來,觀想時需要入定(精神集中),常人心雜事煩,很難集中思慮觀想。再者,淨土諸相被描述得非常廣闊或非常細微,不易觀想憶持。還有,淨土諸相全無原型,未曾目睹,僅憑想象虚構,未免失"真",差之毫釐,失之千里,縱然心誠,恐難見效。所以,早在唐代,淨土宗的實際創始者善導就曾指出:"衆生障重,境細心粗,識颺神飛,觀難成就。"(《往生禮贊偈》)

讓我們具體看看。樹想觀有這樣的描寫:

"一一樹葉,縱廣正等,二十五由旬。其葉千色,有百種畫,如天瓔珞。有衆妙花,作閻浮檀金色,如旋火輪,宛轉葉間,湧生諸果,如帝釋瓶。有大光明,化成幢幡無量寶蓋,是寶蓋中,映現三千大千世界一切佛事。十方佛國,亦於中現。"

照此描述,一片樹葉方廣二十五由旬。一由旬小者四十里,中者五十里,大者六十里。按一由旬四十里算,二十五由旬爲一千里;

按六十里算,則爲一千五百里。每張樹葉這麼大,豈是鈍根諸人所能想象?不僅如此,葉有千色,是哪千色?有百種畫,是哪百種?花怎樣如旋火輪般生果?大光明如何化幡化蓋,又如何映現三千大千世界一切佛事和十方佛國?觀此一葉、一樹,其廣闊與複雜已是没有辦法觀,何況整個佛國?

再如佛的形相。小乘時期,釋迦牟尼佛的形相已被描繪爲身具三十二相、八十種好。所謂三十二相,指佛身形體特殊,容貌神異,有三十二種特徵,如手指纖長、手足柔軟、雙手過膝、舌廣長能覆面而至於髮際……八十種好,即八十種隱秘微細難見之特徵,如儀容如獅子,進止如象王,行相如鵝王,頭如摩陀那果,行時足去地四寸而印文現,爪如赤銅色薄而細澤,等等。這個形相就已經很難描摹,《觀無量壽經》中的阿彌陀佛除具三十二相八十種好形相外,還有作爲無量壽佛的身相,其高六十萬億那由他(那由他,數目,或説爲億)恒河沙由旬。眉間白毫,右旋宛轉,如五須彌山。佛眼如四大海水,青白分明。無量壽佛有八萬四千相,一一相中,各有八萬四千隨形好,一一好中,復有八萬四千光明,一一光明,遍照十方世界念佛衆生,攝取不捨。諸如此類,真是匪夷所思。

可見,無論西方淨土的國土或佛菩薩形相與功德,當初造經者肆意誇張以顯其神奇偉大,誇張到了無法想象的地步,以至觀想者無論如何絞盡腦汁也勾畫不出來。曇鸞深知其難。因此,在《往生論注》《贊阿彌陀佛偈》中,曇鸞盡力回避了這一類過於誇張難以想象的内容。他描繪西方淨土的每個優勝美妙之處,都要與現實世界作對比,使人們能够根據自己現實生活的經驗,觀想出西方淨土的美妙優勝來。實際上,這是曇鸞對印度淨土理論的一種改造。在曇鸞描述的這個天國中,有三個顯著的内容。

第一,自由。人們生活在自然環境中,大自然不會滿足人。爲了取得衣、食等生活資料,人們進行了艱苦卓絶的鬥爭,世世不絶,取得了一個又一個的勝利。但是,鬥爭仍然是艱苦的,勝利也還有限。

與此相反，曇鸞的天國中卻没有自然界的壓迫，無需與自然界鬥爭，一切需要都可以充分滿足。身上穿的，是各種珍寶，想穿什麽穿什麽；吃的，愛吃什麽吃什麽，願什麽時候吃就什麽時候吃；住的是寶殿樓閣，什麽時候想洗浴便可洗浴，雙目所接，無非花草寶樹；兩耳所聞，盡爲愉情之音，全國平坦，没有高山險阻、荒涼不毛之處；氣候温和，無所謂春夏秋冬。總而言之，"衆生有所欲樂，隨心隨意，無不滿足"（《略論安樂淨土義》）。

第二，平等。在曇鸞的時代以至整個階級社會中，人與人之間是没有平等的。社會劃分爲剥削者與被剥削者、統治者與被統治者、主人與奴僕，由此而産生階級鬥爭，充滿了爭權奪利、爾虞我詐、征戰殺伐、巧取豪奪等等現象。曇鸞的天國是没有這些現象的。西方淨土是平等的社會，不但往生者之間平等，便是往生者與佛、菩薩之間也是平等的，没有剥削與被剥削、壓迫與被壓迫、統治與被統治的關係。佛、菩薩只是導師、教化者，而不是剥削統治者、主宰者。"平等是諸法體相"（《往生論注》卷上），一切現象在共性上平等而無差别，由此所達到的智慧平等而無差别，衆生也平等而無差别。所以，西方淨土自然是和平安寧的社會。在這裏看不到自私自利，更看不到損人利己，只看到自利利他。曇鸞强調淨土衆生皆有利他的無上菩提心：

"若有一衆生不成佛，我不作佛。"

"若人不發無上菩提心，但聞彼國土受樂無間，爲樂故願生，亦當不得往生。"

"若爲身求樂，即違菩提。"

宗教中的天國，是人間社會的折射。所以，一般説來，宗教天國中存在着統治與被統治、剥削與被剥削、壓迫與被壓迫的關係。例如，基督教的天堂中，神與人之間便不脱主僕關係。相比之下，曇鸞的淨土卻强調平等，可謂獨樹一幟。

第三，清淨。在現實世界中，由於自然壓迫與社會壓迫，人生充滿苦難與煩惱，佛家把諸多苦難與煩惱概括爲“污穢”這個概念，因而稱現實世界爲“穢土”。與此相反，在曇鸞的天國中，其根本特點便是“清淨”，國土清淨，生活在其中的眾生也清淨，所以稱爲“淨土”。“眾生清淨”既包括肉體，也包括心靈，這便是曇鸞説的“安樂淨土，諸往生者，無不淨色，無不淨心”（《往生論注》卷下）。而所謂“清淨”，按曇鸞的解釋，便是佛性、法性、實相、真如、法性法身、佛，其具體表現則是永離苦難與煩惱。因此，眾生清淨即身離苦難，心脱煩惱。身、心二者中，心爲根本，“是心作佛，是心是佛”，“隨其心淨，則佛土淨”。由此，人成爲身心健康的理想化的新人。

曇鸞所描繪的淨土，比較容易觀想了，但總的説來，還是費勁。後來的淨土宗人，也設法把觀想簡易化，主張每次只作一觀兩觀亦可；或一觀之中只觀其一小部分，如樹想觀中只觀一片樹葉亦可；或今日作此觀，明日作彼觀亦可。即使這樣，觀想也不一定成功。所以，歷來的淨土宗人也把觀想念佛當作易行道中的難行法，認爲是爲利根上智之人所設，很少有人去實行。

③觀想所念“佛”爲真佛還是心佛

有意思的是慧遠和鳩摩羅什的問答。《般舟經》中，多把觀想念佛喻爲夢，即把觀想出來的阿彌陀佛當作夢境。慧遠提出問題道：

“佛威神，爲是定中之佛，外來之佛，若是定中之佛，則是我想之所立，還出於我了。若是定外之佛，則是夢表之聖人。然則神會之来，不專在内，不得令同於夢明矣。”（《遠什大乘要義問答》）

意思是説，禪定時所見之佛，如果如同夢境，則屬於個人主觀想象，並非真佛顯現。如果是客觀外來之佛，則佛爲真實顯現，不應以夢爲喻。慧遠所提的這個問題，從宗教意義説是至關重要的。因爲如果定中之佛純屬主觀想象，如同夢幻，則整個彌陀淨土也都如同夢幻，所謂阿彌陀佛接引往生西方也就是空話。所以，慧遠主張爲外來之真佛顯現，不同意以夢爲喻。羅什的回答也主張爲真佛，與慧遠基本立場一致。但他以爲“以人信夢故，以之爲喻”，贊成喻爲夢境。他論證道：

“《經》説，諸佛身皆從眾緣生，無有自性，畢竟空寂，如夢如化。若然者，如説行見諸佛身，不應獨以虚妄也。若虚妄者，悉應虚妄，若不虚妄皆不虚妄。所以者何？普念眾生，各得其利，種諸善根故。如《般舟經》中見佛者，能生善根，成阿羅漢，阿惟越致。是故當知，如來之身，無非是實。”（《遠什大乘要義問答》）

羅什以般若空宗觀點説明諸佛身並無定相，其相皆由因緣而生，本來如夢如化，畢竟空寂。如諸佛身是虚妄，則一切事物都是眾緣和合而生，也都是虚妄。既然眾緣和合而生的萬物是真實的，則佛也是真實的。所以，無論見的是什麽佛，什麽相，都是真佛。《般舟經》所舉的見佛後成阿羅漢、菩薩的例子，便是證明。

慧遠執着於佛爲客觀真佛，羅什則把觀想念佛中所見之佛當作無有自性的“空寂”，當作夢境，實際上在堅持所見之佛爲真佛的同時，也承認所見之佛爲想象之佛，不過，説得掩掩藏藏，不那麽明朗。在這一點上，慧遠與曇鸞相似。曇鸞引用《觀無量壽經》原文：

“諸佛如來是法界身，入一切眾生心想中。是故汝等心想佛時，是心即三十二相、八十隨形好。是心作佛，是心是佛。”

曇鸞解釋道：心能“生世間、出世間一切諸法，故名心爲法界。法界能生諸如來相、好身，亦如色等能生眼識，是故佛名法界身。是身不行他緣，是故入一切眾生心想中。……當眾生心想佛時，佛身相、好顯現眾生心中也。譬如水清則色像現，水之與像，不一不異。故言：佛相、好身即是心想也。是心作佛者，言心能作佛也。是心是佛者，心外無佛也。譬如火從木出，火不得離木也。以不離木故，則能燒木，木爲火燒，木即爲火也。”（《往生論注》卷上）

曇鸞在這裏直截了當地主張，觀想念佛所見之佛，是由心産生的，佛就在心中，心外無佛。可見，佛屬主觀範疇。但曇鸞又提到“法界身”，這個概念很複雜，在這裏我們可以簡單地把它當作阿彌陀佛之身。這個法界身“入一切眾生心想中”，“顯現眾生心中”，可見，這個佛是外來的客觀之佛。觀想之佛,既是主觀的想象,又是真佛的顯現,是主觀與客觀的統一體。曇鸞這個觀點,承認佛爲主觀所生,當然如夢如化,無有自性,這比慧遠反對以夢爲喻要實在;比羅什用哲學觀點來暗示要明朗清楚得多。

曇鸞解釋"是心作佛,是心是佛"時,以木和火的關係爲喻。木爲火燒,木即爲火,照此,觀想念佛之時,心中産生佛的形相,自己也便是佛了。這個論述,對觀想念佛者是極大的鼓勵。

觀想念佛實際上是形象教育。通過對阿彌陀佛及其國土種種形相的想象,使人的思想沉迷於想象的莊嚴美好的西方世界之中,樂而忘返,樂而忘幻,心佛合一,以爲自己也是佛。形象教育是頗爲有效的方法,很可能曇鸞本人嘗過這種甜頭,所以,他重視觀想念佛。可惜由於西方淨土諸相被描述得太離奇,能實行的人極少,這是曇鸞所未曾充分意識到的。

3.持名念佛

①什麽是持名念佛

持名念佛,或叫稱名念佛,即稱念彌陀佛名號,一般稱念"南無(意爲皈依)阿彌陀佛""南無無量壽佛",或只念"阿彌陀佛"四字。持名念佛的念字,有口念、心念之分。口念者,心中有念,口中也有聲,淨土宗人以爲"如小兒憶母,心中一面憶,口中便一面喊"。心念者,心中有念,口中並無聲,"如貞婦思夫,心中儘管思,口中却並不喊出"。口念又稱明持,心念又稱默持;口念高聲覺太費力,默念又易昏沉,只是綿綿密密,聲在唇齒之間念,稱半明半默持,又稱金剛持。

持名念佛雖然所念只有六個字(南無阿彌陀佛)或四個字(阿彌陀佛),但念的方法,後來却發展得非常繁複。比如:高聲念(念時聲音宏大,把全身精力,都貫注在一句佛號上)、默念(只見動唇,不聞出聲)、金剛念(在高聲與默念之間)、追頂念(字句頗急,一聲頂一聲，中間不留間隙)、覺照念(念時一面稱佛名號，一面迴光返照自性，所以感得心靈超拔，但覺我心佛心，我身佛身，凝成一片。這種念法近禪，非中下根人所行)、觀想念(一面念，一面觀想佛身相好、佛國莊嚴。這種念法，也爲上上根人所行)、禮拜念(一邊念一邊拜，或一拜一念，或一拜數念，或先念後拜，或先拜後念，念拜並行，身口合一，再加上意中思佛，便是三業集中)、記數念(一邊念，一邊用念珠記數，每念十句佛號，撥過一粒念珠，或用三三三一制，或用三二三二制，都在第十句念畢後，撥過一珠)、十口氣念(不停地念佛號，中間勢必要停頓抽吸進一口氣，才能續念。這一口氣念的佛號不論多少句，都稱爲一口氣。如此十次，稱爲十口氣念)、定課念(每日把念佛定爲功課，日日實行，萬一忙不能念，次日照補。佛號多少，規定時不拘，古人有定爲十萬、七萬、五萬的，可見其誠)、四威儀念(不以定課爲滿足，在定課之外，行住坐臥威儀中都念)，等等。唐代的法照，按聲調和緩急創五會念佛之法，即：

第一會，平聲緩念　　南無阿彌陀佛
第二會，平上聲緩念　　南無阿彌陀佛
第三會，非緩非急念　　南無阿彌陀佛
第四會，漸急念　　南無阿彌陀佛
第五會，四字轉急念　　阿彌陀佛

但具體怎麽念，早已在國内失傳，以致什麽是五會念佛，也衆説紛紜了。

②自曇鸞始以持名念佛爲主

持名念佛之法，在《觀無量壽經》中便已提出。此經所説十六種觀法的第十六觀“下輩觀”説：下品上生者，命欲終時，“智者復教合掌稱‘南無阿彌陀佛’，稱佛名故，除十五億劫生死之罪。爾時彼佛，即遣化佛，化觀音、勢至，至行者前，贊言：‘善男子！以汝稱佛名故，諸罪消滅，我來迎汝。’”

下品下生者，也因持名念佛獲益。此人命終時，“教令念佛，彼人苦逼，不遑念佛。善友告言：'汝若不能念彼佛者，應稱無量壽佛，如是至心，令聲不絶。'具足十念，稱'南無阿彌陀佛'，稱佛名故，於念念中，除八十億劫生死之罪。"

第十六觀包括下品上生、下品中生、下品下生三類，下品中生者未説持名念佛。所以，在《觀無量壽經》的十六觀法中，持名念佛之法所占地位尚不足十六分之一，顯然不被重視。

天親作《往生論》，認爲信徒往生淨土應修"五念門"：一、禮拜門，即向阿彌陀佛禮拜；二、贊歎門，即口贊阿彌陀佛之名；三、作願門，即發起往生淨土之願；四、觀察門，即觀想念佛，觀想安樂國土莊嚴、阿彌陀佛莊嚴、菩薩莊嚴；五、回向門，即不捨一切苦惱衆生，把自己所修之念佛功德回施一切衆生，與衆生同往生淨土，成就廣大慈悲之心。天親這裏所説的贊歎門，便是持名念佛，已經列爲五念門之一，即佔念佛法門五分之一地位。

曇鸞發揮天親的觀點，更加重視持名念佛。他論述往生安樂淨土的因緣（條件）道：上輩生者有五因緣，其一爲"一向專念無量壽佛"；中輩生者有七因緣，"一向專念無量壽佛"爲其中之一；下輩生者有三因緣，其中之一爲"一向專意乃至十念念無量壽佛"。總之，念佛乃是三輩九品一切人往生淨土的必要條件。

所謂念佛，區分爲實相念佛、觀想念佛和持名念佛。在曇鸞那裏，還没有明確區别開來，他常常是混在一起説的。如他説：

"憶念阿彌陀佛，若總相，若别相，隨所觀緣，心無他想，十念相續，名爲十念。但稱名號，亦復如是。"（《往生論注》卷上）

"若念佛名字，若念佛相、好，若念佛光明，若念佛神力，若念佛功德，若念佛智慧，若念佛本願，無他心間雜，心心相次，乃至十念，名爲十念相續。"（《略論安樂淨土義》）

造五逆十惡者"臨命終時，遇善知識教稱南無阿彌陀佛，如是至心，令聲不絶，具足十念，便得往生安樂淨土"（《往生論注》卷上）。

在這些論述中，曇鸞把念佛只分爲心念與口念兩類，認爲口念與心念的效果是一樣的。口念是念阿彌陀佛名號，即持名念佛。心念則包括念佛名字，這是持名念佛；憶念佛的相、好，佛的神力、功德、光明等，這是觀想念佛；至於"隨所觀緣"而憶念"總相"、智慧，則應屬實相念佛之列了。曇鸞把觀想念佛和實相念佛與持名念佛的心念都算在心念之中，説明他仍然重視觀想念佛與實相念佛，還没有把觀想、實相與持名嚴格區分開來。但是，無論如何，在口念心念兩大類念佛方法之中，持名念佛佔一半以上的地位，即口念的全部加心念的三分之一。也許，這種數學計算方法並不科學，不過，比起《觀無量壽經》和《往生論》來，曇鸞已把持名念佛作爲主要的念佛方法，顯然已從着重觀想念佛轉向了以持名念佛爲主。

天親所説五念門中的作願門，只説"心常作願，一心專念，畢竟往生安樂國土，欲如實修行奢摩他故"，並没有説清是持名念佛、觀想念佛還是實相念佛。曇鸞卻解釋爲持名念佛，他在《往生論注》卷下説：

"奢摩他云止者，今有三義：一者，一心專念阿彌陀佛如來，願生彼土，此如來名號及彼國土名號能止一切惡；二者，彼安樂土過三界道，若人亦生彼國，自然止身、口、意惡；三者，阿彌陀如來正覺住持力，自然止求聲聞、辟支佛心。"

不僅如此，他在《略論安樂淨土義》中，語重心長地説：

"又宜同志五三，共結言要，垂命終時，迭相開曉：爲稱阿彌陀佛名號，願生安樂。聲聲相次，使成十念也。譬如蠟印印泥，印壞文成。此命斷時，即是生安樂時。一入正定聚，更何所憂也。"

曇鸞在這裏提倡口念。口念在當時已經有人實行。前面提到彌勒信仰者曇戒，在臨終時誦彌勒佛名不輟口，便是一例。敦煌殘卷中有《佛説決罪福經》，南方僧佑、北方法經二僧目録均把此經列入"疑僞"一類。其中説道：

"持齋戒七日，日三過自責已過，身、口、意所行，自歸三尊，奉持八佛名。受燒香,散花燃燈,供具備滿。”

僧佑爲曇鸞之前僧人。姑不論《佛説决罪福經》是否疑僞之作,既然僧佑目録中有此經,則此經所敘口念佛名必已行於民間,只不過所念者爲“八佛”之名 。“八佛”不知指哪八佛,可以肯定不是阿彌陀佛。而曇戒所念者爲彌勒佛,也不是阿彌陀佛。儘管如此,總都是口念佛名之法。曇鸞很可能受此影響,根據《觀無量壽經》和《往生論》之説,加以提倡。

中國的彌陀信仰發展史, 是由觀想念佛爲主進而持名念佛爲主,持名念佛又以口念爲主。在這個發展過程中,正是曇鸞邁出了决定性的一步,他轉向了持名念佛爲主,並明確提倡口念之法。

③持名念佛的作用

持名念佛僅只念六個字或四個字,如此簡單便能往生淨土?這是一般人的疑問。爲了解决這些人的疑問,曇鸞論證了持名念佛的作用。

A.“借一遣萬”和“以淨破染”

曇鸞指出:“一心專念阿彌陀如來,願生彼土。此如來名號及彼國土名號,能止一切惡。”(《往生論注》卷下)

持名念佛怎麼能止一切惡?後來的淨土宗人用“借一遣萬”和“以淨破染”來解釋,是符合曇鸞此説的。按佛家説法,一切衆生,自無始以來,其心中總是念念不停,故亦生生不已。因爲時間太久,積染太深,習慣已成自然,所以這心波的一起一伏現狀,很難使其停息。心波不停,則煩惱不息,輪回不止。佛知其如是,所以採取以毒攻毒、用兵止兵的方法,索性把自己的名字,借一切衆生去念。一切衆生在念佛時,既一佛念在先,萬念自然都無法摻入,要等到佛念走了,萬念才能楔進去。這叫“借一遣萬”。念佛是淨念,各種世俗的雜想是雜念,當衆生念佛時,能拂拭原先的種種雜念,新的雜念也無法摻入,要等到佛念走了,雜念才能楔進去。這叫“以淨破染”。一次念佛如此,念念相續,久而久之,自然能止一切惡。

B. 佛號佛力，心淨土淨

曇鸞論及下品下生者乘十念往生時説："譬如淨摩尼珠，置之濁水，水即清淨。若人雖有無量生死之罪濁，聞彼阿彌陀如來至極無生清淨寶珠名號，投之濁心，念念之中，罪滅心淨，即得生。……又如冰上燃火，火猛則冰解，冰解則火滅。彼下品人雖不知法性無生，但以稱佛名力，作往生意，願生彼土，彼土是無生界，見生之火自然而滅。"(《往生論注》卷下)

這裏談到佛號及稱佛名力、心淨土淨問題。阿彌陀佛發四十八大願，有不可思議之力量。衆生念佛，願生淨土，其願也産生出一種力量，與佛願相應。這兩種願力互相感應，合而爲一，不達目的不止。衆生心穢，生於穢土，心穢土穢。若一心念佛，則心由穢轉淨，土也自然隨之轉淨，善業時時增上，惑業時時退滅，加之佛以願力攝引，便可往生淨土。曇鸞在這裏講的便是這個道理。他把阿彌陀佛名號比作清淨的摩尼寶珠(又譯爲如意寶珠)，比作火，無論什麽人，只要念佛名號，便會産生力量，如同把淨珠投入濁水，又如同燃火消冰。淨珠入濁水能使水清淨，燃火冰上能使冰消火滅，念佛名號也能使人"罪滅心淨，即得往生"。後來的淨土宗人正是根據曇鸞此説，歌頌持名念佛道："清珠投於濁水，濁水不得不清；佛號投於亂心，亂心不得不佛。"

C. 持名與持咒

曇鸞把"阿彌陀佛"四字當作咒，是很有宗教眼力的。下面我們簡單談談爲什麽説他有眼力。

(a)佛教由反對咒法到採用咒法

咒是由於把語言神秘化而産生的。在原始的巫術中，早就誦咒以祈神降魔，驅鬼治病。婆羅門教集中和發展了各種禁咒。釋迦出世一千多年前已出現的《梨俱吠陀》便是這些禁咒以及祭祀、祈禱、禳災、頌贊等儀式的集録。其後數百年間又有《夜柔吠陀》《沙摩吠陀》與《阿闥婆吠陀》，共稱四吠陀。釋迦反對婆羅門教，包括反對婆羅門的神權，對於以治病、延年、招福等欲樂爲本的咒術密法，應該是不贊成的。在《長阿含》《中阿含》和《四分律》等經籍中，尚保留着佛嚴禁弟子誦世俗咒術的告誡，如：

"若比丘尼誦習世俗咒術者，波逸提。"（六聚罪之第四罪，譯爲墮。由此罪墮落於地獄，故名墮罪。）

"若比丘尼教人誦習世俗咒術者，波逸提。"（《四分比丘尼戒本》）

不過，人們往往具有追求一種無限神秘力的心情，由此而傾向於信仰咒術。其次，隨着佛教教團逐漸擴大，以咒術密法爲事的婆羅門教徒轉入佛教者漸增，嚴禁他們日常使用咒術，事實上相當困難。再者，爲了弘傳佛教，爭取信徒，不得不與民間普遍流行的咒術密法作出一定妥協，甚至主動吸收一些咒術，加工爲佛教的東西。所以，在小乘佛教時期，佛教中的咒術已逐漸增多。鳩摩羅什所譯的《十誦律》，爲小乘説一切有部的戒律，其中第四十六卷便説到：會妨害修行佛道的惡咒密法，當然是禁止的，可是，像治毒咒、治齒咒等能守護一身、自得安慰的善咒，誦持它也無妨。這是爲佛教咒術的存在和發展所造的輿論。佛教中的咒語，稱爲陀羅尼，又稱真言。在大乘佛教時期，各種陀羅尼已經紛紛出現。不過，到此時爲止，佛教中的密法不是有組織、有系統的，與佛教根本教義没有直接的關聯，只是修行者爲了消除種種障難而附帶採取的一些方法，是佛教中的寄生物、附屬品。人們把這種附屬性密法稱爲"雜部密教"，簡稱雜密。到七世紀，佛教由於傾向於煩瑣空洞的理論論證，難以爲一般群眾所理解和接受，逐漸失去信仰者。新的婆羅門教則採納部分佛家的道理，並修改了自己不合理的教義，成爲印度教，日益興盛。佛教爲了爭取群眾，便採取印度教的方法，進一步採納印度教和民間迷信中的東西，形成神秘主義的密教。密教取代大乘佛教，成爲佛教的主流。這時的密教把密法當作佛教的根本内容，它的主佛不是釋迦而是大日如來。於是，密教由佛教的附屬物而獨立,人們稱之爲"正純密教"。

佛教傳入中國,雜密的各種經書也很快傳入。如吳支謙譯《華積陀羅尼神咒經》《摩訶般若波羅蜜咒經》《七佛神咒經》等,東晉竺曇無蘭譯《咒水經》《咒齒經》《咒牙痛經》等,鳩摩羅什譯《孔雀王咒經》《摩訶般若波羅蜜大明咒經》等。佛圖澄因"善誦神咒,能役使鬼物"等而取得後趙石勒、石虎父子的信任。曇無讖依附北涼沮渠蒙遜,以術數禁咒惑世。北魏太武帝通知蒙遜,要迎請曇無讖。蒙遜國力弱,難以拒絶,又怕曇無讖的咒術有利於敵國,便殺了曇無讖。可見,在曇鸞之前,佛教中的咒術密法已有相當大的影響。

(b)"阿彌陀佛"四字本有神秘意義

"阿彌陀佛"四字本來便具有神秘意義。它的來源至今尚是個謎,有的認爲受《梨俱吠陀》的影響;有的認爲與印度教關係頗深;有的認爲非印度本身的産物,而是波斯人之太陽神話及彌多羅神之信仰,等等。它的含義非常繁多,所謂無量法身、無量報身、無量應身、無量名號、無量壽命、無量清淨、無量光明、無量世界、無量眷屬、無量方便、無量化佛、無量化禽、無量樂音、無量神通、無量妙智、無量福德、無量安樂、無量自在、無量大慈、無量大悲、無量勝緣、無量大願,乃至無量種種不可思議神變法力,攝受無量一切衆生,也指十方無量諸佛。因爲它的含義太多,所以不能翻譯爲"無量壽佛""無量光佛"之類具體名號,只能直稱"阿彌陀佛"才能保留它的全部含義。而一切含義都濃縮在這四個字之中,這四個字自然成爲暗示性的符號、象徵,具有無量的神秘性,代表無量不可思議的神秘力。按照淨土宗的説法,西方淨土佛陀變成了"阿彌陀佛"四字佛號,丟掉彼土的佛陀萬德,否定了佛自己的存在,把佛自己縮小爲四字名號,來到此土,使衆生容易念,容易修,以接引衆生,這是佛慈悲的表現。名號本身,是方便即是真實,是願力的最高發揮,也是願力的具體表現。名號所顯示的願力,無窮無盡,純粹的一念,可以勝過一切雜行。衆生無力,佛力無邊。佛變成名號才能到達衆生世界，浸入到衆生内心；衆生由於名號之聲而覺醒，也才能否定自己而到達佛的世界，這叫内外相即。彼岸世界與此岸世界由這一名號而聯繫相通，持名念佛成爲往生淨土的易行道。

按照密教的説法，極樂世界第一本尊阿彌陀佛，即密部五大佛之一，爲毗盧遮那佛之同體妙智。又，極樂世界第二本尊觀世音菩薩，即密部四大菩薩之一，又爲三大部主之一，亦即毗盧遮那佛之同體大悲。所以，密教説無量法門，對極樂淨土的闡揚尤多。密教認爲，"阿"字是諸法的本體，萬物的根源，法身的大日，其義無盡。"阿彌陀佛"四字，三德萬善，義亦無盡。這四字洪名，但得見聞者，已有種種不可稱量功德，如能持誦，便成口密，身意二密悉同相應，與佛菩薩八部鬼神異類通達，與入壇行道次第功德無有異，是爲蓮華部法。因此，"阿彌陀佛"四字便是密教的咒。淨土和密教是相通的。

密教本來便是大乘佛教的進一步發展。大乘佛教淨土思想中的"阿彌陀佛"一詞，因其具有神秘意義而發展爲密教的咒，原是順理成章之事。

(c)曇鸞指出了"阿彌陀佛"一詞咒的本質

曇鸞之時，密教還没有成立，處於醞釀的雜密時期。菩提流支頗善密法，可能給過曇鸞一些影響。但曇鸞本通道家的神仙方術，曾受陶弘景《仙經》，被菩提流支批評後轉而信仰彌陀淨土，對道家神仙方術的研究怕是並未放棄。現在保存的曇鸞著作目録中，有《調氣方》《服氣要訣》《論氣治療方》《調氣論》等，可以説明他對道家的研究頗有成績。他的淨土理論中也多有道家的内容及辭彙。正是道家的修養，使他敏鋭地理解到"阿彌陀佛"一詞的咒的本質。他把道、佛糅合起來，明確地論證"阿彌陀佛"名號爲咒。

當問及"彌佛名號亦何能滿願耶"，他回答道：

"名即法者，諸佛菩薩名號、般若波羅蜜及陀羅尼章句、禁咒音辭等是也。如《禁腫辭》云：'日出東方，乍赤乍黄'等句，假使酉亥行禁，不關日出，而腫得差。亦如行師對陳，但一切齒中誦'臨、兵、鬥、者，皆、陳、列、在、前’，行誦此九字，五兵之所不中。《抱朴子》謂之‘要道’者也。又若轉筋者，以木瓜對火熨之則愈，復有人但呼木瓜名，亦愈，吾身得其效也。如斯近事，世間共知，況不可思議境界者乎？滅除藥塗鼓之喻，復是一事。此喻已彰於前，故不重引。”（《往生論注》卷下）

這裏“名即法者”的“名”，指某些特殊的語言文字，“法”指密法，具體説是指密法中的咒。意思是説，某些特殊的語言文字是咒，如佛菩薩的名號、般若波羅蜜、陀羅尼章句、禁咒音辭。咒有特殊的神通和作用（效果），曇鸞舉了四個例子來證明。即：

酉時、亥時念“日出東方”的禁腫辭，也可消腫。

只呼木瓜之名，也可治癒轉筋。

《首楞嚴經》説，有藥名“滅除”，戰鬥之時，用它塗鼓，聽到鼓聲的，“箭出除毒”。

《抱朴子·内篇·雜應卷第十五》載：“吾聞吳大皇帝曾從介先生受要道云：但知書北斗字及日月字，便不畏白刃。帝以試左右數十人，常爲先登鋒臨陣，皆終身不傷也。鄭君云：但誦五兵名，亦有驗。刀名大房，虚星主之；弓名曲張，氐星主之；矢名彷徨，熒惑星主之；劍名失傷，角星主之；弩名遠望，張星主之；戟名大將軍，參星主之也。臨戰時，常細祝之。……今世之人，亦有得禁辟五兵之道，往往有之。”

這裏所説的“要道”，便是咒術，所列舉的都是中國固有的咒術，以爲可以禁辟“五兵”（五種兵器，哪五種説法不一，這裏指的是刀、弓矢、劍、弩、戟）。《登涉卷》第十七又云：“臨、兵、鬥、者，皆、陣、列、前、行，凡九字，常當密祝之，無所不辟。要道不煩，此之謂也。”這九字是禳災害、制勝利所修之一種咒法，原行於道家或兵家之間，後世以爲兵法之秘傳而流傳，又混入佛教真言密教之一部而傳入日本，成爲日本密宗的咒法。密教的金剛界十會曼荼羅，是爲抵達佛的階段的實踐法，與之相應的便是“臨、兵、鬥、者，皆、陣、列、在、前”九字，稱爲九字秘印。現存的《抱朴子》中，九字錯一字（最後“在前”誤爲“前行”），但曇鸞所引用的卻不錯，可以推知現存《抱朴子》後來傳抄過程中發生抄印之誤。

曇鸞舉出這樣四個例子，證明咒術有效，由此推論稱念“阿彌陀佛”名號也有效，可以滿願。也就是説，佛的名號便是咒。曇鸞這個觀點，發前人所未發，道破了持名念佛的本質。後來的淨土宗人持名念佛，其實便是念咒，只不過一般咒術是當世的禳災祈福，而淨土宗人念佛是求死後往生而已。

爲什麽要持名念佛？上述曇鸞三個方面的論述，大體上已可瞭解。以後淨土宗人關於這個問題的種種説法，無非是進一步的闡述而已。

④持名念佛須有“信心”

“信、願、行”是淨土三資糧，即修證淨土的三個基本條件。在持名念佛中，曇鸞强調“信”。他在論述念佛應防止名實不相應時説：

“又有三種不相應：一者，信心不淳，若存若亡故；二者，信心不一，無決定故；三者，信心不相續，餘念間故。此三句展轉相成。以信心不淳，故無決定；無決定，故念不相續，亦因念不相續，故不得決定信；不得決定信，故心不淳。”

“有稱名憶念，而無明由（猶）在而不滿所願者，何者？由不如實修行，與名義不相應故也。”（《往生論注》卷下）

他對信心的要求有三：其一，淳心，即真心，真心誠意，信心便不會“若存若亡”，若有若無；其二，一心，即專心，專心一意，便不會三心二意，有而無定；其三，相續心，即恒心，持之有恒，便不會間間斷斷，讓雜念插入。信心要真，要專，要恒，有這樣的信心去念佛，信心之實與念佛之名相應，這叫名實相應，才能滿願往生。如果信心不淳、不一、不相續，則念佛徒有其名，無實與之相應，念佛不會有效果，不能滿願往生。

曇鸞對信心的分析很細很嚴。但信什麽？曇鸞只説到信持名念佛“能滿衆生一切志願”，即能往生淨土。善導在這方面頗有發揮，他在《往生禮贊》中注釋“深心”之義説：

“深心即是真實信心，信知自身是具足煩惱凡夫，善根薄少，流轉三界，不出火宅，今信知彌陀本弘誓願及稱名號，下至十聲，一聲等，定得往生，乃至一念，無有疑心，故名深心。”

他把信心的内容，分爲“信機”“信法”兩種：信機是信自己是虚假和信自己之無力；信法是信如來之願力和名號之真實性。知此之虚，則知彼之實，知自己之無力，乃知如來之絶對力量，這叫作“機法一體”。得到信心的人，我相全棄，能達空境，冥合於永遠的生命和絶對的光明，達到不生不滅的安樂境界（解脱），這叫作往生。信心即是往生。由於善導的淨土觀以信心爲其生命，淨土宗人認爲善導的淨土觀是最透徹的信心淨土觀，這是有道理的。

⑤什麽是“十”念

關於持名念佛的方法，《觀無量壽經》第十六觀説：“具足十念，稱南無阿彌陀佛。”這裏提到的“十念”，含義很不清楚。十念是十聲念、十口氣念還是十時念？曇鸞作了解釋，説：

“百一生滅名一刹那，六十刹那名爲一念。此中云‘念’者，不取此時節也。但言憶念阿彌陀佛，若總相，若别相，隨所觀緣，心無他想，十念相續，名爲十念。但稱名號，亦復如是。

“問曰：心若他緣攝之令還，可知念之多少？但知多少，復非無間。若凝心注想，復依何可得記念之多少？

“答曰：經言‘十念’者，明業事成辦耳，不必須知頭數也。……十念業成者，是亦通神者言之耳。但積念相續，不緣他事便罷，必須口授，不得題之筆點。”（《往生論注》卷上）

這裏所説的“刹那”，是指極微少的時間。“極微少”究竟是多少？佛經中説法不一。按曇鸞這裏的説法，一百次生滅爲一刹那，六十刹那爲一念。或者倒過來算，一念中六十刹那，一刹那中一百生滅。曇鸞認爲，十念之“念”並非這種時間上的一念，即不是時間概念。他解釋説，十念便是念念相續。但十念的“十”這個數字怎麽演算法？如果念時要記數，便不能念念相續，因爲數到十必須中斷，從一再開始另數下一個“十”；如果確是念念相續，便無法記數，鬧不清每一念是第幾。所以，曇鸞又解釋説，所謂十念就是多念，只求“業事成辦”，即只求往生淨土之業能辦理完成，而不必真的去記數，也顧不得去記數。一定要記數也可以，不過只能口説，不能用筆題記。

本來，《觀無量壽經》的“十念”就是一個説不清的概念，除“十”字如何算，記數與不間斷念不相容之外，還有，“十念”是一生只須念十次，還是每日須念十次？也是未交待清的。曇鸞不拘泥於經説，他跳出“十念”的數字框框，按照淨土理論的基本精神，把“十念“解釋爲念念相續的多念，這是一個創造。以後的淨土宗人都是按照曇鸞的意見持名念佛，如道綽口誦佛名，“日以七萬爲限”（《續高僧傳》卷二十《道綽傳》），便是一例。當然，念佛也還記數，如“記數念”“十口氣念”之法是要記數的，不用筆記，而是撥念珠、放豆子之類記法，實際上這也是遵照曇鸞“不得題之筆點”的訓示，略加變通而已。

四、曇鸞在淨土宗史上的地位

（一）中國淨土宗的創始者

如上所述，曇鸞由末法時期形勢之分析，倡二道二力之説，以彌陀信仰爲易行道；爲引導衆生走上易行道，大力宣傳佛力之可靠，往生淨土之真實，生於淨土者畢竟成佛；簡化修行方法，由觀想念佛轉而偏重於持名念佛。

曇鸞之前,在淨土信仰中,彌勒信仰爲主流。雖有慧遠的彌陀信仰,但没有什麽獨特的理論,不能成爲獨立的一宗,影響不大。正是曇鸞的二道二力之説,把彌陀信仰大大抬高,置於其他各種佛教派别之上,包括置於彌勒信仰之上,並且在印度彌陀淨土理論的基礎上,創立起一套適合中國國情的完整的彌陀淨土學説,因而爲彌陀信仰爭得獨立的地位,並爲其傳播開闢了廣闊的道路。後世淨土宗人的種種理論,都已在曇鸞學説中啟其端,是曇鸞學説的發展。應該説,把曇鸞當作中國淨土宗的創始者,是合乎事實的。

繼承曇鸞學説的名僧是道綽(562—645)。曇鸞逝世後,道綽來到曇鸞生前主要住地玄中寺, 見到記載曇鸞事蹟的碑文, 極爲感動,從此服膺曇鸞,專弘淨土。他明確地以持名念佛爲主,口念爲主,並且身體力行,影響很大。

道綽的弟子善導(613—681),力主凡夫可以往生淨土,破當時流行的各種凡夫不得生淨土之論;宣傳口稱念佛,並製定了六時禮懺儀式、轉經行道方法、修學般舟三昧行道方法、觀念佛三昧的行相、入道場念佛與懺悔發願方法等淨土法門的行事儀式。這樣一來,淨土法門凡夫可入,凡夫易行,成爲真正民衆化的宗教;而且在曇鸞所創教義的基礎上又有了各種禮儀,具有了宗教的完備形態。善導平生律己甚嚴,乞食爲事,粗衣粗食,弘教則非常虔誠而熱情,兼又多才多藝,在京城長安盛弘淨土三十多年,書寫《阿彌陀經》數萬卷, 畫淨土變相三百餘壁, 並曾監管洛陽龍門奉先寺石窟的營造。因此,歸信者甚多,彌陀信仰盛行於東西兩京,風靡於天下。正是善導使淨土宗具備了完備的宗教形態,成爲民衆化宗教,推廣到全國,後人以善導爲淨土宗實際的創立者,不是没有道理的。

由曇鸞創始, 經道綽至善導而大成的一系, 是中國淨土宗的"正統",流傳至今,是深入僧俗並影響至國外的淨土宗主流。

(二)中日對曇鸞評價的分歧及其原因

1.中日對曇鸞評價的分歧

在中國通行的淨土宗史中,曇鸞是被貶入冷宫的。

在中國通行淨土十三祖之説。先是，南朝宋的宗曉列淨土六祖:慧遠—善導—法照—少康—省常—宗頤(《樂邦文類》卷第三,《大正藏》卷四七)。接着,南宋的志磐在其《佛祖統紀》卷二十六中,改爲淨土七祖:慧遠—善導—承遠—法照—少康—延壽—省常。志磐聲明説:“四明石芝曉法師,取異代同修淨業、功德高盛者,立爲七祖。今故遵之,以爲淨土教門之師法焉。”按這個聲明,似乎淨土七祖是宗曉所定,其實,宗曉只定六祖,志磐在六祖中刪掉宗頤,增加承遠及延壽,成爲七祖。七祖説是志磐在宗曉基礎上重定的。明清之際,在七祖説的基礎上,衆推雲棲爲第八祖。清道光中,悟開推智旭爲第九祖,省庵爲第十祖,徹悟爲十一祖(《蓮宗正傳》)。晚近,印光又改推行策爲第十祖,省庵、徹悟遞降爲十一、十二祖。印光逝世,其門人又推印光爲十三祖,形成了淨土宗十三祖之説。無論六祖、七祖或十三祖之説,都没有曇鸞與道綽的地位。

日本不同。日本淨土宗的創始者源空，立支那淨土五祖:曇鸞—道綽—善導—懷感—少康。源空的弟子親鸞,創立日本淨土真宗,定真宗七祖:龍樹—世親—曇鸞—道綽—善導—源信—源空。其中,龍樹與世親爲印度僧人,曇鸞、道綽、善導爲中國僧人,源信、源空爲日本僧人。無論日本淨土宗或淨土真宗,其所列祖師世系雖有不同,但都非常重視曇鸞,以曇鸞爲中國淨土宗的初祖,這是一致的。

中、日兩國淨土宗祖師世系的分歧,集中表現在對曇鸞和道綽的評價上,日本尊重曇鸞和道綽,中國不重視。當然,中國淨土宗名之爲“宗”,實際上與其他宗派不同,與其説它是宗派,不如説它是學派。它在組織上没有嚴密的僧團,没有師資授受的法嗣制度,既没衣鉢相傳的傳承,也没有禪宗那樣以心印心的傳承。後人給淨土宗排列祖師世系,只不過因爲其他各宗都有,也就仿而爲之。而其根據,便是志磐所説的“功高德盛”。對功與德的評價從來就没有統一的標準,究竟誰弘揚淨土的功更高,德更盛,自然可以有不同的看法。所以,各家所奉的祖師有所不同,乃是正常的,不足爲怪。但是,既然研究曇鸞,則探討一下中日兩國淨土宗對曇鸞評價不同的原因及其得失,不是没有意義的事。

2.中國不重視曇鸞的原因

從根本上説,日本以曇鸞爲淨土宗初祖,因爲這是淨土宗人的評價,中國不以曇鸞爲淨土宗祖師,因爲這是非淨土宗人的評價。中國没有以正統淨土宗的觀點來評價曇鸞,與中國淨土宗的發展狀況,也與中國整個佛教的發展狀況有關。

①中唐以後禪淨流行

隋唐時期,中國佛教的各個宗派如天臺宗、法相宗、華嚴宗、律宗、三論宗、禪宗、密宗、淨土宗相繼形成。這些宗派,大體可分爲兩類,法相宗、三論宗、密宗可算爲一類。它們基本上繼承印度佛教的原型而很少創造,不適合中國這塊土壤,法相宗和三論宗由於懂得的人越來越少而近於中斷,密宗與中國倫理相抵觸而只能在西藏等地區流行。另一類是結合中國傳統文化,把印度佛教中國化而創立的天臺宗、華嚴宗、律宗、禪宗和淨土宗。

這一類中國化佛教中,又可分爲兩種,一種是天臺宗、華嚴宗和禪宗,它們着重於對佛教教義的悟解。天臺宗與華嚴宗各自創立自己的中國化佛教哲學體系(義學),很有成就。尤其是華嚴宗的理論,可以説是中國佛教義學的高峰。慧能創立的禪宗,主張“不立文字,教外别傳,明心見性,頓悟成佛”。這種主張擺脱繁瑣的哲學論證,也不重禪定,而是强調神秘的直觀,單刀直入,求得開悟,不但在中國佛教史上,而且在整個佛教史上都引起了一場巨大的變革。中唐以後,天臺宗與華嚴宗逐漸衰落,禪宗卻大爲流行。

另一種重宗教實踐,即律宗與淨土宗。律宗强調遵守戒律,要求“諸惡莫作”“諸善奉行”,對信徒的行動包括衣食坐臥,都有嚴格的規定。戒律又嚴又多,比丘250戒,比丘尼384戒,奉行起來很難很苦。因此,從來就没有興旺發達過。唯有曇鸞開創的淨土法門,經道綽至善導而大成,只側重持名念佛,宣傳只要誦念阿彌陀佛名號,便可往生淨土。此法簡便易行,很快普及於各個階層民衆之中。中唐詩人白居易晚年修淨土,他自敘對淨土法門的篤信道:

“余年七十一,不復事吟哦。看經費眼力,作福畏奔波。何以度心眼,一句阿彌陀。行也阿彌陀,坐也阿彌陀。縱饒忙似箭,不廢阿彌陀。日暮而途遠,吾生已蹉跎。旦夕清淨心,但念阿彌陀。達人應笑我,多卻阿彌陀。達又作麽生,不達又如何?普勸法界衆,但念阿彌陀。”

禪宗重悟解,淨土重實踐。兩者都簡便易行而爭得信徒。中唐之後的佛教界,這兩家是主流。

②五代以後淨土普及佛門

五代以後,形成諸宗融會的格局,尤爲顯著的是禪淨合流。

本來,禪、淨兩家頗有分歧。淨土宣揚佛在西方,禪宗以爲自性是佛;淨土仗他力解脱,禪宗靠自心開悟;淨土强調念佛,禪宗側重修禪;淨土嚴分世間與出世間的界限,欣取樂邦,厭捨世間穢土,禪宗則反對欣厭取捨,消除世間與出世間界限,認爲解脱不離世間;念佛要心境對待,“能”念佛的心和“所”念的佛是二非一,即能所宛然,禪宗則要求心不着境,着境便失本來面目;念佛是作死此生彼想,而禪宗則不取生死。諸如此類的分歧,勢必引起雙方的互相批評。道綽、善導均本曇鸞的二道二力説,視禪宗爲“竪出三界”的難行道,宣稱“不必禪觀即可往生”,曾摒禪於淨土法門之外。禪宗的慧能則指出："心起不淨之心，念佛往生難到。"(《壇經》)慧海説："淨穢在心，不在國土。"(《大珠禪師語録》卷下)趙州從諗更説："佛之一字，吾不喜聞。""念佛一聲，要漱口三日。"(《古尊宿語録》卷十四)這些，都表明了兩宗之間的派性。

不過，兩家之間，原也有共同之處。從根本上説，都是追求成佛，淨土宗求生西方淨土，禪宗主唯心淨土，都求往生淨土，目的是一致的。淨土仗他力，但總得自己"信、願、行"，口稱佛名，即也需自力；禪宗憑自力，如有他力接引，豈不更好？在修行方法上，念佛與修禪雖不同，而説其究竟，實相念佛和觀想念佛本與禪宗"無念爲宗"没有什麽區别，持名念佛到"入定"，則意馬歸槽，心猿入洞，我心佛心，融而爲一，這種境界，和禪宗的真如三昧一樣。説淨是禪，也未爲不可，淨土宗强調往生西方，説的是死後往生，被禪宗譏爲"專屬送死之教"。這確是淨土宗的一大弱點，對淨土宗的發展極爲不利。於是，後來的淨土宗人極力補救，試圖消除今世與來世、此岸與彼岸、世間與出世間的鴻溝。在天親《往生論》所説的五念門中有回向門，即要發願拔衆生之苦，以自己所修之功德作爲一切衆生的功德，施與一切衆生，共同往生淨土。淨土宗人發揮這種思想，認爲今世不單念佛號，而且要廣修善緣，積功累德，把人間變爲淨土。這便是他們宣稱的"要將穢土三千界，盡種西方九品蓮"。這樣一來，在對待現實的態度上，淨土宗也逐漸與禪宗的入世精神相接近。正因爲禪、淨本有相同、相通、相補、相近之處，所以，五代之後，禪淨合流，天下翕從。

五代至宋初的永明延壽(904—975)，原爲禪宗五派之一——法眼宗的嫡嗣，便同時修淨土。據説他提出"四料簡"説：

"有禪無淨土，十人九蹉路。陰境若現前，瞥爾隨他去。
無禪有淨土，萬修萬人去。但得見彌陀，何愁不開悟。
有禪有淨土，猶如戴角虎。現世爲人師，來生爲佛祖。
無禪無淨土，鐵床並銅柱。萬劫與千生，没個人依怙。"(見明大

佑集《淨土指歸集》第三法相門）

第一段"有禪無淨土"，指當時一般禪宗信徒，十人修禪，九人走錯路，生死海深，菩提道遠，即便命終，歸途莫測。所謂"陰境"指臨命終時，現生及歷劫善惡業力所現之境。眨眼之間，隨其業力，便爾受生，一毫不能自作主張。如人負債，强者先牽；心緒多端，重處偏墜。故曰"陰境若現前，瞥爾隨他去"。

第二段"無禪有淨土"，指一般淨土信徒，萬無一失，能生西方。見佛聞法，雖有遲速，但已高預聖流，毫不退轉，漸證聖果，則其開悟，自不待言，定能親見彌陀，出離生死。

第三段"有禪有淨土"，即禪、淨雙修，如老虎戴角，最爲理想。

第四段"無禪無淨土"，指不修禪又不念佛者，唐代法照《五會念佛法事贊》中有《般舟三昧贊》，描寫生命之苦説："或臥鐵床抱銅柱，或墮阿鼻大地獄。""鐵床並銅柱"一句，便是引法照之文比喻受苦。雖有諸佛菩薩垂以慈悲，因惡業障故，不能獲益，永劫受苦。所以説"萬劫與千生，没個人依怙"。

延壽的這個"四料簡"，是禪淨合流的標誌。

禪、淨兩大主流的結合，使其他日益衰落的宗派也紛紛兼修淨土，出現了臺（天臺宗）淨融合、賢（華嚴宗又稱賢首宗）淨融合等潮流。宋代，被稱爲天臺宗中興之祖的四明知禮，建念佛施戒會，結萬人爲一社，倡每日念佛名一千遍。華嚴宗宣稱西方淨土即華嚴世界，圓澄義和倡華嚴圓融念佛法門，編《華嚴念佛三昧無盡燈》，由此可見一斑。

禪宗、天臺宗、華嚴宗等重悟解的宗派兼奉淨土，這就使淨土普及佛門，成爲一切宗派的共同信仰，"阿彌陀佛"一語，成爲佛門僧尼的口頭語。明清以後，可以説佛門即淨土，淨土即佛門了。由此，淨土法門又普及於民間，形成"家家觀世音，户户阿彌陀"的局面。

③淨土三流

一種理論,當它滲入其他理論之中成爲統治思想之後,其他理論也必定滲入其中,使其成爲雜家。淨土法門便是這樣。當佛門成爲淨土天下,淨土宗本身也就色彩駁雜,非復曇鸞所開啟、善導所立宗的淨土宗原來面目。於是,有所謂"淨土三流"之説。這三個流派是:

A. 慧遠流。慧遠的念佛方法主要是觀想念佛。就教來説,是入三昧、見佛和往生。用觀想的方法收攝散亂的妄心,達到一種窮玄極寂、體神圓融的精神統一的狀態,稱爲三昧。入於三昧,隨宜可以應物,能顯出耳目所不能及的境界,結果能見到佛界,這叫定中見佛。由見佛而能往生於淨土。就力來説,因爲是在定中憑自己的悟解而見佛,所以,這是憑自力修行而獲。就土來説,慧遠流以彌陀爲應身,淨土爲應土,即方便淨土,而非真淨土,所謂"往生"當然是實無生。就機來説,慧遠流認爲凡夫不能往生報土,《觀無量壽經》的九品中有聖有凡,隨凡聖階位而有不同往生,凡夫只能往生事淨粗國(事淨土)。總的説來,慧遠流的淨土觀,是哲理性的、重知識重悟解的流派。

B. 善導流,即曇鸞一系。這一派認爲,彌陀淨土爲佛本願力所成的莊嚴淨土,是報土,是實在的西方極樂世界。就機來説,九品俱是凡夫,都能往生淨土。就念佛方法説,主要是持名念佛,口宣佛號。就教來説,認爲無需悟解,只要念佛,即可憑佛願力,離苦得樂,往生淨土。總之,善導流是面向一切凡夫簡便易行的法門,體現了淨土法門的主旨。

C. 慈潛流。慧日(680—748),賜號慈潛三藏,唐玄宗開元年間由印度歸國,主張戒淨並行,禪淨雙修,教禪一致。他勤修戒、定、慧三學之萬善萬行,以持名念佛爲重點,而發願回向往生淨土。他批評當時的禪家忽視齋戒,又指摘求生淨土者不斷酒肉。實際上,他大體是以法相宗爲依據,企圖融合教、禪、淨、戒各家而歸於淨土的綜合派。

與淨土三流之説相適應,又有三根之説,認爲慧遠流以吸收上根者爲主,善導流是下根者普遍的宗教,而慈滑流的主要對象則是中根者。

這樣一來,宋代以後,善導所建立的淨土宗便降而爲淨土三派中僅僅適宜於下根者的一派了。

④曇鸞不受重視乃是淨土宗普及佛門的必然結果

五代以後,淨土宗已經不純。有學問的天臺、華嚴及禪宗中兼修淨土的僧人,修淨土重悟解,以禪理來釋淨土法門。如明代禪宗的蓮池(雲棲袾宏)説:"念空真念,出入無生。念佛即是念心,生彼不離生此。心佛衆生一體,中流兩岸不居。"有的禪門人云:老太婆只知生極樂國,我是深知極樂在自性中,無有來去生死,這便是不同之點。這些人對於所謂凡夫老太婆之流,只知口誦佛號而不解佛理,雖然並不反對,卻是看不起的。他們貶低曇鸞、道綽、善導一系的淨土,而將透禪融教律者的淨土視爲高級的真正的淨土。這種派性,在定祖問題上集中地反映了出來。

先看定祖者。始創六祖説的宋代四明石芝宗曉,乃是天臺宗人。把宗曉的六祖説略加修改立七祖説的佛教史家志磐,是天臺宗人。立智旭、省庵、徹悟爲祖的悟開,也是天臺宗人。後來立祖的印光,主張以淨土統合融攝各宗,而且儒佛相資,可以説,千餘年來各宗合流趨勢至印光而集其大成。他也是一個很有學問的僧人。

至於被定爲祖師者,六祖延壽是禪宗中法眼宗的嫡祖嗣。七祖省常爲天臺宗人。一度曾在六祖説中定爲六祖的宗頤,是禪宗。八祖雲棲袾宏爲華嚴宗人。九祖智旭、十祖行策、十一祖省庵,均爲天臺宗人。十二祖徹悟爲禪宗。蘇州靈岩山寺印光的門人立印光爲十三祖,印光可説是通家。自宋代起,十三祖中除印光外的七祖,分别爲天臺宗四人,禪宗二人,華嚴宗一人,即七祖都是臺、賢、禪諸宗兼修淨土的名僧,明顯是臺、賢、禪中人所立。

至於宋代以前的淨土五祖承遠，教義如何，無可稽考。只知他曾遠赴廣州求教於慈愍，受慈愍影響專修淨土，苦行念佛，從化者甚眾。他的弟子法照，代宗時封爲國師，推尊承遠，封承遠所在的南嶽祝聖寺爲般舟道場，因而有名。可見承遠與法照都是慈愍一系的人物。這樣一來，五祖之中除慧遠另説，曇鸞、善導一系僅有善導與少康二人。

十三祖是按"功高德盛"的標準定的，並無法嗣淵源。問題在於按何種思路來談"功"論"德"？十三祖中照顧慈愍一系二人，曇鸞一系的善導、少康因其建立淨土宗之功實在無法抹殺而不得不立。其餘八祖全是重悟解通教理的慧遠一系。這個祖師世系的派性豈不是很清楚嗎？

不僅如此，他們爲了抬高慧遠的形象，還不惜僞造歷史。這便是所謂慧遠集十八高賢立白蓮社之説。此説最早見於《十八高賢傳》一文，此文在宋代陳聖俞的《廬山記》才有完整的記載。陳聖俞聲明説：

"東林寺（慧遠所住）舊有《十八賢傳》，不知何人所作。文字淺近。以事驗諸前史，往往乖謬，讀者陋之。……予既作《山記》，乃因舊本，參質晉宋史及《高僧傳》，粗加刊正。"（《廬山記》卷三）

志磐見後，即收入《佛祖統紀》卷二十六，末尾附注説：

"《十八賢傳》始不著作者名，疑自昔出於廬山耳。熙寧（宋神宗年號）間，嘉禾賢良陳令舉聖俞粗加刊正。大觀（宋徽宗年號）初，沙門懷悟（志磐之師）以事蹟疏略，復爲詳補。今歷考《廬山集》《高僧傳》及晉宋史，依悟本再爲補治，一事不遺，自茲可爲定本矣。"

這裏説得明白，是利用不可靠的材料（"往往乖謬"）加工而成。加工形成的時間大概是在宋神宗至南宋度宗（《佛祖統紀》寫於度宗成淳年間）之間，亦即禪淨雙修、教淨融合的高潮期。正是在這個期間抬高慧遠，僞造慧遠集十八高賢立蓮社之事，大加宣揚，顯示出慧遠流勢力擴張，派性膨脹的蛛絲馬跡。由此，慧遠弘揚淨土"功高德盛”,可爲初祖,便有了根據,而把淨土宗稱爲“白蓮宗”“蓮宗”,便也似乎名正言順,順理成章了。

總之,中國的淨土十三祖之説以慧遠爲初祖,而把曇鸞貶入冷宮,乃是慧遠流的觀點。由於慧遠流是一些有學問有影響的僧人,左右着輿論,深入民間的曇鸞—善導一系則重宗教實踐,不關心這類定祖繼宗之事,此説便成爲定論。

(三)恢復歷史本來面目

淨土名“宗”,由此而定祖,乃是約定俗成。究其實際,淨土並非佛教中的宗派,而只是學派,是學派意義的“宗”。

關於宗派,湯用彤曾論述道:“所謂宗派者,其質有三:一,教理闡明,獨辟蹊徑;二,門户見深,入主出奴;三,時昧説教,自誇承繼道統。”(《隋唐佛教史稿》,第105頁)

這個論述,是對“宗派”特點的全面概括,言簡意賅,十分中肯。據此,湯用彤認爲南北朝時所謂“宗”的,只不過是學派。隋唐以後,才有各宗競起,這些宗派,是有創始人、有傳授者、有信徒、有教義、有教規的宗教團體。隋唐以來所謂的八宗,湯用彤獨對淨土一宗算作宗派(教派)抱否定態度。他説:“至於淨土,則只有志磐謂其‘立教’,但中國各宗均有淨土之説,且彌陀、彌勒崇拜實有不同,亦無統一之理論。又慧遠結白蓮社,只是唐以後之誤傳,日本僧人且有認淨土初祖爲曇鸞,並非慧遠,而所謂淨土七祖歷史乃南宋四明石芝宗曉所撰,並無根據(見《佛祖統紀》卷二十六)。故淨土是否爲一教派實有問題。”(同上,223頁)

湯用彤是從包括彌勒信仰在内的淨土信仰而言的,認爲淨土無統一的教義,也無歷史承傳,不能算宗派。這話有道理。不過,所謂“淨土宗”,實際上不包括彌勒信仰,而是專指彌陀信仰而言。專指彌陀信仰的淨土宗,儘管後來有所謂“淨土三流”,於教義的解釋頗有分歧,但總還都信阿彌陀佛,信安樂國土,信他力往生,信念佛之法,總算還有統一的教義。門户之見也有,自視爲易行道,而以其他宗派爲難行道。不過,淨土宗不是宗教團體,没有一套組織,也没有法嗣制度。信淨土者不必有師承,不需要哪個權威認可,也没承擔什麽義務。信淨土者可以同時信任何宗派,任何宗派中人也可以同時信淨土,不存在什麽叛師背祖問題。也就是説,淨土宗没有什麽宗派性,它自居於易行道,只是學派的派性。唯其如此,它才可以被所有的宗派樂於接受而兼修,成爲佛門的普遍信仰,風行於天下。所以,淨土宗只是學派意義上的宗,不是宗派。

既然如此,那末,爲淨土宗定祖立宗便是好事者所爲,没有什麽價值。曇鸞也罷,慧遠也罷,誰也不是淨土宗的初祖,淨土宗没有初祖也不可能有什麽法嗣意義上的初祖。

作爲一個影響最大的學派,淨土宗存在着誰爲奠基者的問題。包括阿彌陀佛淨土在内的整個淨土信仰,在印度就没有多大影響,搬到中國後也原無多大影響。任何一種思想信仰被移植後都必須經過加工改造,適合於新的土壤才能生根、發芽、開花、結果,否則便會夭折,至少是長不茂盛。忠實於印度佛教的法相宗便是一個例證。阿彌陀佛淨土信仰傳入中國後,經過加工改造,成爲中國最具宗教性的佛教學派,"家家觀世音,户户阿彌陀",也即成爲了中國人精神的一根宗教砥柱。這個加工改造工作,是由曇鸞啟其開端而且奠定基礎的。

任何宗教都是現實世界虚幻的反映,是對理想世界的神學信仰。正如馬克思所説:"國家、社會産生了宗教即顛倒了的世界觀,因爲它們本身就是顛倒了的世界。……宗教是被壓迫生靈的歎息,是無情世界的感情,正像它是没有精神的制度的精神一樣。"(《〈黑格爾法哲學批判〉序言》)

在階級社會中,充滿了剥削、壓迫、屠殺、欺騙,人們普遍厭惡現實世界,憧憬理想的生活。於是,思想家們,包括宗教的和世俗的，構想出一個理想世界的種種圖景。在中國，儒家有大同理想：

“大道之行也，天下爲公，選賢與能，講信修睦。故人不獨親其親，不獨子其子。使老有所終，壯有所用，幼有所長，矜寡孤獨廢疾者皆有所養。男有分，女有歸。貨惡其棄於地也，不必藏於己，力惡其不出於身也，不必爲己。是故謀閉而不興，盜竊亂賊而不作。故外户而不閉，是爲大同。”(《禮記·禮運》)

比較影響大的還有陶淵明的《桃花源記》，描寫其中“土地平曠，屋舍儼然，有良田、美池、桑竹之屬，阡陌交通，雞犬相聞。其中往來種作，男女衣着，悉如外人，黄髪垂髫，並怡然自樂。”

宗教家則把理想世界放到天堂。而對這個天堂描繪得最爲詳盡、美妙到不可思議境界的，則推阿彌陀佛的安樂淨土。所有其他宗教的以至世俗的理想世界比起安樂淨土來，都望塵莫及。

曇鸞生活在長期動亂的南北朝，又处在民族鬥爭與融合的中心——今山西省境。戰亂頻仍，民生凋敝，白骨蔽野，十室九空。在北魏京都平城一帶，487 年大旱，孝文帝讓大批貧民出境求食，便可見一斑。曇鸞耳聞目見到這個“無情世界”種種無情，“顛倒了的世界”的般般顛倒，血染的屠刀，飛來的橫禍，無耻的欺詐，惡毒的陷害。他的心在戰慄，認爲這便是“五濁之世”，而且撇開歷史事實，把佛家所説的“末法時期”提前，認爲已進入末法時期。這個已是末法時期的提法，其實是對現實的否定，表現了曇鸞對現實的憎惡和他的悲天憫人胸懷。在現實中，他找不到改變現實的力量和辦法，提不出切實可行的方案，因此，他特别崇拜阿彌陀佛，對阿彌陀佛的本願力贊歎不已，切望把苦難衆生引到西方安樂國土去。這個西方安樂國土就是他的理想世界。他把這個安樂國土描寫爲與現實絶對地對立的自由勝境，所見、所聞、所住、所聽、所嗅、所觸、所食、所穿、所用、所行，無不自由隨意。“清淨”，是這個理想世界的根本特質，與充滿煩惱苦難的現實世界截然不同。“平等”，是這個理想世界的又一特徵，不但往生者之間是平等的，往生者與安樂國土中的菩薩以至於佛之間是平等的，没有統治與被統治的關係，“無優劣心”“遠通夫四海之内，皆兄弟也”。他特别强調“利他”，指出“若人不發無上菩提心，但聞彼國土受樂無間，爲樂極願生，亦當不得往生也”。“若爲身求樂，即違菩提”，“若有一衆生不成佛，我不作佛”。諸如此類的思想，在所有宗教中别樹一幟。與世俗的理想世界如大同思想和桃花源思想相比，曇鸞的精神也似更爲博大。

列寧指出：“判斷歷史的功績，不是根據歷史活動家没有提供現代所要求的東西，而是根據他比他們的前輩提供了新的東西。”（《列寧全集》第 2 卷，150 頁）從這個角度説，曇鸞的淨土思想是有研究價值的，是許多探索理想世界的思想財富中的一部分。

一位思想家，一位有道高僧，作爲學派的淨土宗的奠基者，這便是曇鸞的真實形象。

往生論注卷上

無量壽經優婆提舍願生偈①
婆藪槃頭菩薩造並注②卷上
沙門曇鸞注解③

【注釋】

① 無量壽經優婆提舍願生偈——"無量壽"即"阿彌陀"。"阿彌陀"有"無量壽""無量光""無量"等多種含義,也就有多種譯名。但通行的主要是"無量壽"義。所以諸經多將"阿彌陀"譯爲"無量壽"。

佛經以"無量壽"爲名的,可總指淨土三經——《無量壽經》《觀無量壽經》《阿彌陀經》。《阿彌陀經》又稱小《無量壽經》。通常説《無量壽經》,並非總稱,而是單指淨土三經之一《無量壽經》。

"優婆提舍"爲梵文音譯,意譯爲論議。問答抉擇、分析討論經文而發揮其要義者,稱爲論。所以,《無量壽經優婆提舍》即《無量壽經論》。

本論全依經義作偈。"偈"爲梵文"偈陀"音譯之略,意譯爲頌詞,相當於中國古詩,以三言、四言、五言以至多言爲一句,若干句爲一偈。偈中立義,發願往生淨土,稱《願生偈》。本論宗旨所在,便是願生,因此,可名爲《無量壽經願生偈論》。從論題中取主要義,又名爲《往生淨土論》,或簡稱爲《往生論》《淨土論》。

② 婆藪槃頭菩薩造並注——婆藪槃頭,乂作婆藪槃豆,梵文音譯。"婆藪"意譯爲天、爲世。"槃頭"意譯爲親。"婆藪槃頭"譯爲天親或世親。古印度四五世紀時人,爲大乘佛教瑜伽行派創始者之一,無著之弟。據説他博學多聞,遍通小乘十八部教義,不信大乘。無著恐其造論破壞大乘,派人囑其回家,爲説大乘教義。於是,棄小乘而遍學大乘教義,後著大乘論書,詳論瑜伽行派理論,有"千部論師"之稱。

菩薩爲梵文“菩提薩埵”音譯之略，意譯爲“覺有情”“道眾生”“道心眾生”，意譯爲修持大乘六度，求無上菩提（覺悟），利益眾生，於未來成就佛果的修行者。一般人不明白“菩薩”的含義，錯認菩薩爲偶像之代名詞，凡屬泥塑木雕等之偶像，以爲便是菩薩。其實，如果發菩提心，證“無上正遍知”（阿耨多羅三藐三菩提）果的，即爲菩薩。菩薩之功行有遠近，智慧有深淺。十信位，指初發心菩薩，十位、十行、十向、四加行位，稱爲三賢菩薩，十地是聖位菩薩。據説，世親即四加行位之菩薩。

世親造立此論，並加解釋，所以説“婆藪槃頭菩薩造並注”。此論自然分爲兩大部分：一，依據《無量壽經》之要義，以偈的形式論往生，曇鸞稱之爲“總説分”；二，對偈進行解釋，這是散文形式的，曇鸞稱之爲“解義分”。這兩大部分成爲上、下卷，第一部分爲卷上，全部是偈；第二部分爲卷下，散文形式。

③ 沙門曇鸞注解——沙門，梵語音譯“沙門那”之略稱，意譯爲勤勞、靜志、息止、修道等。原爲古印度反婆羅門教思潮各個派别出家者之通稱，佛教盛行後專指佛教僧侣。曇鸞爲僧人，所以自稱沙門。

曇鸞對《往生論》的注解，一句不漏，非常完整。他通曉佛理，受大乘中觀學派影響甚深，又有很高的文化素養，諸子百家，無不博覽。他的注解，不僅解釋天親原文的含義，而且發揮自己的見解，把注解變成了自己獨立的著作。如同中國古代許多思想家那樣，注經成爲著作。在注解中，他建立起淨土法門的判教理論，宣傳彌陀淨土之安樂，論證了往生淨土是真，往生必定成佛，佛力可靠，並且，由觀想念佛提出持名念佛，敘述了持名念佛的功效及方法，從而創建了一套中國的淨土理論，爲後來淨土宗的建立及發展提供了理論基礎。

曇鸞的注解都是先列天親的原文，然後作注。有時一句一注，有時兩句一注、三句一注，直至十幾句一注不等。注中，或再列原文，或不引。因此，天親的原文與曇鸞的注解已渾然一體，不可分割。我們的注解，只能把天親的原文與曇鸞的注解一體對待，順曇鸞之法，先列天親的原文，再列曇鸞的注解。不過，我們只注解曇鸞之文，對天親的原文則只列不注。

這部《往生論注》，其邏輯結構大致如下：

《無量壽經優婆提舍願生偈》

婆藪槃頭菩薩造並注

曇鸞釋全書論題

釋作者

釋全書結構

謹案，龍樹菩薩[1]《十住毗婆沙》云[2]：菩薩求“阿毗跋致”[3]，有二種道：一者，難行道；二者，易行道。“難行道”者，謂於五濁之世[4]，於無佛時，求“阿毗跋致”爲難。此難乃有多途，粗言五三[5]，以示義意：一者，外道相善[6]，亂菩薩法[7]；二者，聲聞自利[8]，障大慈悲[9]；三者，無顧惡人[10]，破他勝德[11]；四者，顛倒善果[12]，能壞梵行[13]；五者，唯是自力，無他力持。如斯等事，觸目皆是。譬如陸路，步行則苦。“易行道”者，謂但以信佛因緣[14]，願生淨土[15]，乘佛願力[16]，便得往生彼清淨土。佛力住持[17]，即入大乘正定之聚[18]，正定即是“阿毗跋致”。譬如水路，乘船則樂。此《無量壽經優婆提舍》，蓋上衍之極致[19]，不退之風航者也。

“無量壽”[20]是安樂淨土如來别號[21]。釋迦牟尼佛[22]在王舍城[23]及舍衛國[24]，於大衆之中，説無量壽佛莊嚴功德[25]，即以佛名號爲經體[26]。後聖者婆藪槃頭菩薩，服膺如來大悲之教[27]，傍經作《願生偈》，復造長行重釋[28]。梵言“優婆提舍”，此間無正名相譯，若舉一隅[29]，可名爲“論”。所以無正名譯者，以此間本無佛故[30]。如此間書，就孔子而稱“經”，餘人製作，皆名爲“子”。《國史》《國紀》之徒，各别體例。然佛所説十二部經中[31]，有論議經，名“優婆提舍”。若復佛諸弟子，解佛經教，與佛義相應者，佛亦許名“優婆提舍”，以入佛法相故[32]。此間云“論”，直是論議而已，豈得正譯彼名耶？又如女人，於子稱母，於兄云妹，如是等事，皆隨義各别。若但以女名泛談“母妹”，乃不失女之大體。豈含尊卑之義乎？此所云“論”，亦復如是[33]。是以仍存梵音，曰“優婆提舍”。

此論始終，凡有二重：一是總説分[34]，二是解義分。總説分者，前五言偈盡是；解義分者，“論曰”已（以）下長行盡是。所以爲二重者，有二義：偈以誦經，爲總攝故[35]；論以釋偈，爲解義故。

【注釋】

① 龍樹菩薩——龍樹(約三世紀),又譯爲龍猛、龍勝,爲古印度大乘佛教中觀學派創始人,精通三藏,著述甚多,有“千部論主”之稱,被後人尊爲菩薩。

②《十住毗婆沙》——即《十住毗婆沙論》,龍樹著,後秦鳩摩羅什譯,十四卷,一説十七卷。

③“阿毗跋致”——梵文音譯,意譯“阿”爲無,“毗跋致”爲退轉,“阿毗跋致”即不退轉。按佛教的緣起説,一切事物都由因緣和合而成,並無自性。而一切又都處在變化生滅之中,流動無常。所以,一旦因緣離散,事物便會壞滅,轉化爲其他事物。按涅槃説,進入涅槃境界,便無因無緣,無生無死,常樂我淨。修行者借助某些條件,如信奉佛法僧三寶,經過修持,可以進入涅槃。但因緣離散,條件變了,能否保持涅槃,保持修持所得的各種成就呢?佛家説,修行者在一定階段中,如果條件消滅了,是要退轉的。而達到一定階段後,即使條件消滅了,也不會退轉,稱爲不退轉,即阿毗跋致。不退轉有三:一,位不退,指修行所得之果位不退,阿羅漢等聖賢不會退爲凡夫;二,行不退,指大乘菩薩一心一意度脱衆生,不會再退到小乘的聲聞、緣覺中去;三,念不退,指心念總與佛智相合,不會再有别的念頭起來。

④ 五濁之世——五濁,又稱五滓、五渾。“濁”是污穢不潔淨的意思。五濁指劫濁、見濁、煩惱濁、衆生濁、命濁。劫濁的“劫”,本是時間概念,無所謂清濁,因後面四濁而成濁。見濁有五:身見(我見)、邊見(偏見)、邪見、見取見(固執見)、戒取見。這五種見都可以束縛人,使之不能跳出三界,所以稱爲濁。煩惱濁也有五:貪、嗔、癡、慢、疑。這五種都擾亂心思,使人多生煩惱,不能潔淨。衆生濁指衆生永在六道中輪回生死,永無脱離之期。命濁指衆生因煩惱業集,身心交瘁,因而壽命短促,其間老病侵襲,生死變幻,一旦無常,即成異物。“五濁惡世”是《阿彌陀經》説的。曇鸞認爲,現在正是五濁之世。

⑤ 粗言五三——粗略地談上三五句。

⑥ 外道相善——外道,佛教以外之教。在佛教看來,它們都是行邪法而在真理之外的,佛教徒不應當與外道之人相友善,外道相善便是指受外道蠱惑與其相友善。

⑦ 亂菩薩法——大乘菩薩僧之戒律,稱菩薩戒,又稱菩薩法戒,或稱菩薩法。《梵網經·律藏品》所説菩薩四十八輕戒中,不斷告誡要警惕外道,如“若佛子,心背大乘常住經律,言非佛説,而受持二乘、外道,惡見一切禁戒,邪見經律者,犯輕垢罪”“菩薩見外道以及惡人一言謗佛音聲,如三百鉾刺心”。因此,“外道相善”,便犯菩薩戒,亂菩薩法。

⑧ 聲聞——聞佛之聲教而證悟苦、集、滅、道四諦之理的，稱爲聲聞。大乘佛教認爲，聲聞屬小乘，只求個人解脱，即只求自利，不求利他，爲佛道中之最下根。

⑨ 障大慈悲——與一切眾生樂，稱爲慈，拔一切眾生苦，稱爲悲。佛、菩薩廣大之慈悲，爲大慈悲。小乘的聲聞、緣覺，只知自己要逃脱生死輪回之苦，不知發願度盡一切眾生，因而障礙通向佛、菩薩之道。慈悲有三種：生緣慈悲，法緣慈悲，無緣慈悲。無緣爲遠離慈悲差别之見解，無分别心，平等絶對的慈悲，是佛獨具的，故稱大慈悲。

⑩ 無顧惡人——無所顧忌的惡人。

⑪ 勝德——所成之善，稱爲德。德之妙勝者爲勝德，即佛德，爲佛果菩提之本。

⑫ 顛倒善果——依善業所招之善妙結果，稱爲善果。顛倒，指以無常爲常，以苦爲樂，以不淨爲淨，以無我爲我等違背佛理之妄見。"顛倒善果"，指雖爲善果，但凡夫執着於顛倒之見，以人間之善果爲天上之善果，以天上之善果爲人間之善果，沾沾自得於人間善果，不去努力追求西方安樂國之佛果，稱爲顛倒善果。

⑬ 梵行——梵，意譯爲清淨。菩薩利他之行，能對治一切不善，離過清淨，稱爲梵行。

⑭ 因緣——佛家認爲，一切現象和事物都在各種聯繫、諸般條件和合時産生，又在聯繫、條件散失時消滅。所産生的現象或事物稱爲果，而條件之和合則爲因，爲緣。在生"果"中起主要的直接作用的條件叫作"因"，起間接輔助作用的條件叫作"緣"。力强爲"因"，力弱爲"緣"。通常，因與緣不分，合稱"因緣"，指的便是形成事物或現象的原因或條件。

⑮ 淨土——即佛國。佛家以爲有兩個世界：一是現實世界，這是一個苦難的、污穢的世界，他們稱之爲"穢土"；一是天上世界，這是幸福的、安樂的、清淨的世界，他們稱之爲"淨土"。淨土很多，每位佛都有自己的淨土，無量佛便有無量淨土。當時有三種淨土比較流行：一，彌勒菩薩的兜率淨土；二，阿閦佛的東方淨土；三，阿彌陀佛的西方淨土。這裏所指"淨土"乃是專指阿彌陀佛的西方淨土。

⑯ 願力——阿彌陀佛尚在菩薩位時，名爲法藏，他曾發四十八大願，建設淨土。這種願本身便是力量，稱爲願力。

⑰ 住持——安住於世而保持佛法，稱爲住持。

⑱ 正定之聚——三聚總收一切眾生：一，正定聚，必定證悟者；二，邪定聚，畢竟不證悟者；三，不定聚，在二者中間，有緣證悟、無緣不證悟者。從果位來説，菩薩爲正定聚。

⑲ 上衍之極致——衍，梵文音譯"摩訶衍"中之"衍"字，意譯爲"乘"。"上衍"即"上乘"，"上乘"即大乘之異名。"上衍之極致"，即最好的大乘。

⑳“無量壽”——即“阿彌陀”之譯名。凡言説之能説，思想之能想的數量，稱爲“有量”。言説之不能説，思想之不能想，所謂“言語道斷，心行寂滅”，不可思議之數量，稱“無量”。此佛之壽命，不是年歲以至劫數所能計算的，所以稱爲“無量壽”。

㉑安樂淨土如來——安樂淨土，即彌陀淨土，又稱西方淨土、西方極樂世界、安樂國。如來，佛的十種稱號之一。一説，乘“真如”之道，從因來果而成正覺，故稱“如來”。一説，乘“真如”之道，來三界教化，故稱“如來”。一説，如諸佛而來，故稱“如來”。一説，如實去生死，向上自利，稱爲“如去”；與“如去”相對，向下利他，稱爲“如來”。“安樂淨土如來”，即西方極樂世界之佛。

㉒釋迦牟尼佛——佛教創始人釋迦牟尼，姓喬答摩，名悉達多，古印度迦毗羅衛國（中印度的一個小國）淨飯王的太子，29歲出家創教，被尊爲“釋迦牟尼”，意爲釋迦族的聖人。他成道後，稱爲佛陀，簡稱爲佛，意爲覺悟者。他的生卒年月已不可考，有不同的記載，一般認爲是公元前565—公元前486年，約與我國春秋時代的孔子同時。大乘佛教興起，他逐漸被神化。

㉓王舍城——古印度摩揭陀國都城，在今印度比哈爾邦底賴雅附近。周圍有靈鷲山等五山，是釋迦牟尼傳教中心地之一。

㉔舍衛國——古印度王國名。原爲薩憍羅國都城名，爲區别於南部另一薩憍羅國，便以城名代替國名，在今印度西北部拉普地河南岸。傳説釋迦牟尼成佛後，曾在此安居二十五個雨季，給孤獨長者施捨給釋迦的祇園精舍，遺址至今尚存。

㉕莊嚴功德——以善美飾國土，以功德飾身，稱爲莊嚴。此處“莊嚴”當名詞，與“功德”同稱，指淨土的各種美妙殊勝。

㉖經體——一經之體，即一經之主質，相當於現代所説主題。曇鸞以名號爲經體，可見對名號的重視，即對稱名的重視。

㉗大悲之教——救他人苦難之心稱爲“悲”。佛、菩薩之悲心廣大，所以稱“大悲”。《涅槃經》十一：“三世諸世尊，大悲爲根本。……若無大悲者，是則不名佛。”所謂“大悲之教”，是説佛教化修行者，須具大悲心救度眾生。

㉘長行——經文之中，直接宣説，而不限定字數的文句，因文句之行數長，所以稱爲“長行”，這是與偈、頌相對而説的，其實便是散文。

㉙一隅——隅，角落。此處“一隅”指一方面而言。

㉚此間本無佛——意思是此間原無佛教流傳。

㉛十二部經——一切經分爲十二種類，稱十二部經。它們爲：一，契經，經典中直説法義之長行文；二，頌；三，諷頌；四，因緣，如《四因緣經》；五，本事；六，本生；七，未曾有，記佛現在種種神力不可思議事；八，譬喻；九，論議；十，自説；十一，方廣；十二，授記。

㉜ 法相——此處可以理解爲諸法實相,即宇宙本體、佛的本質。《大智度論》卷九十九:"諸法實相即是佛。"

㉝ 此所云"論",亦復如是——意思是説,"論"只是議論,不能完全地、確切地表達"優婆提舍"所含的經典意義。

㉞ 總説分——即總説部分。

㉟ 總攝——意爲總括、總結。

"無量壽"者,言無量壽如來壽命長遠,不可思量也。"經"者,常也,言安樂國土佛及菩薩清淨莊嚴功德、國土清淨莊嚴功德,能與衆生作大饒益,可常行於世,故名曰"經"。"優婆提舍"是佛論議經名。"願"是欲樂義。"生"者,天親菩薩願生彼安樂淨土,如來淨華(花)中生[①],故曰"願生"。"偈"是句數義,以五言句,略誦佛經,故名爲"偈"。

譯"婆藪"云天,譯"槃頭"言親,此人字天親,事在《付法藏經》[②]。"菩薩"者,若具存梵音,應言菩提薩埵。"菩提"者,是佛道名;"薩埵"或云衆生,或云勇健。求佛道衆生,有勇猛健志,故名"菩提薩埵"。今但言"菩薩",譯者略耳。"造"亦"作"也,庶、因人重法[③],故云"某造"。是故言"無量壽經優婆提舍願生偈　婆藪槃頭菩薩造"。

解《論》名目竟[④]。

《偈》中分爲五念門,如下長行所釋:

第一行,四句相含,有三念門:上三句是禮拜、贊歎門,下一句是作願門。

第二行,論主自述:我依佛經造論,與佛教相應,所服有宗[⑤]。何故云此?爲成"優婆提舍"名故[⑥]。亦是成上三門[⑦],起下二門,所以次之説。

從第三行,盡二十四行,是觀察門,末後一行,是迴向門。

分《偈》章門竟。

【注釋】

① 如來淨華(花)中生——往生西方彌陀淨土者,都化生於蓮花之中。如《觀無量壽經》談上品中生説:"如一念頃,即生彼國池中,蓮花經宿則開,行者身紫金色,足下有七寶蓮花,佛光照身,目即開明,普聞眾聲,説甚深第一義諦。"談上品下生説:"即見自身坐金蓮花,坐已花合,隨世尊後,即得往生七寶池中。"此花爲阿彌陀如來淨土中清淨之花,所以稱如來淨花。華,通"花",以下同類情形不再出注。

②《付法藏經》——又稱《付法藏因緣傳》《付法藏傳》,六卷,元魏吉迦夜等譯。如來滅後,迦葉結集法藏,二十年受持,付囑之於阿難,阿難付囑之商那和修,展轉至於師子尊者,稱爲付法藏。此書内容,便是記迦葉等二十四人之付法因緣。

③ 庶、因人重法——庶,六道,凡夫。因人,未成佛之修行者之總稱。"庶、因人重法"一句的意思是説,凡夫及修行者尊重佛法,因佛法爲佛所"説",天親不是佛,所以此處不言"説"而言"造"。

④ 解《論》名目竟——《論》指全部《往生論》,"名目"指題名《無量壽經優婆提舍願生偈》以及造題名"婆藪槃頭菩薩造"。此句是説,解釋題名及作者完畢。

⑤ 所服有宗——"服",服膺。前面説到,"婆藪槃頭菩薩服膺如來大悲之教"。"宗",要旨、尊、本。"所服有宗"的意思是説,所服膺的有佛的要旨,即有佛之要旨作依據。

⑥ 爲成"優婆提舍"名故——"優婆提舍"爲論,但並非一般的論,而是具有經典意義的論。論主天親菩薩聲明"我依佛經造論,與佛教相應",爲的便是説明他的著作爲什麽能以"優婆提舍"爲名。

⑦ 成——即"承上啟下"之"承"。

一、敬法主略明前三門

【世尊我一心,歸命盡十方無礙光如來,願生安樂國。】

"世尊"者,諸佛通號。論"智"①,則義無不達②,語"斷"③,則習氣無餘[4]。“智”“斷”具足[5]，能利世間，爲世尊重，故曰“世尊”。此言，意歸釋迦如來[6]。何以得知？下句言“我依修多羅[7]”，天親菩薩在釋迦如來像法之中[8]，順釋迦如來經教，所以願生。願生有宗，故知此言歸于釋迦。若謂此意遍告諸佛[9]，亦復無嫌。夫菩薩歸佛，如孝子之歸父母，忠臣之歸君后。動静非己，出没必由，知恩報德，理宜先啟[10]。又，所願不輕，若如來不加威神[11]，將何以達[12]？乞加神力，所以仰告。

“我一心”者，天親菩薩自督之詞，言：念“無礙光如來”[13]，願生安樂，心心相續，無他想間雜。

問曰：“佛法中無我[14]，此中何以稱我？”

答曰：“言‘我’有三根本：一是邪見語[15]，二是自大語[16]，三是流布語[17]。今言‘我’者，天親菩薩自指之言，用流布語，非邪見、自大也。”

“歸命盡十方無礙光如來”者，“歸命”即是禮拜門[18]，“盡十方無礙光如來”即是贊歎門。

何以知“歸命”是禮拜？龍樹菩薩造《阿彌陀如來贊》中，或言“稽首禮”[19]，或言“我歸命”，或言“歸命禮”。此《論》長行中，亦言“修五念門[20]”，五念門中，禮拜是一。天親菩薩既願往生，豈容不禮？故知“歸命”即是禮拜。然禮拜但是恭敬，不必“歸命”；“歸命”必是禮拜。若以此推，“歸命”爲重，《偈》申己心，宜言“歸命”。《論》解《偈》義，泛談禮拜，彼此相成，於義彌顯。

何以知“盡十方無礙光如來”是贊歎門？下長行中言：云何贊歎門？謂：“稱彼如來名，如彼如來光明智相，如彼名義，欲如實修行相應故。”依舍衛國所説《無量壽經》，佛解“阿彌陀如來”名號，何故號“阿彌陀”？彼佛光明無量，照十方國無所障礙[21]，是故號“阿彌陀”。又，彼佛壽命及其人民無量無邊阿僧祇劫[22]，故名“阿彌陀”。

問曰：“若言無礙光如來光明無量，照十方國土無所障礙者，此間衆生，何以不蒙光照？光有所不照，豈非有礙耶？”

答曰：“礙屬衆生，非光礙也。譬如日光，週四天下而盲者不見[23]，非日光不週也。亦如密雲洪霔[24],而頑石不潤,非雨不洽也[25]。”

若言一佛主領三千大千世界[26],是聲聞論中説[27],若言諸佛遍領十方無量無邊世界,是大乘論中説[28]。天親菩薩今言“盡十方無礙光如來”,即是依彼如來名、如彼如來光明智相贊歎,故知此句是贊歎門。

“願生安樂國”者,此一句是作願門,天親菩薩“歸命”之意也。其安樂義,具在下觀察門中。

問曰:“大乘經論中,處處説:衆生畢竟無生如虚空。云何天親菩薩言願生耶?”

答曰:“説衆生無生如虚空,有二種:一者,如凡夫所謂實衆生,如凡夫所見實生死,此所見事,畢竟無所有,如龜毛、如虚空[29]。二者,謂諸法因緣生[30],故即是不生,無所有如虚空。天親菩薩所“願生”者,是因緣義。因緣義,故假名‘生’[31],非如凡夫謂有實衆生、實生死也。”

問曰:“依何義説往生?”

答曰:“於此間假名‘人’中[32],修五念門。前念與後念作因。穢土假名‘人’、淨土假名‘人’,不得決定一,不得決定異[33]。前心、後心,亦復如是。何以故?若一,則無因果;若異,則非相續。是義觀‘一異門論’中委曲[34]。”

釋第一行三念門竟。

次成“優婆提舍”名,又成上起下偈[35]。

【注釋】

① “智”——能見事物,照了真理,爲“智”。

② 義無不達——知諸法之義,了了通達,無所滯礙。

③ “斷”——滅煩惱之種子,稱爲“斷”。

④ 習氣無餘——妄惑,分爲現行、種子及習氣三種。既制伏現行之妄惑煩惱,又斷滅妄惑煩惱之種子,但還有妄惑煩惱之氣分而表現惑相,稱爲“習氣”。習氣是現行妄惑煩惱之氣分熏習而成。三乘中,聲聞全不能斷習氣,緣覺能稍稍斷之,

佛全斷之。所以説習氣無餘是佛斷。

⑤“智”“斷”具足——具足，具備滿足。智覺真理即菩提，斷盡煩惱即涅槃。所以，智斷具足，便即是佛。

⑥世尊——這裏所説的“世尊”，意指釋迦佛而不是指阿彌陀佛。

⑦修多羅——梵文音譯，意譯爲契經，契合法理，所以稱契經，爲十二部經中直説法義之經。

⑧像法——佛家認爲，釋迦佛入滅之後，佛教的發展將經歷正法、像法、末法三個時期。佛雖已逝，法儀未改，佛法隆盛，衆生障輕福重，任修一法都可成就，是爲正法時。像法時，佛去世已久，道化訛替，人心不古，十人修行難有一人成道。末法之時，去聖更遠，世道日濁，億萬人修道難有一人成就。各時的年代，説法不一。此處似取正法五百年、像法千年之説。

⑨遍告諸佛——即向諸佛遍敬。因“世尊”爲諸佛共同的稱號。這裏向“世尊”致敬，並未明説專向釋迦佛致敬，因而可以理解爲致敬於一切諸佛。

⑩先啓——首先致敬。“經”是弟子親聞佛説，於結集時，首先加“如是我聞”。“論”是依經而造，經爲佛説，所以，在造論時，首先致敬於佛。

⑪威神——可畏爲威，難測爲神。威神，指威勢勇猛、不可測度之能。

⑫將何以達——意思是説，如果佛不助力，則將何以往生到安樂國去。

⑬“無礙光如來”——阿彌陀佛十二光譯名之一，《經》稱“無礙光佛”，《往生論》稱“無礙光如來”。

⑭無我——“我”，是主宰和實體的意思，既無集合離散，又無變化生滅，是獨立自生的永恒不變的主宰者。“我”有兩種：一是人我，二是法我。相應地，“無我”也有兩種：一是人無我，二是法無我。佛家認爲，一切事物都是因緣和合而生，遷流轉變，最後歸於壞滅，如露、如電，如夢幻泡影。不但作爲人的“我”並非實有，一切客觀的稱爲“法”的事物也都非實有，既無自性，更非永恒。此處所説的“無我”當指“人無我”而言。

⑮邪見語——“我”是五藴（色、受、想、行、識五種元素）和合而成，假名爲“人”，虚妄不實，本無有我。凡人卻把假我當作實我，這叫“我執”，又稱“邪見”。按這種邪見説“我”，是邪見語。

⑯自大語——“我”有小我、大我。小我指自己，“自大”則指大我，即泛説衆生。

⑰流布語——是指變化流轉，隨機之言。本無實我，但爲了教化的需要，把意思説明白，因説假我，與衆生相區别而自稱爲“我”。

⑱“歸命”——即梵語“南無”之意譯。歸命有三義：一，一身之要，唯命爲主，萬生所重，莫此爲先。舉此無二之命，以奉無上之尊，故稱“歸命”。二，歸順佛之教

命。三，眾生六根，從一心起，而違背自源，馳散六塵，今舉命總攝六情，還歸其一心本原，即歸心於佛、法、僧三寶，稱爲“歸命”。總之，爲表示誠信至極的詞。

⑲“稽首禮”——稽首，梵語“和南”之意譯，或譯爲“敬禮”“禮拜”。有二說：一，行跪拜禮，頭至地；二，兩手拱至地，頭至手，不觸及地。

⑳五念門——天親所說：一，禮拜門；二，贊歎門；三，作願門；四，觀察門；五，回向門。

㉑十方國——東、西、南、北、東南、西南、東北、西北、上、下爲十方。十方國，指十方無量諸佛國。即指所有佛國。

㉒阿僧祇劫——劫：梵語“劫波”之略。意譯爲災難。借用以指時間。劫有大劫、中劫、小劫之分。一小劫約合一千六百八十萬年。二十小劫爲一中劫。四中劫爲一大劫。阿僧祇爲梵文音譯，意譯爲無央數。即無數。“阿僧祇劫”，意指無限久遠之時間。

㉓四天下——佛家的空間概念。意指世界。世界之中心爲須彌山。繞山有四大部洲：東勝身洲、南贍部洲、西牛貨洲、北俱盧洲，稱爲“四天下”。四天下形成一世界。

㉔洪窪——洪，大。窪，凹下積水處。

㉕洽——霑潤。

㉖三千大千世界——佛教認爲，宇宙是無限的，由無量數的世界所構成。由一個太陽和月亮週遍流光所照耀的地方稱爲一個世界。一千個世界稱爲小千世界。一千個小千世界爲一個中千世界。一千個中千世界爲大千世界。因一大千世界包含有小千、中千、大千三種千，合稱爲三千大千世界。宇宙有無數三千大千世界，一個三千大千世界爲一佛土，即有無數佛土。

㉗聲聞論——聞佛之聲教，悟苦、集、滅、道四諦之理，斷見思之惑而入於涅槃的修行者，稱爲聲聞。聲聞爲小乘，所謂佛道中之最下根。小乘佛教認爲，佛只有一個，即釋迦牟尼佛。所謂“言一佛主領三千大千世界，是聲聞論中說”，便是指小乘的這個論點，以爲整個世界只有釋迦一佛主領。

㉘大乘論——大乘佛教認爲，十方三世有無數的世界，無數的佛，一佛領一世界，諸佛遍領十方無量無邊世界。

㉙如龜毛、如虛空——龜身無毛，空中無物，說“如龜毛、如虛空”，便是說空無所有，“龜毛”“虛空”是譬喻。

㉚諸法因緣生——諸法，客觀諸事物及現象。諸法是由各種因緣暫時和合而生，爲各種因素的集合體，没有獨立自存的實體，或說没有自性。因而，也就並非實有。如椽梁磚瓦和合而成房屋，離開椽梁磚瓦就没有房屋，但房屋既不是椽、不是梁、不是磚，也不是瓦。所以哪里有什麽“房屋”這種實體，“房屋”只不過是假

有,其實是空。所謂"生"呀"死"呀,也都是因緣和合而産生的,都是假有,並没有什麽實在"生""死"。

㉛ 假名"生"——没有實在的"生","生"只是假有,非實有。人們稱之爲"生","生"只是假名(概念)。所以"假名","假"即借用而非真實,"假名"即借用的概念。龍樹曾譬喻説:水中的月亮並不是真正的月亮,也就是没有月亮的自性,是空,並非實有;但是,水中月亮又確是人們看到了的,那是月亮的幻相,假有的月,即幻月、假名月。

㉜ 假名"人"——人也並非實有,只是假有,假名爲"人",所以,稱爲假名"人"。

㉝ 不得決定一,不得決定異——現實世界爲穢土,穢土中人是假名"人"。安樂國爲淨土,淨土中人也是假名"人"。穢土與淨土中人都是假名"人",没有什麽不同,所以説"不得決定異"。不過,畢竟淨土之假名"人"已是菩薩清淨之身,穢土假名"人"則尚在六道中生死輪回,穢土中假名"人"經過修行爲因,才能得往生淨土之果,成爲淨土中之假名"人"。所以,穢土中假名"人"與淨土中假名"人"不一樣,有很大區别,亦即"不得決定一"。

㉞ 委曲——委,原委;曲,曲折。委曲,指其中曲折輾轉的底細。

㉟ 次成"優婆提舍"名,又成上起下偈——這兩句是過渡句。"次",其次,即"下文"。成,承也。這兩句的意思是説:下文將説明,爲什麽名爲"優婆提舍",又,承上文而啟下面的偈。

二、依經相廣説觀察門

(一)明依經教

【我依修多羅,真實功德相。
説願偈總持,與佛教相應。】

此一行,云何"成'優婆提舍'名"?云何"成上三門,起下二門"?

偈言"我依修多羅,與佛教相應"。"修多羅"是佛經名,我論佛經義,與經相應。以入佛法相,故得名"優婆提舍"。

名成竟①。

成上三門,起下二門。

何所依?何故依?云何依?何所依者,依修多羅。何故依者,以如來即"真實功德相"故。云何依者,修五念門相應故。

成上起下竟。

"修多羅"者,十二部經中直説者,名"修多羅",謂《四阿含》三藏等②。三藏外大乘諸經,亦名"修多羅"。此中言"依修多羅"者,是三藏外大乘修多羅,非《阿含》等經也。

"真實功德相"者,有二種功德:一者,從有漏心生③,不順法性④,所謂凡夫、人天諸善⑤,人天果報⑥。若因若果,皆是顛倒⑦,皆是虚僞,是故名"不實功德"。二者,從菩薩智慧清淨業⑧,起莊嚴佛事,依法性入清淨相⑨,是法不顛倒,不虚僞,名爲"真實功德"。云何"不顛倒"?依法性、順二諦故⑩。云何"不虚僞"?攝衆生入畢竟淨故⑪。

"説願偈總持,與佛教相應"者,"持"名不散不失,"總"名以少攝多⑫,"偈"言五言句數,"願"名欲樂往生,"説"謂説諸偈論,總而言之,説所願生偈,總持佛經,與佛教相應。相應者,譬如函蓋相稱也⑬。

【注釋】

① 名成竟——意思是説,天親所造爲什麽能成"優婆提舍"之名,已經説完。這是一層的結束語。

②《四阿含》三藏——"阿含",梵文音譯,意譯爲"傳""教法",原爲佛説各經之名。後來,大乘把凡有"阿含"之經名者,總説是小乘,"阿含"便成小乘經之異名。一切小乘經按經文之體裁,分類爲四部:一,增一阿含經;二,長阿含經;三,中阿含經;四,雜阿含經,總稱爲《四阿含經》,或簡稱《四阿含》。《四阿含》中,如按經文性質,可分爲經、律、論,稱爲"三藏"。"三藏"原爲小乘之特稱。

③ 有漏心——漏,煩惱。有漏心,有煩惱之心。

④ 法性——真如爲萬法之體,其性不改不變,真如不變之性,便是"法性"。法性又稱法界、真如、佛性、法身、實相、自性清淨心,等等,即萬物之本體,也指佛家

最高之真理，也指理想的涅槃境界，又指佛本身。

⑤ 人天——地獄、鬼、畜生、阿修羅（非天）、人、天六道中的天與人二道。

⑥ 人天果報——有漏心所生的功德，即凡夫、人天的諸善，爲因，稱爲有漏業因。有漏業因所招之果爲有漏果。善因招樂果，可在六道輪迴中得人、天果報，即生於人、天二道之中。

⑦ 皆是顛倒——以無常爲常，以苦爲樂，以不淨爲淨，以無我爲我，倒見事理，稱爲顛倒。從有漏心所生之功德，其善因所招致之果報，是生於人、天，仍在三界之中生死流轉，不得解脱。常人以此爲善因樂果，其實，三界乃是苦海、穢土，有何可樂？有漏心所生功德，不順法性，哪能稱“善”？所以，以此爲善因樂果，“皆是顛倒”。

⑧ 清淨業——身、語、意三業，即内心的活動和由内心思維所發動的言語和行爲，成爲因。招致業報，稱爲果。身、語、意三業遠惡行、離惑垢，三業清淨，稱爲清淨業。實際上，清淨業也就是無漏業因。

⑨ 依法性入清淨相——“清淨相”，即佛、菩薩之相。由菩薩清淨業所造之功德，當然所感生者爲清淨之果報，因與果都与清淨之法性相合，其成就必入於清淨之相。

⑩ 依法性、順二諦——“諦”，真理。苦、集、滅、道四者稱爲“四聖諦”，或簡稱“四諦”。苦諦是説，眾生的生命、生存就是苦；集諦是講苦由諸條件集合而成，説明苦的原因、根源；滅諦是指滅盡貪欲，從而滅除痛苦的道理；道諦是引向滅除痛苦、證得涅槃的正道。在四諦中，前二諦説明人生緣起的道理，苦是迷的結果，集是迷的原因，苦、集兩諦爲世間因果，即生死流轉於三界中的因果。後二諦説明人生解脱的理論，滅是悟的結果，道是悟的原因，滅、道兩諦爲出世間因果，即涅槃寂滅的因果。這裏所説的“順二諦”，便是指順“滅道二諦”，即順解脱之正因正果造功德，因而“不顛倒”。所謂“依法性”，便是依照清淨之法性而造清淨之功德，因而“不顛倒”。

⑪ 攝眾生入畢竟淨——“畢竟淨”，淨之至極，指淨土。造清淨之功德，其果報必定爲佛攝入淨土，即往生淨土。

⑫ 以少攝多——偈的形式精煉，是以很少句子概括有關淨土的豐富内容，所以説是“以少攝多”。

⑬ 函蓋相稱——函，匣、盒子；蓋，匣的外套或盒子的上蓋。兩種物能互相吻合，比之爲“函蓋相稱”，即函與蓋相合。

（二）列觀功德

1.器世間莊嚴功德

【觀彼世界相，勝過三界道。】

此已（以）下是第四觀察門。此門中分爲二別[①]：一者，觀察器世間莊嚴成就；二者，觀察衆生世間莊嚴成就。此句已（以）下至"願生彼阿彌陀佛國"，是觀器世間莊嚴成就。觀器世間中復分爲十七別，至文當目[②]。

此二句即是第一事[③]，名爲"觀察莊嚴清淨功德成就"。

此清淨是總相[④]。

佛本所以起此莊嚴清淨功德者[⑤]，見三界[⑥]是虛僞相[⑦]，是輪轉相[⑧]，是無窮相[⑨]，如尺蠖迴圈[⑩]，如蠶繭自縛[⑪]。哀哉衆生，締此三界[⑫]，顛倒不淨。欲置衆生於不虛僞處，於不輪轉處，於不無窮處，得畢竟安樂大清淨處，是故起此清淨莊嚴功德也。"成就"者，言此清淨不可破壞，不可污染，非如三界是污染相，是破壞相也。

"觀"者，觀察也。"彼"者，彼安樂國也。"世界相"者，彼安樂世界清淨相也，其相别在下[⑬]。"勝過三界道"，"道"者，通也，以如此因得如此果，以如此果酬如此因，通因至果，通果酬因，故名爲"道"。"三界"者，一是慾界，所謂"六慾天""四天下"、人、畜生、餓鬼、地獄等是也；二是色界，所謂初禪、二禪、三禪、四禪天等是也；三是無色界，所謂空處、識處、無所（有）處[⑭]、非想非非想處天等是也。此三界，蓋是生死凡夫流轉之暗宅[⑮]，雖復苦樂小殊、脩短暫異[⑯]，統而觀之，莫非有漏。倚伏相乘[⑰]，循環無際，雜生觸受[⑱]，四倒長拘[⑲]。且因且果，虛僞相襲。"安樂"是菩薩慈悲正觀之由生[⑳]，如來神力本願之所建[㉑]。胎、卵、濕生，緣茲高揖[㉒]；業繫長維[㉓]，從此永斷。續括之權，不待勸而彎弓[24];勞謙善讓,齊普賢而同德[25]。勝過三界,抑是近言[26]。

【究竟如虛空,廣大無邊際。】

此二句名“莊嚴量功德成就”。

佛本所以起此莊嚴量功德者,見三界陜小[27],墮陘陪隖[28],或宫觀迫迮[29],或土田逼隘[30],或志求路促[31],或山河隔障,或國界分部[32]。有如此等種種舉急事,是故菩薩[33]興此莊嚴量功德願,願我國土如虛空,廣大無際。

“如虛空”者,言來生者[34]雖衆,猶若無也。“廣大無 際”者,成上“如虛空”義。何故如虛空?以廣大無際故。“成就”者,言十方衆生往生者,若已生、若今生、若當生[35],雖無量無邊,畢竟常如虛空,廣大無際,終無滿時。是故言“究竟如虛空,廣大無邊際”。

問曰:“如維摩方丈[36],苞容有餘[37],何必國界無貲[38],乃稱廣大?”

答曰:“所言廣大,非必以畦、畹爲喻[39]。但言如空,亦何累方丈?又,方丈之所苞容,在狹而廣;覈論果報[40],豈若在廣而廣耶?”

【正道大慈悲,出世善根生。】

此二句名“莊嚴性功德成就”。

佛本何故起此莊嚴?見有國土,以愛慾故,則有“慾界”;以攀厭禪定故[41],則有“色”“無色界”。此三界皆是有漏邪道所生,長寢大夢,莫知悕出[42]。是故興大悲心:願我成佛,以無上正見道[43],起清淨土,出于三界。

“性”是本義,言此淨土,隨順法性,不乖法本。事同《華嚴經》[44]寶王如來性起義[45]。

又,言積習成“性”。指法藏菩薩集諸波羅蜜[46],積習所成。

亦言,“性”者是聖種性。序[47]法藏菩薩於世自在王佛所[48],悟無生法忍[49]，爾時位名“聖種性”[50]。於是性中發四十八大願，修起此土，即曰“安樂淨土”。是彼因所得，果中説因，故名爲“性”。

又言，“性”是必然義、不改義。如：海性一味，衆流入者，必爲一味，海味不隨彼改也。又如：人身性不淨，故種種妙好色、香、美味，入身皆爲不淨。安樂淨土，諸往生者，無不淨色[51]，無不淨心，畢竟皆得清淨平等無爲法身[52]，以安樂國土清淨性成就故。

“正道大慈悲，出世善根生”者，平等大道也。平等道所以名爲“正道”者，平等是諸法體相[53]，以諸法平等，故發心等，發心等故道等，道等故大慈悲等，大慈悲是佛道正因，故言“正道大慈悲”。

慈悲有三緣：一者衆生緣[54]，是小悲；二者法緣[55]，是中悲；三者無緣[56]，是大悲，大悲即出世善也[57]。安樂淨土從此大悲生故，故謂此大悲爲淨土之根，故曰“出世善根生”。

【淨光明滿足，如鏡日月輪。】

此二句名“莊嚴形相功德成就”。

佛本所以起此莊嚴功德者，見日行四域，光不週三方[58]；庭燎在宅，明不滿十仞[59]。以是故，起滿淨光明願：如日月光輪，滿足自體。彼安樂淨土雖復廣大無邊，清淨光明，無不充塞，故曰“淨光明滿足，如鏡日月輪”。

【備諸珍寶性，具足妙莊嚴。】

此二句名“莊嚴種種事功德成就”。

佛本何故起此莊嚴？見有國土，以泥土爲宫飾，以木石爲華觀。或雕金縷玉，意願不充；或營備百千，具受辛苦。以此故興大悲心：願我成佛，必使珍寶具足嚴麗，自然相忘於有餘[60]，自得於佛道。此莊嚴事，縱使毗首羯磨[61]，工稱妙絶，積思竭想，豈能取圖？

"性"者,本義也,能生既淨,所生焉得不淨? 故《經》言[62]:"隨其心淨,則佛土淨"。是故言"備諸珍寶性,具足妙莊嚴"。

【無垢光炎熾,明淨曜世間。】

此二句名"莊嚴妙色功德成就"。

佛本何故起此莊嚴? 見有國土,優劣不同,以不同故,高下以形;高下既形,是非以起;是非既起,長淪三有[63]。是故興大悲心,起平等願:願我國土,光炎熾盛,第一無比,不如人天金色,能有奪者。若爲相奪,如明鏡在金邊,則不現。今日時中金,比佛在時,金則不現。佛在時金,比閻浮那金[64],則不現。閻浮那金,比大海中轉輪王道中金沙[65],則不現。轉輪王道中金沙,比金山則不現[66]。金山比須彌山金[67],則不現。須彌山金比三十三天瓔珞金[68],則不現。三十三天瓔珞金比炎摩天金[69],則不現。炎摩天金比兜率陀天金[70],則不現。兜率陀天金比化自在天金[71],則不現。化自在天金比他化自在天金[72],則不現。他化自在天金比安樂國中光明,則不現。所以者何? 彼土金光,絶從垢業生故,清淨無不成就故。安樂淨土,是無生忍菩薩淨業所起[73],阿彌陀如來法王所領[74],阿彌陀如來爲增上緣故[75]。是故言"無垢光炎熾,明淨曜世間"。"曜世間"者,曜二種世間也[76]。

【寶性功德草,柔軟左右旋。
觸者生勝樂,過迦旃隣陀。】

此四句名"莊嚴觸功德成就"。

佛本何故起此莊嚴? 見有國土,雖寶重金玉,不得爲衣服;雖珍玩明鏡,無議於敷具[77]。斯緣悦於目,不便於身也,身眼二情,豈弗鉾楯乎[78]? 是故願言:使我國土,人天六情[79],和於水乳,卒去楚越之勞[80],

所以七寶柔軟[81],悦目便身。

“迦旃隣陀”者,天竺柔軟草名也[82],觸之者能生樂受,故以爲喻。注者言[83]:此間土石草木,各有定體,譯者何緣[84],目彼寶爲草耶?當以其嵐然蘗途[85],故以草目之耳。余若參譯,當別有途。

“生勝樂”者,觸迦旃隣陀,生染著樂[86],觸彼軟寶,生法喜樂[87],二事相玄,非“勝”如何是?故言“寶性功德草,柔軟左右旋。觸者生勝樂,過迦旃隣陀”。

【寶華(花)千萬種,彌覆池流泉。
微風動華(花)葉,交錯光亂轉。】

此四句名“莊嚴水功德成就”。

佛本何故起此願?見有國土,或溼溺洪濤[88],滓沫驚人;或凝澌浹渫[89],蹙枷懷怹[90],向無安悦之情,背有恐值之慮[91]。菩薩見此,興大悲心:願我成佛,所有流泉池沼,與宫殿相稱,種種寶華(花),布爲水飾,微風徐扇,映發有序,開神悦體,無一不可。是故言“寶華(花)千萬種,彌覆池流泉。微風動華(花)葉,交錯光亂轉”。

【宫殿諸樓閣,觀十方無礙。
雜樹異光色,寶欄遍圍繞。】

此四句名“莊嚴地功德成就”。

佛本何故起此莊嚴?見有國土,嶕嶢峻嶺[92],枯木橫岑[93],岝峈崸嶙[94],莦茅盈壑[95]。茫茫滄海,爲絶目之川[96];葭葭廣澤,爲無蹤之所[97]。菩薩見此,興大悲願:願我國土,地平如掌,宫殿樓閣,鏡納十方,的無所屬,亦非不屬[98],寶樹寶欄,互爲映飾。是故言“宫殿諸樓閣,觀十方無礙。雜樹異光色,寶欄遍圍繞”。

【無量寶交絡，羅網遍虛空。種種鈴發響，宣吐妙法音。】

此四句名“莊嚴虛空功德成就”。

佛本何故起此莊嚴？見有國土，煙雲塵霧，蔽障太虛[99]；震烈霹霍[100]，從上而墮；不祥烖霓[101]，每自空來；憂慮百端，爲之毛豎[102]。菩薩見此，興大悲心：願我國土，寶網交絡，羅遍虛空，鈴鐸宮商[103]，鳴宣道法，視之無厭，懷道見德。是故言“無量寶交絡，羅網遍虛空。種種鈴發響，宣吐妙法音”。

【雨華(花)衣莊嚴，無量香普薰。】

此二句名“莊嚴雨功德成就”。

佛本何故興此莊嚴？見有國土，欲以服飾布地，延請所尊；或欲以香華(花)名寶，用表恭敬。而業貧感薄，是事不果。是故興大悲願：願我國土，常雨此物，滿眾生意。

何故以“雨”爲言？恐取者云：“若常雨華(花)衣，亦應填塞虛空。”何緣不妨？是故以雨爲喻，雨適時，則無洪滔之患。安樂報豈有累情之物乎？《經》言[104]：日夜六時[105]，雨寶衣、雨寶華(花)。寶質柔軟，履踐其上，則下四寸。隨舉足時，還復如故。用訖入寶地，如水入坎[106]。是故言“雨華(花)衣莊嚴，無量香普薰”。

【佛慧明淨日，除世癡暗冥。】

此二句名“莊嚴光明功德成就”。

佛本何故興此莊嚴？見有國土，雖復項背日光[107]，而爲愚癡所暗，是故願言：使我國土，所有光明，能除癡暗，入佛智慧[108]，不爲無記之事[109]，亦云：安樂國土光明，從如來智慧報起[110]，故能除世暗冥。《經》言[111]“或有佛土，以光明爲佛事”，即是此也。故言“佛慧明淨日，除世癡暗冥”。

【梵聲悟深遠，微妙聞十方。】

此二句名“莊嚴妙聲功德成就”。

佛本何故興此願？見有國土，雖有善法，而名聲不遠；有名聲雖遠，復不微妙；有名聲妙遠，復不能悟物。是故起此莊嚴。

天竺國稱“淨行”爲“梵行”，稱“妙辭”爲“梵言”，彼國貴重梵天[112]，多以“梵”爲贊。亦言：中國“法”與“梵天”通故也。“聲”者，名也，“名”謂安樂土名。《經》言[113]：若人但聞安樂淨土之名，欲願往生，亦得如願。此名悟物之證也。釋論言：如斯淨土，非三界所攝。何以言之？無慾，故非慾界；地居，故非色法；有色，故非無色界。蓋菩薩别業所致耳[114]。出有而有曰“微”，名能開悟曰“妙”，是故言“梵聲悟深遠，微妙聞十方”。

【正覺阿彌陀，法王善住持。】

此二句名“莊嚴主功德成就”。

佛本何故興此願？見有國土，羅刹爲君，則率土相噉[115]；寶輪駐殿，則四域無虞[116]。譬之風靡，豈無本耶？是故興願：願我國土，常有法王，法王善力之所住持。“住持”者，如黄鵠持子安，千齡更起[117]；魚母念持子，逕槩不壞[118]。安樂國爲正覺善持其國[119]，豈有非正覺事耶？是故言“正覺阿彌陀，法王善住持”。

【如來淨華(花)眾,正覺華(花)化生。】

此二句名“莊嚴眷屬功德成就”。

佛本何故興此願?見有國土,或以胞血爲身器[120];或以糞尿爲生元[121];或槐棘高折,出猜狂之子[122];或豎子婢腹,出卓犖之才[123];譏誚由之懷火,恥辱緣以抱冰[124]。所以願言:使我國土,悉於如來淨華(花)中生,眷屬平等[125],與奪無路。故言“如來淨華(花)眾,正覺華(花)化生”。

【愛樂佛法味,禪三昧爲食。】

此二句名“莊嚴受用功德成就”。

佛本何故興此願?見有國土,或探巢破卵爲䃸饒之鐥[126],或懸沙指貸爲相慰之方[127]。嗚呼諸子,實可痛心。是故興大悲願:願我國土,以佛法、以禪定、以三昧爲食[128],永絶他食之勞。

“愛樂佛法味”者,如日月燈明佛[129]説《法華經》六十小劫[130],時會聽者亦坐一處六十小劫,謂“如食頃”,無有一人若身若心而生懈倦。“以禪定爲食”者,謂諸大菩薩常在三昧,無他食也。“三昧”者,彼諸人天若須食時,百味嘉餚,羅列在前,眼見色、鼻聞香、身受適悦,自然飽足。訖已化去,若須復現。其事在《經》[131]。是故言“愛樂佛法味,禪三昧爲食”。

【永離身心惱,受樂常無間。】

此二句名“莊嚴無諸難功德成就”。

佛本何故興此願?見有國土,或朝頂袞寵、夕惶斧鉞[132],或幼舍蓬藜、長列方丈[133]，或嗚茄道出、歷經催還[134]。有如是等種種違奪，是故願言：使我國土，安樂相續，畢竟無間。"身惱"者，饑渴寒熱殺害等也。"心惱"者，是非得失三毒等也[135]。是故言"永離身心惱，受樂常無間"。

【大乘善根界，等無譏嫌名。女人及根缺，二乘種不生。】

此四句名"莊嚴大義門功德成就"。"門"者，通大義之門也；"大義者"，大乘所以也。如人造城，得門則入。若人得生安樂者，是則成就大乘之門也。

佛本何故興此願？見有國土，雖有佛如來、賢聖等衆，由國濁故，分一説三[136]，或以拓眉致誚[137]，或緣指語招譏[138]。是故願言：使我國土，皆是大乘一味，平等一味，根敗種子[139]，畢竟不生。女人殘缺[140]，名字亦斷。是故言"大乘善根界，等無譏嫌名。女人及根缺，二乘種不生"。

問曰："案王舍城所説《無量壽經》，法藏菩薩四十八願中言：'設我得佛，國中聲聞，有能計量知其數者，不取正覺。'是有聲聞一證也。又，《十住毗婆沙》中，龍樹菩薩造《阿彌陀贊》云：'起出三界獄，目如蓮華（花）葉。聲聞衆無量，是故稽首禮。'是有聲聞二證也。又，《摩訶衍論》中言[141]：'佛土種種不同，或有佛土，純是聲聞僧；或有佛土，純是菩薩僧；或有佛土，菩薩、聲聞會爲僧，如阿彌陀安樂國等是也。'是有聲聞三證也。諸經中有説安樂國處，多言有聲聞，不言無聲聞。聲聞即是二乘之一。《論》言：乃至無二乘名。此云何會？"

答曰："以理推之，安樂淨土不應有二乘。何以言之？夫有病則有藥，理數之常也。《法華經》言：'釋迦牟尼如來以出五濁世，故分一爲三。'淨土既非五濁，無三乘明矣。

"《法華經》道[142]：'諸聲聞是人，於何而得解脱？但離虛妄，名爲解脱[143]。是人實未得一切解脱,以未得無上道故。'核推此理,阿羅漢既未得一切解脱[144],必應有生。此人更不生三界,三界外除淨土更無生處,是以唯應於淨土生。如言'聲聞'者,是他方聲聞來生,仍本名故稱爲聲聞。如天帝釋生人中時[145],姓'憍尸迦',後雖爲天主,佛欲使人知其由來,與帝釋語時,猶稱憍尸迦。其此類也。

"又,此《論》但言'二乘種不生',謂安樂國不生二乘種子,亦何妨二乘來生耶?譬如橘栽,不生江北,河洛果肆[146],亦見有橘。又,言鸚鵡不渡壟西[147],趙魏架桁[148],亦有鸚鵡。此二物但言其種不渡,彼有聲聞亦如是。作如是解,經論則會。"

問曰:"以名召事,有事乃有名。安樂國既無二乘、女人、根缺之事,亦何須復言無此三名耶[149]?"

答曰:"如軟心菩薩[150],不甚勇猛,譏言'聲聞';如人諂曲,或復儜弱,譏言'女人';又如,眼雖明而不識事,譏言'盲人';又如,耳雖聽而聽義不解,譏言'聾人'。又如,舌雖語而訥口謇吃,譏言'啞人'。有如是等,根雖具足,而有譏嫌之名。是故須言,乃至無名。明淨土無如是等與奪之名[151]。"

問曰:"尋法藏菩薩本願及龍樹菩薩所贊,皆似以彼國聲聞衆多爲奇,此有何義?"

答曰:"聲聞以實際爲證,計不應更能生佛道根芽。而佛以本願不可思議神力,攝命生彼,必當復以神力,生其無上道心。譬如鴆鳥入水,魚蚌咸死[152],犀牛觸之,死者皆活。如此不應生而生,所以可奇。然五不思議中[153],佛法最不可思議。佛能使聲聞復生無上道心,真不可思議之至也。"

【衆生所願樂,一切能滿足。】

此二句名"莊嚴一切所求滿足功德成就"。

佛本何故興此願?見有國土,或名高位重,潛處無由[154];或人凡性鄙，悕出靡路[155]；或脩短繫業，制不在己[156]，如阿私陀仙人類也[157]。有如是等，爲業風所吹，不得自在，是故願言：使我國土，各稱所求，滿足情願。是故言"眾生所願樂，一切能滿足"。

【是故願生彼，阿彌陀佛國。】

此二句結成上"觀察十七種莊嚴國土成就"，所以願生。

釋器世間清淨，訖之于上。

【注釋】

① 二別——二部分。

② 至文當目——至文中說到之時，當分別注明。

③ 第一事——即器世間十七種莊嚴功德成就的第一種。

④ 總相—— 一即具多，名總相；多即非一，是別相。"總相"便是佛家無常、無我之本體，它寓於互相區別的一切事物與現象之中。

⑤ 佛本——佛在因位（菩薩位）時所起之本願。此處具體指阿彌陀佛爲法藏菩薩時所發之四十八本願。

⑥ 三界——佛教把世俗世界分爲慾界、色界、無色界三界：其一，慾界，指深受各種慾望支配和熬煎的生物所居住的處所。其中又分爲地獄、鬼、畜生、阿修羅、人、天"六道"：

1.地獄。地獄無數，其中的八萬四千小獄位於大地上面，在山間曠野之中，水上樹下等處，稱"孤獨地獄"。位於世界邊界之外的，稱"近邊地獄"。還有"八寒地獄"，位於南贍部洲下面極度寒冷的地方；"八熱地獄"，位於南贍部洲下面，有說是地層下二萬里深處的地球中心，有熱鍋火湖燒炙受報者。地獄之王是閻羅王。

2.鬼。居於閻羅王統治的區域，如墳地、黑山洞等。

3.畜生。住在地面上，多半在水中。

4.阿修羅。即魔神。世界中心爲須彌山，山週圍是七重香水海，總名爲內海。內海之外爲七金山，又稱七輪圍山。阿修羅居於須彌山低處和輪圍山一帶。

5.人。輪圍山外爲鹹海，鹹海中有四大洲、八中洲和無數小洲。四大洲爲東勝身洲、南贍部洲、西牛貨洲、北俱盧洲。四大洲又稱"四大部洲"，或稱"四天下"。人住在南贍部洲的地面上。

6.天。也稱天人，指高於人類的上界生類，不是指天空。天的又一含義是指這些生類所生活的環境，包括慾界六天、色界十七天（或十八天）、無色界四天。慾界六天是：

A.四天王天，是六天中最低的天，即最接近人世的天。居於須彌山腰的犍陀羅山，此山有四峰，各住一天王，各護一天下。

B.忉利天，又名三十三天，在須彌山顛，是諸天的第二天。

C.夜摩天。在忉利天之上。

D.兜率天，又稱睹史多天，在夜摩天之上。

E.樂變化天，在兜率天之上。

F.他化自在天，是慾界六天中位置最高的，是能自由變化自在受樂的天。他化自在王是慾界之王。

其二，色界，是粗俗的慾望已經斷絶的地方，只是其中的居住者還具有形體，有所居的宫殿、國土，即有"色"（物質現象）。色界分爲四禪天，共十七層，合稱四禪十七天。四禪是佛教用以根治迷惑，産生功德的四種基本禪定。初禪是感受到離開慾界生活的喜樂，仍有對事理的粗略思考活動和細密深入思考活動，還須加以斷除。達到這種境界者，死後生於初禪天，此初禪共三天。二禪是斷滅思考活動，形成内心信仰，産生神秘直覺，從而感受到禪定自身的喜樂。二禪共三天。三禪是捨去二禪的喜樂，住於非苦非樂的境地，産生"離喜妙樂"，即非常淨妙的静觀。三禪共三天。四禪是進一步捨去三禪的妙樂，唯念修養功德，而得"不苦不樂"的極深感受。四禪共八天。

其三，無色界，是既無欲望又無形體的生存者居住的處所，是没有宫室和自然國土的處所，因没有任何物質性的東西，故名爲無色界。雖然此界無色，並無固定的方所，但從果報來説，是在色界之上。無色界分四處，或稱四天，即：空無邊處（天）、識無邊處（天）、無所有處（天）、非想非非想處（天）。

⑦ 虚僞相——佛家認爲，一切事物都是因緣和合而生，並無自性，而且永遠不停地運動變化，如露如電如夢如泡影，所以，一切都虚妄而不真實，都是虚僞之相。

⑧ 輪轉相——輪轉，與輪迴同。眾生無始以來，在三界六道之中生死輪迴，如車輪之轉而無窮。三界眾生的這種輪迴現象，稱輪轉相。

⑨ 無窮相——三界眾生，在六道中生死輪迴，無始無終，無窮無盡。

⑩ 尺蠖迴圈——尺蠖，又稱蚇蠖，蟲名。蟲體細長，行時屈伸其體，如尺量物，故稱尺蠖。此處説其迴圈，指其行進時一屈一伸，永無别樣。

⑪ 蠶繭自縛——眾生自己作業，自身受報，沉淪於三界之中，不得解脱，所以

比爲春蠶作繭自縛。

⑫ 締——真實不虚，稱爲締。又，結合爲締。"締此三界"，被結繫於三界。

⑬ 其相别在下——它所包含的各部分内容，在下文分别説明。

⑭ 無所有處——原文缺"有"字，依文義增補。

⑮ 暗宅——把三界喻爲不見天日之黑暗住宅。

⑯ 脩短——壽命之長或短。

⑰ 倚伏相乘——《老子·五十八章》："禍兮福所倚，福兮禍所伏。"意思是禍與福是互相依存、互相轉化的。此處"倚伏相乘"，即指禍福的互相依存和互相轉化。

⑱ 雜生觸受——有情衆生之出生狀態有四種，即胎生、卵生、濕生（又稱因緣生，是從濕氣、濕地而生，如腐肉中的蟲）、化生（指没有可見之物爲依托，是借業力而生現的，如諸天神、餓鬼等）。這四種出生總名爲雜生，即衆生。觸受，不淨爲觸，觸於不淨之物而自受不淨，即觸受。

⑲ 四倒長拘——四倒，四種顛倒之妄見。有兩種四倒：生死本無常、無樂、無我、無淨，凡夫執常、樂、我、淨之見，稱爲凡夫四倒；涅槃本常、樂、我、淨，而執無常、無樂、無我、無淨之見，稱爲二乘四倒。凡夫拘泥於四倒之見，謂"四倒長拘"。能斷凡夫四倒爲二乘，能斷凡夫、二乘之八倒方爲菩薩。

⑳ 菩薩慈悲正觀——與眾生樂爲慈，拔眾生苦爲悲，離癡見法爲正觀。阿彌陀佛爲菩薩時，出於慈悲正觀，生建設安樂國土之願。

㉑ 如來神力本願——阿彌陀佛之本願爲四十八願：

一，國無惡道願：設我得佛，國有地獄、餓鬼、畜生者，不取正覺。

二，不更惡道願：設我得佛，國中人天壽終以後，復更三惡道者，不取正覺。

三，身真金色願：設我得佛，國中人天不悉真金色者，不取正覺。

四，形色相同願：設我得佛，國中人天形色不同，有好醜者，不取正覺。

五，宿命智通願：設我得佛，國中人天不識宿命，下至知百千億那由他諸劫事者，不取正覺。

六，天眼普見願：設我得佛，國中人天不得天眼，下至見百千億那由他諸佛國者，不取正覺。

七，天耳普聞願：設我得佛，國中人天不得天耳，下至聞百千億那由他諸佛所説，不悉受持者，不取正覺。

八，他心悉知願：設我得佛，國中人天不得見他心智，下至知百千億那由他諸佛國中眾生心念者，不取正覺。

九，神足無礙願：設我得佛，國中人天不得神足，於一念頃間，下至不能超過百千億那由他諸佛國者，不取正覺。

一〇，不貪計身願：設我得佛，國中人天若起想念貪計身者，不取正覺。

一一，住定證滅願：設我得佛，國中人天不住定聚，必至滅度者，不取正覺。

一二，光明無量願：設我得佛，光明有能限量，下至不照百千億那由他諸佛國者，不取正覺。

一三，壽命無量願：設我得佛，壽命有能限量，下至百千億那由他劫者，不取正覺。

一四，聲聞無數願：設我得佛，國中聲聞有能計量，乃至三千大千世界衆生悉成緣覺，於百千劫悉共計校，知其數者，不取正覺。

一五，隨願修短願：設我得佛，國中人天壽命，無能限量，除其本願修短自在。若不爾者，不取正覺。

一六，不聞惡名願：設我得佛，國中人天乃至聞有不善名者，不取正覺。

一七，諸佛稱歎願：設我得佛，十方世界無量諸佛，不悉咨嗟稱我名者，不取正覺。

一八，十念必生願：設我得佛，十方衆生，至心信樂，欲生我國，乃至十念，若不生者，不取正覺。唯除五逆、誹謗正法。

一九，臨終接引願：設我得佛，十方衆生，發菩提心，修諸功德，至心發願欲生我國，臨壽終時，假令不與大衆圍繞現其人前者，不取正覺。

二〇，欲生果遂願：設我得佛，衆生聞我名號，繫念我國，植衆德本，至心迴向，欲生我國，不果遂者，不取正覺。

二一，三十二相願：設我得佛，國中人天不悉成滿三十二大人相者，不取正覺。

二二，一生補處願：設我得佛，他方佛土諸菩薩衆來生我國，究竟必至一生補處。除其本願自在所化，爲衆生故，被弘誓鎧，積累德本，度脱一切。遊諸佛國，修菩薩行，供養十方諸佛如來，開化恒沙無量衆生，使立無上正真之道，超出常倫諸地之行，現前修習普賢之德。若不爾者，不取正覺。

二三，供養諸佛願：設我得佛，國中菩薩，承佛神力，供養諸佛。一食之頃，不能遍至無量無數億那由他諸佛國者，不取正覺。

二四，供具隨意願：設我得佛，國中菩薩，在諸佛前，現其德本。諸所求欲供養之具，若不如意者，不取正覺。

二五，演説妙智願：設我得佛，國中菩薩不能演説一切智者，不取正覺。

二六，那羅延身願：設我得佛，國中菩薩不得金剛那羅延身者，不取正覺。

二七，一切嚴淨願：設我得佛，國中天人，一切萬物，嚴淨光麗，形色特殊，窮微極妙，無能稱量。其諸衆生乃至逮得天眼，有能明瞭辨其名數者，不取正覺。

二八，道樹高顯願：設我得佛，國中菩薩，乃至少功德者，不能知見其道場樹無量光色高四百萬里者，不取正覺。

二九，誦經得慧願：設我得佛，國中菩薩，若受讀經法，諷誦持説，而不得辯才智慧者，不取正覺。

三〇，慧辯無限願：設我得佛，國中菩薩辯才智慧，若可限量者，不取正覺。

三一，照見十方願：設我得佛，國土清淨，皆悉照見十方一切無量無數不可思議諸佛世界，猶如明鏡，覩其面像。若不爾者，不取正覺。

三二，寶香妙嚴願：設我得佛，自地以上至於虚空，宫殿樓觀、池流華樹，國中所有一切萬物，皆以無量雜寶、百千種香，而共合成。嚴飾奇妙，超諸天人。其香普熏十方世界。菩薩聞者，皆修佛行。若不爾者，不取正覺。

三三，蒙光柔軟願：設我得佛，十方無量不可思議諸佛世界衆生之類，蒙我光明觸其體者，身心柔軟，超過人天。若不爾者，不取正覺。

三四，聞名得忍願：設我得佛，十方無量不可思議諸佛世界衆生之類，聞我名字不得菩薩無生法忍諸深總持者，不取正覺。

三五，脱離女身願：設我得佛，十方無量不可思議諸佛世界，其有女人聞我名字，歡喜信樂，發菩提心，厭惡女身，壽終之後，復爲女像者，不取正覺。

三六，常行梵行願：設我得佛，十方無量不可思議諸佛世界諸菩薩衆，聞我名字，壽終之後，常修梵行，至成佛道。若不爾者，不取正覺。

三七，天人致敬願：設我得佛，十方無量不可思議諸佛世界諸天人民，聞我名字，五體投地，稽首作禮，歡喜信樂，修菩薩行，諸天世人，莫不致敬。若不爾者，不取正覺。

三八，衣服隨念願：設我得佛，國中人天欲得衣服，隨念即至。如佛所贊應法妙服，自然在身。若有裁縫染治浣濯者，不取正覺。

三九，樂如漏盡願：設我得佛，國中人天所受快樂，不如漏盡比丘者，不取正覺。

四〇，樹中現刹願：設我得佛，國中菩薩隨意欲見十方無量嚴淨佛土，應時如意，於寶樹中皆悉照見，猶如明鏡，覩其面像。若不爾者，不取正覺。

四一，諸根無缺願：設我得佛，他方國土諸菩薩衆，聞我名字，至於得佛，諸根缺漏不具足者，不取正覺。

四二，清淨解脱願：設我得佛，他方國土諸菩薩衆，聞我名字，皆悉逮得清淨解脱三昧。住是三昧，一發意頃，供養無量不可思議諸佛世尊而不失定意。若不爾者，不取正覺。

四三，聞名得福願：設我得佛，他方國土諸菩薩衆，聞我名字，壽終之後生尊貴家。若不爾者，不取正覺。

四四，修行具德願：設我得佛，他方國土諸菩薩衆，聞我名字，歡喜踴躍，修菩薩行，具足德本。若不爾者，不取正覺。

四五，普等三昧願：設我得佛，他方國土諸菩薩衆，聞我名字，皆悉逮得普等三昧。住是三昧，至於成佛，常見無量不可思議一切如來。若不爾者，不取正覺。

四六，隨願聞法願：設我得佛，國中菩薩隨其志願，所欲聞法，自然得聞。若不爾者，不取正覺。

四七，聞名不退願：設我得佛，他方國土諸菩薩衆，聞我名字，不即得至不退轉者，不取正覺。

四八，得三法忍願：設我得佛，他方國土諸菩薩衆，聞我名字，不即得至第一、第二、第三法忍，於諸佛法不能即得不退轉者，不取正覺。

按這四十八願，阿彌陀佛以其神力建成安樂國。見《無量壽經》上。

㉒ 胎、卵、濕生，緣茲高揖——高揖，告别。衆生之出生狀態有四種，即胎生、卵生、濕生與化生。胎、卵、濕生，因之告别，亦即全是化生了。

㉓ 業繫長維——業如同繩子，縛衆生之身而繫於三界之牢獄，稱爲業繫。業繫長維，即業繫長期保持着、綑綁着。

㉔ 續括之權，不待勸而彎弓——此句費解。"權"，似指小乘。爲凡夫小乘說法，義取權宜，稱爲權教。括，結。續括，似指小乘封結而不開放。此句意思似説，不開通的小乘，在安樂國中，不須勸導，便自然改而攻習大乘佛法。

㉕ 勞謙善讓，齊普賢而同德——普賢菩薩主一切諸佛之理德、定德、行德，與文殊菩薩之智德、證德相對。又，普賢"純一妙善，備具衆德"，爲菩薩行的最高典範。此句意思是説，安樂國諸衆，具備勞謙善讓諸美德，與普賢相同而等齊。

㉖ 抑是近言——乃是淺近之言。

㉗ 陜小——陜，"狹"的本字。陜小，狹小。

㉘ 墮陘陪隯——墮，毁壞。陘，山脈中斷處，或通"徑"。陪，重疊、附加。隯，水中小塊陸地，引申爲土丘。墮陘陪隯，意思是説山脈斷墮，土嶽堆積。

㉙ 迫迮——狹窄，窄迫。

㉚ 逼隘——被擠逼得很狹小。

㉛ 志求路促——有意把路修得很短，因土地少。

㉜ 國界分部——國界本來不廣，還要分成各個部分。

㉝ 菩薩——指阿彌陀佛未成佛時，即法藏菩薩。

㉞ 來生者——指來生安樂國者。

㉟ 當生——應當生於安樂國，即未來之生者。

㊱ 維摩方丈——維摩羅詰，略稱維摩或維摩詰，佛在世時毗耶離城之居士，自妙喜國化生於此，輔釋迦之教化。相傳他所居住之石室，四方各一丈，號稱方丈。

㊲ 苞容有餘——苞，通"包"。《荀子·非十二子》："恢然如天地之苞萬物。"苞

容有餘，意思是說包容一切而有餘。

㊳ 無貲——貲，計量。無貲，不可計量。

㊴ 畦、畹——畹畦，田畦。屈原《離騷》"畦留夷與揭車兮"，王逸注："五十畝爲畦。"《離騷》"余既滋蘭之九畹兮"，注："十二畝爲畹。"《說文》以三十畝爲畹。

㊵ 覈論——深刻評論。《後漢書·郭泰傳》："林宗雖善人倫，而不爲危言覈論，故宦官擅政而不能傷也。"

㊶ 攀厭禪定——色界按四種禪定，分爲四禪天，爲修持四禪定者死後之生處。而修四無色定者，則死後生於無色界四天。在淨土法門看來，修禪定是可厭的，因爲最終也不得解脫，仍在三界苦海中輪迴。一些緊緊攀據禪定者，其出路雖離慾界，也只不過色界、無色界罷了。

㊷ 悕出——悕，悲傷。悕出，出路可悲。

㊸ 無上正見道——非顛倒見，名爲正見。道，即覺悟。無上，無過於此。"無上正見道"，即佛之覺悟，佛之真智。

㊹《華嚴經》——《大方廣佛華嚴經》之略名。"大方廣"爲所證之法；"佛"爲能證之人，證得大方廣理之佛；"華嚴"二字喻佛，佛果地之萬德如華（花），以此華莊嚴法身，所以稱華嚴。《華嚴經》有三譯：一，東晉佛馱跋陀羅譯六十卷，稱"六十華嚴"；二，唐實叉難陀譯八十卷，稱"八十華嚴"；三，唐般若譯四十卷，稱"四十華嚴"。

㊺ 寶王如來性起——寶王如來，對佛的尊稱。諸功德如寶，佛以諸功德爲莊嚴，所以尊稱爲寶王如來。"寶王如來性起"，即《華嚴經》的"性起緣起"論。所謂"性起緣起"，是說世間的一切現象，都由如來藏自性清淨心生起，也就是由先天的"法界""法性""真如"生起，由此也稱爲"法界緣起"。

㊻ 諸波羅蜜——波羅蜜，梵文音譯，意譯爲到彼岸，即到達彼岸的修行方法。大乘以修六波羅蜜爲菩薩行。六波羅蜜爲：一，檀波羅蜜（布施度）；二，尸羅波羅蜜（持戒度）；三，羼提波羅蜜（忍辱度）；四，毗梨耶波羅蜜（精進度）；五，禪波羅蜜（禪定度）；六，般若波羅蜜（智慧度）。

㊼ 序——應爲"系"。

㊽ 世自在王佛——又稱世饒王佛，"饒"即自在之義。阿彌陀佛在因位（菩薩位）時，在此佛所出家，建四十八願。

㊾ 無生法忍——涅槃之真理，無生無滅，本自無生，今則無滅。此理名爲"無生法"。安住於無生無滅之理而不動，稱爲"無生法忍"。

㊿ 聖種性——五種性之一。種爲種子，有發生之義；性爲性分，有不改之義。五種性爲：一，習種性；二，性種性；三，道種性；四，聖種性；五，等覺性。

51 無不淨色——色，物質性現象，此處指人身。無不淨色，即人身無有不淨。

⑫ 清淨平等無爲法身——正覺之體，離染污而稱清淨。八地以上菩薩，證平等寂滅之真如，雖任其自然，不加功用，無所作爲，也能一時遍於十方世界，示現種種教化，作種種佛事，而無往來之想，無作無不作之想，所以稱爲清淨平等無爲法身。

⑬ 平等是諸法體相——體，本體、實質。相，依於體而外現之差别。諸法（一切事物）儘管有差别之相，但本體都是真如，並没有高下深淺之别，所以説諸法平等，平等是諸法之體相。

⑭ 衆生緣——三種慈悲之一，以一慈悲心，視十方五道（地獄、餓鬼、畜生、人、天）衆生，如同父母兄弟姊妹子侄，緣之常思與一切衆生樂，拔衆生苦，稱爲衆生緣慈悲心。此種慈悲心，多爲凡夫或修行而未斷煩惱者所起。

⑮ 法緣——三種慈悲之一，已斷煩惱之三乘聖人，通達一切法皆空之理，但憐衆生不知是法空，一心欲爲衆生拔苦得樂，隨其意而拔苦與樂，稱爲法緣慈悲心。

⑯ 無緣——三種慈悲之一，唯諸佛有此種慈悲。諸佛之心，不住在有爲、無爲性之中，不住在過去、現在、未來世之中，知諸緣不實，顛倒虚妄，所以，心無所緣。但佛以衆生不知諸法實相，往來三界五道，心著諸法，取合分别，故心雖無衆生緣，卻使一切衆生自然獲拔苦與樂之益，稱爲無緣慈悲心。

⑰ 出世善—— 一切生死之法爲世間，涅槃之法爲出世間。苦、集、滅、道四聖諦中，苦、集爲世間，滅、道爲出世間善法。又，淨土諸師以《無量壽經》念佛往生爲出世之善法。

⑱ 日行四域，光不週三方——按佛家的宇宙結構觀，世界之中心爲須彌山，山高八萬四千由旬（一由旬或説八十里，或説六十里、四十里、二十里不等）。山週圍鹹海中有東、南、西、北四大洲，稱爲四天下。日、月圍繞着須彌山各循自己的軌道運行。日、月離海面四萬由旬，光綫爲須彌山遮住而不能照射到對面，所以，東大洲和西大洲、南大洲和北大洲的晨昏晝夜正好相反。"日行四域，光不週三方"，説的便是太陽在四天下的上空運行，不能同時照遍三方，只能照耀兩方，即只能照耀一半。

⑲ 十仞——仞爲長度單位，有説七尺，有説八尺，有説五尺六寸、四尺，等等。

⑳ 自然相忘於有餘——有餘，尚有未滿足者，即不盡未了。自然相忘於有餘，意思是説，安樂國中珍寶具足嚴麗，即使尚有不盡未了之慾求，也自然想不起來了。

㉑ 毗首羯磨——又作毗守羯磨，帝釋之臣，能化作種種工巧物。又，爲司建築之天神。

㉒《經》——《維摩經·佛國品》："若菩薩願得淨土，當淨其心。隨其心淨，則佛

土淨。”

㊸ 長淪三有——三有，三界之異名。生死境界，有因有果，稱有“有”。三有即三界之生死：一，慾有，慾界之生死；二，色有，色界之生死；三，無色有，無色界之生死。“長淪三有”，即長期淪落於三界之中，生死流轉，不得解脱。

㊹ 閻浮那金——又作閻浮那提金、閻浮那陀金、閻浮檀金、剡浮檀金、剡浮那他金。金名，其色赤黄，帶紫焰氣。閻浮，樹名，印度所産之喬木。“檀”或“那”，譯爲河。閻浮樹下有河，稱閻浮那，此河中出金，稱閻浮那金。

㊺ 大海中轉輪王道中金沙——轉輪王，身具三十二相，即位時，由天感得輪寶，轉其輪寶，而降伏四方，所以稱轉輪王。轉輪王有金、銀、銅、鐵四種，金輪王領四大洲，銀輪王領東、西、南三洲，銅輪王領東、南二洲，鐵輪王領南贍部洲。轉輪王週行四海，海彼岸復有池，過池有空地，空地中有大海水，名鬱禪那。此水下有轉輪聖王道，廣十二由旬，夾道兩旁，有七重牆、七重欄楯、七重羅網、七重行樹，以七寶成閻浮提地。轉輪王出於世時，水自然去，金銀寶玉，現於地上。

㊻ 金山——須彌山周圍七重之金山。

㊼ 須彌山——須彌山即七金山，金色光明，又稱光明山、妙光山、妙高山。

㊽ 三十三天瓔珞金——三十三天，即慾界六天中的忉利天。忉利天在須彌山頂，四方四峰各有八天，以輔佐居於中央之帝釋天；合稱三十三天。瓔珞，多懸於身上之裝飾物。三十三天諸眾瓔珞，全爲金飾。

㊾ 炎魔天金——炎魔天，又作琰魔天、焰摩天，慾界六天之第三天，或説即地獄。如爲地獄，則其金當爲炎魔王宫之金。

㊿ 兜率陀天金——兜率陀天，又作兜率天，慾界六天中之第四天。此中天人通體光明，黄金遍地。釋迦佛之母摩訶摩耶死後就受生於此，未來佛彌勒菩薩也在此天上。

(71) 化自在天金——化自在天，欲界六天中之第五天，在兜率天之上，住此天者之主觀欲望都能變成現實的快樂，所以又稱樂變化天。

(72) 他化自在天金——他化自在天， 慾界六天中位置最高之天， 是能自由變化、自在受樂之天。他化自在王爲慾界之王。因此，其金也爲慾界最高級之金。

(73) 無生忍菩薩淨業——淨業，清淨之善業，爲建安樂淨土之正因。此處無生忍菩薩淨業，指法藏菩薩之淨業。

(74) 法王——如來是諸法之王，於諸法得自在，故稱法王。

(75) 增上緣——因緣、等無間緣、所緣緣、增上緣，合稱“四緣”，即一切有造作事物所藉以生起的四類條件。增上緣，指一事物對其他一切事物的影響和作用，如陽光、空氣、肥料、人工、農具等，對於農作物來説，都是增上緣。

(76) 二種世間——即眾生世間與器世間。眾生世間指安樂國諸眾生，器世間指安樂國土。

⑦ 無議於敷具——敷具，袈裟之異名，以袈裟之形相與敷具相同之故。“無議於敷具”的意思是説，珍玩明鏡之類不能做袈裟。

⑱ 鉾楯——矛盾，互相對立不容之義。

⑲ 六情——即六根。眼、耳、鼻、舌、身、意六根，接觸外境而有情，所以從其所生之果而名爲六情。

⑳ 卒去楚越之勞——此句依上下文，可有二解。一，楚服爲盛服，《戰國策·秦》：“異人至，不違使楚服而見。”越布則甚佳，《後漢書·陸續傳》：“（陸宏）喜著云布單衣，光武見而好之，自是常敕會稽郡獻越布。”因此，“卒去楚越之勞”，意思是可以免除到楚越去置辦服裝之勞。二，《南史·顧歡傳》：“張融作《門律》云：昔有鴻飛天首，積遠難亮，越人以爲鳧，楚人以爲乙（燕子）。人自楚越，鴻常一也。”據此義，則“卒去楚越之勞”的意思是，不必自楚至越之勞，便可知金玉珍玩，悦於目與便於身是一回事，身、眼二情並無矛盾。

㉑ 七寶——諸經論所説“七寶”，具體内容略有出入。《無量壽經》説：“金、銀、瑠璃、玻璃、珊瑚、碼腦、硨渠。”《阿彌陀經》説：“亦以金、銀、瑠璃、玻璃、硨渠、赤珠、碼腦而嚴飾之。”

㉒ 天竺——古印度譯名。

㉓ 注者——曇鸞自稱。

㉔ 譯者——指《往生論》譯者菩提流支。

㉕ 葳然蘖途——原文有注。“葳”，草得風貌。“蘖”，草旋貌。“途”，原文注爲“細草曰莎”，“途”字與注的内容了不相關，或“途”爲“莎”之誤寫。

㉖ 染著樂——二愛之一。衆生愛念妻子，貪染五欲，執着而不離。此種愛欲之心執着外物，稱染著樂。

㉗ 法喜樂——二愛之一。菩薩以平等心生法喜，欲使一切衆生皆至佛道，此種樂爲法喜樂。

㉘ 澐溺洪濤——澐溺，江水大波洶湧貌。洪濤，海水巨浪激濺貌。

㉙ 凝澌浹渫——凝澌，流冰。浹渫，水波連續貌，《文選·江賦》：“長波浹渫，峻湍崔嵬。”

㉚ 蹙枷懷忲——蹙，緊迫。忲，原文注“失常”。“蹙枷懷忲”，似意爲套上甚緊的枷鎖以至精神失常。

㉛ 恐值之慮——心懷憂慮，恐怕遇上水、冰之災。

㉜ 嶕嶢峻嶺——嶕嶢，高聳貌，《漢書·揚雄傳》：“泰山之高不嶕嶢，則不能悖翁雲而散歊烝。”峻，高貌。

㉝ 枯木横岑——岑，小而高之山，也指崖岸，或指尖、鋭。“枯木横岑”，意爲滿

山枯木。

⑭ 岝峈嶇嶙——岝峈，山勢不齊貌，《文選·南都賦》："岝峈崔嵬。"嶇，通"陘"，山脈中斷處。嶙，山峰重疊高聳貌。

⑮ 蕢茅盈壑——蕢，惡草雜生貌。茅，草名。"蕢茅盈壑"，低窪處長滿了雜草。

⑯ 茫茫滄海，爲絶目之川——滄海茫茫，一眼望不到頭，爲廣闊無邊之水域。

⑰ 葳葳廣澤，爲無蹤之所——長滿草的沼澤，一派荒蕪，成爲没有人的踪跡之所。

⑱ 鏡納十方，的無所屬，亦非不屬——鏡納十方，反映出十方無數佛國狀況。這些佛國，確無關聯，但也不是没有關聯。

⑲ 太虚——天空。《文選·遊天臺賦》："太虚遼闊而無閡，運自然之妙有。"

⑩ 震烈霹霍——霹，原文注曰"雨聲"。霍，原文注曰"大雨"。

⑪ 不祥烖霓——烖，同災、災。霓，主虹爲虹，副虹爲霓，霓位於主虹外側。《淮南子·原道》："虹霓不出，賊星不行，含德之所致也。"可見古人以虹之出現爲災難示現。

⑫ 毛豎——毛髮豎立起來，形容恐懼之情。

⑬ 鈴鐸宮商——鈴鐸，多懸於簷角，或繫網上。宮商，指曲調。古曲調以宮、商、角、徵、羽、變宮、變徵爲七律，因而説曲調爲"宮商"。"鈴鐸宮商"，是説寶網上懸掛的鈴鐸發出悦耳的樂聲。

⑭《經》——《阿彌陀經》："晝夜六時，雨天曼陀羅華。"

⑮ 日夜六時——晝三時爲晨朝、日中、日没。夜三時爲初夜、中夜、後夜。晝三時夜三時合爲六時。

⑯ 坎——地面低陷的地方。

⑰ 項背日光——《後漢書·左雄傳》"監司項背相望，與同疾疢"，《注》："項背相望，謂前後相顧也。"這裏的"項背日光"，意爲日光不斷。

⑱ 入佛智慧——佛智慧即佛陀之智慧，又稱無上正等覺、佛道等等。"入佛智慧"即入佛道。

⑲ 無記——佛就弟子身上分別預言未來之果報，稱爲佛記。妄惑之體性極爲劣弱者，不能記其果，稱爲無記。

⑳ 如來智慧報——如來指阿彌陀佛，憑其智慧立四十八大願，其第十二願爲光明無量願。此願之果便是安樂國中無限光明，果即報。

㉑《經》——《維摩經·香積佛品》："或有佛土，以佛光明而作佛事。"

㉒ 梵天——釋迦牟尼時代，在印度佔統治地位的宗教是婆羅門教。梵天爲婆羅門教所尊奉的主神，又稱大梵天，爲世界萬物的創造主。後來被吸收爲佛教的護法神，爲釋迦牟尼的右脅侍，持白拂；又爲色界初禪天之王，稱大梵天王。

⑬《經》——《無量壽經》所説阿彌陀佛四十八大願中,多此内容。

⑭ 菩薩别業——别業與總業相對而言。菩薩之總業即總願,爲"上求菩提,下化衆生",具體有四内容,即:濟度無邊之衆生,斷滅無邊之迷執,學習無量之法義,成就無上之佛道。除共同的總業外,每位菩薩尚有"下化衆生"的特殊念願,其種類與性質各不相同。這種特殊念願稱爲别願,由别願所作業爲别業。此處所説"菩薩别業",具體指法藏菩薩之四十八大願。

⑮ 羅刹爲君,則率土相噉——羅刹,梵文音譯,意爲食人惡鬼。這兩句的意思是説,如果羅刹爲國君,則全國都會互相咬食。

⑯ 寶輪駐殿,則四域無虞——"寶輪"有不同説法。一説,東方阿閦佛之法輪爲金剛輪,南方寶生佛之法輪爲寶輪,西方阿彌陀佛之法輪爲法輪,北方不空成就佛之法輪爲羯磨輪。一説,金、銀、銅、鐵四位轉輪王之輪寶爲寶輪。總之,"寶輪"代表有道明君。這兩句的意思是,如駐在宫殿的是有道明君,則天下太平,四方可無事。

⑰ 黄鵠持子安,千齡更起——鵠,天鵝,古籍多稱"黄鵠"。又,鵠通鶴,黄鵠即黄鶴。《列仙傳》:"古仙人王子安,墳下千歲,黄鵠呼之復活。"

⑱ 魚母念持子,逕槼不壞——逕,通"徑"。槼,夏有水冬無水,即夏漲冬涸之沼澤。《山海經·大荒西經》:"有互人之國。炎帝之孫,名曰靈恝。靈恝生百互人,是能上下於天。有魚偏枯,名曰魚婦。顓頊死即復蘇。風道北來,天及大水泉,蛇乃化爲魚,是謂魚婦。顓頊死即復蘇。"這裏所説"魚母念持子,逕槼不壞",《大智度論》卷三十七曰:"以佛念故,而不墮落。譬如魚子,母念故得生,不念則壞。"

⑲ 正覺——梵語三菩提,意譯爲正覺,指如來之實智。其智無邪稱正,覺知萬法之智稱覺。證得正覺爲佛,所以正覺也作佛的代稱。

⑳ 以胞血爲身器——指胎生、卵生。

㉑ 以糞尿爲生元——以糞尿爲出生之本,指濕生。

㉒ 槐棘高折,出猜狂之子——周時,朝廷種三槐九棘,公卿大夫分坐其下。左九棘,爲孤卿大夫之位,右九棘,爲公侯伯子男之位;面三槐爲三公之位。後來因用"槐棘"指三公或三公之位。猜狂,殘暴無情。"槐棘高折,出猜狂之子",意思是説,三公之家敗壞,出殘暴無情之子孫。

㉓ 豎子婢腹,出卓犖之才——豎子,童僕,或對人之鄙稱。卓犖,卓絶出衆,《文選·典引》:"卓犖乎方州,洋溢乎要荒。""豎子婢腹,出卓犖之才",意思是説,微賤之家,出優異之英才。

㉔ 譏笑由之懷火,恥辱緣以抱冰——懷火喻發怒,抱冰喻心寒。由於世間的出身、家世、身份、遭遇等之不平,或遭譏笑而發怒,或因恥辱而心寒。

㉕ 眷屬——受如來之法、助如來之化者,總爲如來之眷屬。

⑫⑥ 礤饒之饍——礤，盛器滿貌，《詩·小雅·大東》“有礤簋飧”，《傳》：“礤，滿簋貌。”饒，豐足。饍，同“膳”，食物。“礤饒之饍”，富足的食物。

⑫⑦ 懸沙指貸爲相慰之方——本來很窮，家中無糧，卻以袋裝沙，冒充糧食。這句意思是説，懸沙袋爲糧，互相指貸，作爲互相安慰的辦法。

⑫⑧ 三昧——三昧、三摩地，均爲梵文音譯，意譯爲定，指心意專注一境而不散亂的精神狀態。

⑫⑨ 日月燈明佛——此佛光明，在天如日月，在地如燈，故名日月燈明佛。《法華經·序品》説，過去世有二萬日月燈明佛，同名相繼出世而説《法華經》。

⑬⓪《法華經》——即《妙法蓮華經》，後秦鳩摩羅什譯，八卷。“妙法”意爲所説教法微妙無上，《蓮華經》比喻經典之潔白美麗。原二十七品，後增加爲二十八品。稱釋迦成佛以來，壽命無限，現各種化身，以種種方便，説微妙法。重點弘揚“三乘（聲聞、緣覺、菩薩）歸一（佛乘）”，調和大小乘各種説法。

⑬① 其事在《經》——《無量壽經》：若欲食時，七寶鉢器，自然在前，百味飲食，自然盈滿。雖有此食，實無食者，但見色聞香，意以爲食，自然飽足，事已化去，時至復現。

⑬② 朝預衮寵、夕惶斧鉞——衮，古代上公所穿禮服，服上畫龍，其形捲曲。這兩句意思是説，朝得穿衮之榮寵，晚夕便憂懼斧鉞之誅了，榮寵不過一日。

⑬③ 幼舍蓬藜、長列方丈——蓬藜，蓬草與蒺藜，喻貧寒人家。方丈，寺院住持所居之室，又爲住持之稱呼。這兩句的意思是説，幼年居住茅屋，長大後位列方丈之室，有了成就。

⑬④ 鳴茄道出、歷經催還——茄，應爲“笳”，古代管樂器名，魏晉以後，入鹵簿。顯貴者出，鳴笳爲導。這兩句意思是説，以鳴笳爲導而出，十分顯貴，卻屢屢被閻羅王催回去。也是顯貴無常的意思。

⑬⑤ 三毒——一，貪毒，以迷心對於一切順情之境，引取無厭者；二，嗔毒，以迷心對於一切違情之境，起忿怒者；三，癡毒，又稱無明，心性暗鈍，迷於事理之法者。

⑬⑥ 分一説三——佛據衆生根器，分別説聲聞、緣覺、菩薩三乘之法，其實三乘即一乘——佛乘。“分一説三”的意思是説，佛不得不分別説三乘。

⑬⑦ 拓眉致誚——拓，舉。誚，責備。“拓眉致誚”，舉舉眉頭便遭致責備，意思是動輒得咎。

⑬⑧ 指語招譏——用指作勢示意，稱爲指語。“指語招譏”，動動手指示意也受譏笑。

⑬⑨ 根敗種子——根敗的種子，意指地獄、餓鬼、畜生的種子。阿彌陀佛四十八大願中第二願説：“設我得佛，國中天人壽終以後，復更三惡道者，不取正覺。”即

不生根敗種子之本。

⑭ 女人根缺——根缺，指耳、目、口、鼻、舌、身、意六根有缺陷之人，即聾者、瞎者、啞者等。阿彌陀佛四十八大願第三十五願，女人可脱離女身；第四十一願，諸根缺漏都可具足。

⑭《摩訶衍論》——摩訶衍，梵語音譯，意譯爲大乘。《摩訶衍論》，即《大乘起信論》之異名。

⑭ 導——説。

⑭ 解脱——離縛而得自在，名"解脱"，解惑業之繫縛，脱三界之苦果。

⑭ 阿羅漢——聲聞乘中有四種果位：一，須陀洹，意譯爲入流；二，斯陀含，意譯爲一來；三，阿那含，意譯爲不來；四，阿羅漢，意譯爲無生。阿羅漢爲聲聞中最高之位，已斷一切煩惱，脱離三界生死輪迴。

⑭ 天帝釋——忉利天之主，居須彌山之頂喜見城，統領三十三天。原爲摩伽陀國中婆羅門，名摩伽，姓憍尸迦，有福德大智慧，知友三十二人皆修福德，命終皆生須彌山頂第二天上，憍尸迦爲天主，三十二人爲輔臣。

⑭ 河洛——黄河與洛水。也指該兩流域地區。《史記·封禪書》："昔三代之君，皆在河洛之間。"

⑭ 壟西——即隴西。古隴西郡，在今甘肅東南部一帶。

⑭ 趙魏——戰國七雄之趙國，在今河北南部、山西北部。魏國在今河南北部、山西南部並跨河北及陝西一部。

⑭ 無此三名——指二乘、女人、根缺三者，在安樂國中無有。

⑮ 軟心菩薩——菩薩勇猛修善法，斷惡法，勤修善法而不倦，治斷惡法而不怖。不甚勇猛者，則稱軟心菩薩。

⑮ 無如是等與奪之名——與，給予。奪，取消。安樂國中，没有二乘、女人、根缺三者，甚至連這三者之名也没有。於是，像上述以這三者之名作譏笑之言便没有了，既不能與，也不能奪。

⑮ 魚蜯——魚蚌。

⑮ 五不思議——曇鸞在《往生論注》卷下解釋説："諸經統言，有五種不可思議：一者，眾生多少不可思議；二者，業力不可思議；三者，龍力不可思議；四者，禪定力不可思議；五者，佛法力不可思議。"

⑮ 名高位重，潛處無由——名高位重，想隱居閒適也不可能。

⑮ 人凡性鄙，悕出靡路——人平凡，性格鄙劣，憂心無路可出頭。

⑮ 脩短繫業，制不在己——壽命長短，由業牽制，自己毫無辦法改變。

⑮ 阿私陀仙人類——釋迦初生時，阿私陀仙人相之曰："若在家者，年二十九，爲轉輪聖王。若出家者，成一切種智，廣濟天人。"這裏説"如阿私陀仙人類"，

意思是説，前面所説的情况，都是已由業力决定的，個人願望並無作用，如同阿私陀仙人相釋迦時所説的那樣，也非釋迦願望所能左右。

2.衆生世間莊嚴功德

次觀衆生世間清淨。此門中分爲二别：一者，觀察阿彌陀如來莊嚴功德；二者，觀察彼諸菩薩莊嚴功德。觀察如來莊嚴功德中有八種，至文當目。

問曰："有論師泛解'衆生'名義，以其輪轉三有[①]，受衆多生死，故名'衆生'。今名佛、菩薩爲'衆生'，是義云何？"

答曰："《經》言[②]：一法有無量名，一名有無量義。如以受衆多生死故名爲'衆生'者，此是小乘家釋三界中衆生名義，非大乘家衆生名義也。大乘家所言'衆生'者，如《不增不減經》言[③]：言'衆生'者，即是不生不滅義。何以故？若有生，生已復生，有無窮過故，有不生而生過故，是故無生。若有生，可有滅；既無生，何得有滅？是故無生無滅，是'衆生'義，如《經》中言。五受陰通達空無所有，是"苦"義[④]，斯其類也。

（1）佛功德

【無量大寶王，微妙淨華（花）臺。】

此二句名"莊嚴座功德成就"。

佛本何故莊嚴此座？見有菩薩，於末後身敷草而坐，成阿耨多羅三藐三菩提[⑤]。人天見者，不生增上信、增上恭敬、增上愛樂、增上修行[⑥]。是故願言：我成佛時，使"無量大寶王，微妙淨華（花）臺"以爲佛座。

"無量"者，如《觀無量壽經》言：七寶地上，有大寶蓮華（花）王座。蓮華（花）一一葉作百寶色，有八萬四千脈，猶如天畫，脈有八萬四千光。華(花)葉小者,縱廣二百五十由旬。如是華(花)有八萬四千葉,一一葉間,有百億摩尼珠王以爲映飾[7]。一一摩尼,放千光明,其光如蓋,七寶合成,遍覆地上。釋迦毗楞伽寶以爲其臺[8],此蓮華(花)臺八萬金剛甄叔迦寶[9]、梵摩尼寶[10]、妙真珠網以爲嚴飾。於其臺上,自然而有四柱寶幢,一一寶幢,如八萬四千億須彌山。幢上寶幔,如夜摩天宫,有五百億微妙寶珠以爲映飾,一一寶珠,有八萬四千光,一一光作八萬四千億種金色,一一金光,遍安樂寶土。處處變化,各作異相,或爲金剛臺,或作真珠網,或作雜華(花)雲。於十方面,隨意變現,化作佛事。如是等事,出過數量。是故言"無量大寶王,微妙淨華(花)臺"。

【相好光一尋,色像超群生。】

此二句名"莊嚴身業功德成就"。

佛本何故莊嚴如此身業?見有佛身,受一丈光明,於人身光,不甚超絶。如轉輪王相好,亦大同[11]。提婆達多,所減唯一[12]。致令阿闍世王,以兹懷亂[13],删闍耶等,敢如螗螂[14]。或如此類也。是故莊嚴如此身業。

案:此間詁訓,六尺曰尋。如《觀無量壽經》言:阿彌陀如來,身高六十萬億那由他恒河沙由旬[15],佛圓光如百億三千大千世界。譯者以"尋"而言[16],何其晦乎?里舍間人,不簡縱横長短,咸謂横舒兩手臂爲"尋"。若譯者或取此類用準,阿彌陀如來舒臂爲言,故稱"一尋"者,圓光亦應徑六十萬億那由他恒河沙由旬。是故言"相好光一尋,色像超群生"。

問曰:"《觀無量壽經》言:諸佛如來是法界身,入一切衆生心想中[17]。是故汝等心想佛時,是心即是三十二相、八十隨形好[18]。是心作佛,是心是佛。諸佛正遍知海[19],從心想生。是義云何?"

答曰:"身名集成,界名事别。如眼界,緣根色空明作意五因緣生[20]，名爲眼界。是眼但自行己緣，不行他緣，以事别故。耳、鼻等界亦如是。言'諸佛如來是法界身'者，法界是衆生心法也。以心能生世間、出世間一切諸法[21]，故名心爲'法界'。法界能生諸如來相、好身，亦如色等能生眼識；是故佛身名'法界身'，是身不行他緣，是故'入一切衆生心想中'。'心想佛時，是心即是三十二相、八十隨形好'者，當衆生心想佛時，佛身相、好顯現衆生心中也。譬如水清則色像現，水之與像，不一不異，故言：佛相、好身，即是心想也。'是心作佛'者，言心能作佛也。'是心是佛'者，心外無佛也。譬如：火從木出，火不得離木也，以不離木故，則能燒木，木爲火燒，木即爲火也。'諸佛正遍知海，從心想生'者，'正遍知'者，真正如法界而知也。法界無相，故諸佛無知也。以無知，故無不知也。無知而知者，是正遍知也。是知深廣，不可測量，故譬'海'也。"

【如來微妙聲，梵響聞十方。】

此二句名"莊嚴口業功德成就"。

佛本何故興此莊嚴？見有如來，名似不尊，如外道軵稱"瞿曇"姓[22]，成道日聲唯徹梵天。是故願言：使我成佛，妙聲遐布，聞者悟忍[23]。是故言"如來微妙聲，梵響聞十方"。

【同地水火風，虛空無分别。】

此二句名"莊嚴心業功德成就"。

佛本何故興此莊嚴？見有如來説法云：此黑此白，此不黑不白，下法，中法，上法，上上法。有如是等無量差别品，似有分别。是故願言：使我成佛，如地荷負，無輕重之殊；如水潤長，無萯蕏之異[24]；如火成熟，無芳臭之别；如風起發，無眠悟之差；如空苞受，無開塞之念。得之于内，物安于外，虚往實歸，於是于息[25]。是故言“同地水火風[26]，虚空無分别”[27]。

【天人不動衆，清淨智海生。】

此二句名“莊嚴大衆功德成就”。

佛本何故起此莊嚴？見有如來，説法輪下[28]，所有大衆，諸根性慾，種種不同，於佛智慧，若退若没。以不等故，衆不純淨。所以興願：願我成佛，所有天人，皆從如來智慧清淨海生[29]。“海”者，言佛一切種智深廣無涯[30]，不宿二乘、雜善、中下死屍[31]，喻之如海。是故言“天人不動衆，清淨智海生”。“不動”者，言彼天人，成就大乘根[32]，不可傾動也。

【如須彌山王，勝妙無過者。】

此二句名“莊嚴上首功德成就”。

佛本何故起此願？見有如來，衆中或有强梁者，如提婆達多流比[33]。或有國王，與佛並治，不知甚推佛。或有請佛，以他緣廢忘。有如是等，似上首力不成就[34]。是故願言：我爲佛時，願一切大衆，無能生心敢與我等。唯一法王，更無俗王。是故言“如須彌山王，勝妙無過者”。

【天人丈夫衆，恭敬繞瞻仰。】

此二句名“莊嚴主功德成就”。

佛本何故起此莊嚴？見有佛如來，雖有大衆，衆中亦有不甚恭敬。如，一比丘語釋迦牟尼佛[35]：“若不與我解十四難，我當更學餘道[36]。”

亦如居迦離謗舍利弗[37]，佛三語而三不受。又如諸外道輩，假入佛衆，而常伺求佛短。又如第六天魔[38]，常於佛所，作諸留難。有如是等種種不恭敬相，是故願言：使我成佛，天人大衆，恭敬無倦。所以但言"天人"者，淨土無女人及八部鬼神故也[39]。是故言"天人丈夫衆，恭敬繞瞻仰"。

【觀佛本願力，遇無空過者。能令速滿足，功德大寶海。】

此四句名"莊嚴不虚作住持功德成就"。

佛本何故起此莊嚴？見有如來，但以聲聞爲僧[40]，無求佛道者。或有值佛而不免三塗[41]，善星、提婆遮多、居迦離等是也[42]。又，人聞佛名號，發無上道心，遇惡因緣，退入聲聞、辟支佛地者[43]。有如是等空過者、退没者，是故願言：使我成佛，時值遇我者，皆速疾滿足無上大寶[44]。是故言"觀佛本願力，遇無空過者。能令速滿足，功德大寶海"。

"住持"義如上。

觀佛莊嚴八種功德，訖之于上。

（2）菩薩功德

次觀安樂國諸大菩薩四種莊嚴功德成就。

問曰："觀如來莊嚴功德，何所闕少，復須觀菩薩功德耶？"

答曰："如有明君，則有賢臣，堯舜之稱無爲[45]，是其比也。若使但有如來法王，而無大菩薩法臣，於翼贊道[46]，豈足云滿？亦如薪積小則火不大。如《經》言[47]：阿彌陀佛國有無量無邊諸大菩薩，如觀世音[48]、大勢至等[49]，皆當一生於他方次補佛處[50]。若人稱名憶念者、歸依者、觀察者，如《法華經·普門品》説，無願不滿。然菩薩愛樂功德，如海呑流，無止足情。亦如釋迦牟尼如來聞一目暗比丘吁言：'誰愛功德？爲我維針[51]。'爾時，如來從禪定起來，到其所語言：'我愛福德。’遂爲其維針。爾時，失明比丘暗聞佛語聲，驚喜交集，白佛言：‘世尊世尊，功德猶未滿耶？’佛報言：‘我功德圓滿，無所復須。但我此身，從功德生，知功德恩分故[52]，是故言愛。’如所問觀佛功德，實無願不充。所以復觀菩薩功德者，有如上種種義故耳。”

【安樂國清淨，常轉無垢輪。化佛菩薩日，如須彌住持。】

佛本何故起此莊嚴？見有佛土，但是小菩薩[53]，不能於十方世界廣作佛事，或但聲聞、人天，所利狹小。是故興願：願我國中，有無量大菩薩衆[54]，不動本處，遍至十方，種種應化[55]，如實修行，常作佛事。譬如：日在天上，而影現百川，日豈來耶？豈不來耶？如《大集經》言[56]：譬如有人，善治堤塘，量其所宜，及放水時，不加心力。菩薩亦如是，先治一切諸佛及衆生應供養、應教化種種堤塘，及入三昧，身心不動，如實修行，常作佛事。“如實修行”者，雖常修行，實無所修行也。是故言“安樂國清淨，常轉無垢輪。化佛菩薩日，如須彌住持”。

【無垢莊嚴光，一念及一時。普照諸佛會，利益諸群生。】

佛本何故起此莊嚴？見有如來，眷屬欲供養他方無量諸佛，或欲教化無量衆生，此没彼出，先南後北，不能以一念一時放光普照，遍至十方世界教化衆生，有出没前後相故。是故興願：願我佛土諸大菩薩，於一念時頃，遍至十方，作種種佛事。是故言“無垢莊嚴光，一念及一時。普照諸佛會，利益諸群生”。

問曰：“上章云：身不動摇而遍至十方。不動而至，豈非是一時義耶？與此若爲差别？”

答曰：“上但言不動而至，或容有前後。此言無前無後，是爲差别，亦是成上‘不動’義，若不一時，則是往來。若有往來，則非不動。

是故，爲成上‘不動’義，故須觀一時。”

【雨天樂華（花）衣，妙香等供養。

贊諸佛功德，無有分别心。】

佛本何故起此莊嚴？見有佛土，菩薩人天志趣不廣，不能遍至十方無窮世界，供養諸佛如來大衆。或以己土穢濁，不敢向詣淨鄉。或以所居清淨，鄙薄穢土。以如此等種種局分，於諸佛如來所，不能週遍供養，發起廣大善根。是故願言：我成佛時，願我國土一切菩薩、聲聞、天人大衆，遍至十方一切諸佛大會處所，雨天樂、天華（花）、天衣、天香，以巧妙辨辭，供養贊歎諸佛功德。雖歎穢土，如來大慈謙忍，不見佛土有雜穢相；雖歎淨土，如來無量莊嚴，不見佛土有清静相。何以故？以諸法等故，諸如來等，是故諸佛如來，名爲“等覺”。若於佛土起優劣心，假使供養如來，非“法供養”也。是故言“雨天樂華（花）衣，妙香等供養。贊諸佛功德，無有分别心”。

【何等世界無，佛法功德寶。

我願皆往生，示佛法如佛。】

佛本何故起此願？見有軟心菩薩，但樂有佛國土修行，無慈悲堅牢心。是故興願：願我成佛時，我土菩薩皆慈悲勇猛堅固，志願能捨清淨土，至他方無佛、法、僧處，住持莊嚴佛、法、僧寶[57]，示如有佛，使佛種處處不斷[58]。是故言“何等世界無，佛法功德寶。我願皆往生，示佛法如佛”。

觀“菩薩四種莊嚴功德成就”訖之于上。

【注釋】

① 輪轉三有——有因有果,有生有死,稱爲“有”。“三有”即慾界、色界、無色界三界之異名,因三界均有生死。“輪轉三有”,在三界中流轉,如車輪轉動不已。

②《經》——《無量義經》,一卷,蕭齊曇摩佛陀耶舍譯。

③《不增不減經》——元魏菩提流支譯,一卷。

④ 五受陰通達空無所有,是“苦”義——五受陰,即五陰,或稱五蘊,陰,此處是覆蓋的意思。蘊,積集的意思,積集同類法爲一聚,稱爲蘊。所以,蘊不是最後一個分子,而是一個複雜的類集。五蘊指:一,色蘊,相當於物質概念;二,受蘊,即感受,由於外境對個人有不利(“違”)、有利(“順”)和無利無害(“俱非”)三種情況,主觀上也就領納有“苦”“樂”“舍”(不苦不樂)三種感受;三,想蘊,指理性活動、概念活動,是説人於外境取種種相,並形成種種概念(“名”),稱爲“想”;四,行蘊,即除“受”“想”以外的一切心理活動,又指意向、動機等思維活動;五,識蘊,“識”爲了別,能够就所對境界覺了分別,名爲識,識蘊相當於包括感性認識和理性認識在内的活動和内容,或即指心之本體。佛教認爲,人是五蘊組合而成,並無自性、實體,因而以五蘊爲人的代稱。五蘊之中,色蘊爲物質世界,受、想、行、識四蘊爲精神世界,因而,五蘊又爲物質世界和精神世界的總和。非止人是五蘊組合而成,人是類似大宇宙的小宇宙,人的分立要素也就是宇宙的分立的要素,慾界、色界衆生,也都是五蘊和合而成,無色界是除色蘊外的四蘊和合而成,一切因緣和合的事物都是五蘊和合而成,都無自性,無實體,因而,一切皆空。這便是曇鸞所説“五受陰通達空無所有”。五蘊與“取”(指一種固執的慾望、執着貪愛)聯結在一起,産生種種貪慾,稱爲“五取蘊”。這裏,關鍵是“取”。有了五取蘊便産生苦,稱爲“五蘊盛苦”。五取蘊之法既是一切苦的總根源,又是一切苦的聚集。曇鸞所説“是苦義”,就是這個意思。

⑤ 阿耨多羅三藐三菩提——梵文音譯,按意譯,“阿”爲無,“耨多羅”爲上,“三藐”爲正,“三”爲遍,“菩提”爲道,統而譯之爲“無上正遍道”。或説,“三”爲正,“藐”爲等,“菩提”爲覺,阿耨多羅三藐三菩提即“無上正等正覺”。

⑥ 增上信、增上恭敬、增上愛樂、增上修行——增上,助長之意。信、恭敬、愛樂、修行之上均加“增上”,指因莊嚴而助長之信、恭敬、愛樂、修行。

⑦ 摩尼珠王——摩尼,梵文音譯,意譯爲珠、如意,爲珠之總名。“摩尼珠王”,意指珠中之王。

⑧ 釋迦毗楞伽寶——寶玉名。《觀無量壽經》:“釋迦毗楞伽寶以爲其臺。”

⑨ 甄叔迦寶——甄叔迦,寶石名,譯爲赤寶。印度多有甄叔迦樹,其花赤色,

形大如手，此寶色似此花，因以爲名。

⑩ 梵摩尼寶——摩尼爲珠的總名，加“梵”字顯其淨。“梵摩尼”譯爲淨珠，或指大梵天王之如意寶珠。

⑪ 如轉輪王相好，亦大同——轉輪王身具三十二相。《智度論》四：“問曰：轉輪聖王有三十二相，菩薩亦有三十二相，有何差別？答曰：菩薩相者，有七事勝轉輪聖王。菩薩相者，一，淨好；二，分明；三，不失處；四，具足；五，深入；六，隨智慧行，不隨世間；七，隨遠離。轉輪聖王相不爾。”這裏説“亦大同”，便同時有小異，指此。

⑫ 提婆達多，所減唯一——提婆達多，師子國人，龍樹弟子，博學多能，但人不信其言。提婆達多至神廟鑿出天神之眼，天神求施左眼，提婆達多挖出自己左眼給天神，願天神使其言不虛没，天神應允。這裏所説“所減唯一”，便是指提婆達多減一目。

⑬ 阿闍世王，以兹懷亂——阿闍世王幼年時，其父王聽相師之言，以爲此兒生必害父，便從樓上把他推落，但他僅損一指而未死。長大後幽囚父母，即位爲王，併吞諸小國，威震四鄰。後因害父之罪遍體生瘡，至佛所懺悔，即平癒，由此歸依釋迦，爲佛教護法。這裏所説“以兹懷亂”，便指以前因目中無佛而懷恨作亂。

⑭ 删闍耶等，敢如螗蜋——删闍耶，或作删闍夜、删闍夜毗羅胝子，爲六師外道之一。佛教把不受佛化，别行邪法者稱爲“外道”。外道種類不一，《百論》有“二天三仙”，《維摩經》《涅槃經》有“六師”，《唯識論》有“十三外道”，《瑜伽師地論》有“十六外論師”，《大日經》有“三十種”，《僧祇律》有“九十五種”，《華嚴經》《智度論》也爲“九十五種”，等等。删闍耶爲六師之一，主張道不須求，經生死劫數，苦盡自得。這裏所説“删闍耶等”，是總指諸外道而言。“螗蜋”，即螳螂。螳螂好鬥，諸外道攻擊佛法，比之如螳螂。

⑮ 那由他恒河沙由旬——那由他，數目名，相當於億，但“億”有十萬、百萬、千萬三等，所以解釋有不同。“恒河沙”，恒河之沙，無數。“由旬”，有説二十里，或四十里、六十里不一。這幾個數字並在一起，總之是言其數極大。

⑯ 譯者——指菩提流支，《往生論》譯者。

⑰ 法界身——法界，法指事物，界指分界、類别，融攝一切事物稱爲“法界”。又，由理而言，法界即法性，即真如，即宇宙本體，即佛。“法界身”爲佛之法身，體現佛法的本身，也就是佛法的人格化。按曇鸞這裏的解釋，心爲法界，法界心生，心也生佛之法界身。

⑱ 三十二相、八十隨形好——這是佛的形相。“三十二相”指三十二種顯著特徵：一，足裏無凹處；二，足下有輪形；三，手指纖長；四，手足柔軟；五，手足之指

間有縵網之纖緯，交互連絡如鵝鴨；六，足跟滿無凹處、足背高起而圓滿；八，股肉纖圓如鹿王；九，手足過膝；一〇，佛之男根密藏體内如馬陰；一一，頭足之高與張兩手之長相齊；一二，毛孔生青色；一三，身毛之頭右旋向上偃伏；一四，身體之色如黄金；一五，身放光明四面各一丈；一六，皮膚軟滑；一七，七處（兩足下、兩掌、兩肩並頂中）皆平滿無缺陷；一八，兩腋下充滿；一九，身體平正威儀如師子王；二〇，身形端正無傴曲；二一，兩肩圓滿而豐腴；二二，具足四十二齒；二三，齒皆白淨堅密；二四，四牙最白而大；二五，兩頰隆滿如師子之頰；二六，咽中常有津液；二七，舌廣長，展之復面而至髮際；二八，音聲清淨而遠聞；二九，眼睛之色如紺青；三〇，眼毛殊勝如牛王；三一，眉間有白毫，右旋常放光；三二，頂上有肉，隆起爲髻形。

"八十隨形好"又稱八十種好，是隨三十二相而來的微細隱密難見的特徵：一，佛頂上之内鬘，仰之則愈高，遂不見其頂上；二，鼻高不現孔；三，眉如初月；四，耳輪垂埵；五，身堅實如那羅延；六，骨際如鈎鎖；七，身一時迴旋如象王；八，行時足去地四寸而現印文；九，爪如赤銅色，薄而潤澤；一〇，膝骨堅圓而好；一一，身清潔；一二，身柔軟；一三，身不曲；一四，指圓而纖細；一五，指文藏復；一六，脈深不現；一七，踝不現；一八，身潤澤；一九，身自持不逶迤；二〇，身滿足；二一，容儀備足；二二，容儀滿足；二三，住處安無能動者；二四，威振一切；二五，一切衆生見之而樂；二六，面不長大；二七，正容貌而色不撓；二八，面具滿足；二九，唇如頻婆果之色；三〇，言音深遠；三一，臍深而圓好；三二，毛右旋；三三，手足滿足；三四，手足如意；三五，手文明直；三六，手文長；三七，手文不斷；三八，一切惡心之衆生，見者和悦；三九，面廣而殊好；四〇，面淨如滿月；四一，隨衆生之意和悦與語；四二，自毛孔出香氣；四三，自口出無上香；四四，儀容如師子；四五，進止如象王；四六，行相如鵝王；四七，頭如摩陀那果；四八，一切之聲分具足；四九，四牙白利；五十，舌色赤；五一，舌薄；五二，毛紅色；五三，毛軟淨；五四，眼廣長；五五，死門之相具；五六，手足赤白；五七，臍不出；五八，腹不現；五九，細腹；六〇，身不傾動；六一，身持重；六二，其身大；六三，身長；六四，手足軟淨滑澤；六五，四邊之光長一丈；六六，光照身而行；六七，等視衆生；六八，不輕衆生；六九，隨衆生之音聲，不增不減；七〇，説法不著；七一，隨衆生之語言而説法；七二，發音應衆聲；七三，次第以因緣説法；七四，一切衆生觀相不能盡；七五，觀不厭足；七六，髮長好；七七，髮不亂；七八，髮旋好；七九，髮色如青珠；八〇，手足爲有德之相。

⑲ 正遍知海——梵語"三藐三菩提"，意譯爲正遍知，即真正遍知一切法。佛之正遍知，深廣而不可測量，所以喻之爲海。《觀無量壽經》："諸佛正遍知海，從心想生。"

⑳ 緣根色空明作意五因緣生——據根、色、空、明、作意五種條件而生。根，指

感覺器官和思維器官，此處專指眼根。色，指物質現象。空，色蘊爲因緣所生之法，無有實性，名之爲空；雖空無有實性，但因緣所會之處有色相。明，智慧之别名。作意，心所之一，其作用是能警覺策動其他心、心所，引導它們趨於自己所接觸的對境。曇鸞在這裏所説的五因緣，與通常關於“五因緣”的各種説法不同，不知何據。

㉑ 世間、出世間——“世間”與“出世間”相對而言。一切生死之法爲世間，涅槃之法爲出世間。苦、集、滅、道四聖諦中，苦、集二諦爲世間，滅、道二諦爲出世間。實則世間指現實世界，出世間則指彼岸世界。

㉒ 外道軵稱“瞿曇”姓——軵，推、擠。“瞿曇”，梵文音譯，新譯爲“喬答摩”，爲[illegible]牟尼俗家之姓。外道不尊釋迦，直稱其姓。

㉓ 聞者悟忍——忍，安住於佛教無生之理而不動心，稱爲忍。“聞者悟忍”，即聽[illegible]悟得無生之忍。

[illegible]莦葀之異——莦，惡草雜生貌。葀，瑞草。草中莦葀，一惡一瑞，截然不同。

[illegible]於息——於，介詞，達到。於息，達到平息。即各種[illegible]别之見、高下之爭由此平息。

㉖ [illegible]水火風——地、水、火、風，稱爲“四大種”[illegible]四大種”“能造四大”“四大”，還[illegible]“四界”。佛家認爲，這四大是構成物質[illegible]的基本元素。不過，佛家所説的地、[illegible]火、風，與通常人們所説的地、水、火[illegible]不同，有其特殊的含義，而且，佛家各派[illegible]法還不盡一致。有的認爲四大是[illegible]見的有實質的物體，即使人的肉眼不能見[illegible]比人高一層次的生類）眼仍可[illegible]有的認爲四大是不可見的，只有四大的堅、[illegible]煖、動的性質可由觸覺感觸[illegible]有的認爲四大可以分成極微，極微是人們的智[illegible]把四大分析到不能再分析[illegible]度的結果，是人們主觀分析的結果，這就可能被[illegible]是假設而非真有的。

㉗ 虚空[illegible]“虚”“空”，都是無[illegible]。虚無形質，空無障礙，因名“虚空”。虚空有體有相，[illegible]平等，無所不至，[illegible]隨物而彼此區别。

㉘ 説法輪[illegible]佛之説法，能[illegible]衆生之惡，猶如轉輪王之輪寶，能碾摧山嶽岩石，因稱爲法[illegible]又，佛之[illegible]不停滯於一人一處，輾轉傳人，猶如車輪，因喻爲法輪。

㉙ 智慧清淨[illegible]智慧，離惡行之過失，離煩惱之垢染，因稱爲清淨，深廣無涯，因喻爲海[illegible]經》：“如來智慧海，深廣無涯底。”

㉚ 一切種智——《智度論》卷八十四：“佛告須菩提，薩婆若是一切聲聞辟支佛智，道種智是菩薩摩訶薩智，一切種智是諸佛智。”

㉛ 二乘、雜善、中下死屍——二乘，指聲聞乘、緣覺乘。雜善，求不退轉有自力、他力，對於他力之念佛而言，自力之諸善，稱爲雜善。中下，似指往生之中品、下品者。死屍，比丘犯四重罪，則如斷比丘之生命，與死屍相等，因喻犯罪之比丘

爲死屍。

㉜ 大乘根——大乘之善根，即阿彌陀佛淨土之功德。

㉝ 提婆達多流比——提婆達多，人名。與注⑫所説提婆達多似非一人。此一提婆達多，爲與釋迦同時之人，至釋迦處請教，釋迦知其惡意，不教通法。“提婆達多流比”，意思是如提婆達多之流、之類。

㉞ 上首—— 一座大衆中之主位，稱爲上首。如《觀無量壽經》：三萬二千菩薩衆中，舉文殊師利一人爲上首。此處指佛。

㉟ 比丘——梵文音譯，意譯爲乞士，上從如來乞法以練神，下就俗人乞食以資身。爲出家受具足戒者之通稱。

㊱ 若不與我解十四難，我當更學餘道——《智度論》二、《俱舍論》十九載此事。外道十四難是：一，世界及我爲常耶？二，世界及我爲無常耶？三，世界及我爲亦有常亦無常耶？四，世界及我爲非有常非無常耶？五，世界及我爲有邊耶？六，世界及我爲無邊耶？七，世界及我爲亦有邊亦無邊耶？八，世界及我爲非有邊非無邊耶？九，死後有神去耶？一〇，死後無神去耶？一一，死後亦有神去亦無神去耶？一二，死後亦非有神去非無神去耶？一三，後世是身是神耶？一四，身異神異耶？所謂“更學餘道”，“餘道”即由自己之道而指稱其他之道，如同“外道”，佛教以外的其他宗教。對於這十四難，佛不答，因“諸法有常無此理，諸法斷亦無此理，以是故佛不答。譬如人問：構牛角得幾汁之乳？是爲非問，不可答也。

㊲ 居迦離謗舍利弗——居迦離，又作俱迦離、瞿迦離，提婆達多之大弟子。舍利弗，釋迦弟子，智慧第一。《智度論》十三載：舍利弗、目連遇雨，宿陶家，暗中先有女人，二人不知。女人夜夢失精，晨朝水浴。居迦離見之，謗舍利弗二人行不淨，三次爲佛所呵責，不改，遂生瘡死。

㊳ 第六天魔——即慾界六天中第六天之王，他化自在天王。若人勤修勝善，欲超越三界生死，此天王爲作障礙，發起種種擾亂之事，使修行人不得成就出世善根。佛將成道，此天王來爲妨害，被佛所調伏。

㊴ 八部鬼神——又稱天龍八部、龍神八部、冥衆八部，具體爲：一，天衆；二，龍衆，畜類，水屬之王；三，夜叉，飛行空中之鬼神；四，乾闥婆，帝釋天之樂神；五，阿修羅，常與帝釋戰鬥之神；六，迦樓羅，又譯爲金翅鳥；七，緊那羅，又譯爲人非人，爲奏法樂之天神；八，摩睺羅迦，又譯爲大蟒神、地龍。

㊵ 以聲聞爲僧——僧，梵語“僧伽”之略，意譯爲和合。僧是多數詞，三人以上方名爲“僧”，後世才單指。“以聲聞爲僧”，即所教化之僧衆爲小乘聲聞比丘。

㊶ 三塗——即六道中之地獄、餓鬼、畜生三惡道：一，火塗，地獄趣猛火所燒之處；二，血塗，畜生趣互相食之處；三，刀塗，餓鬼趣以刀劍杖逼迫之處。

㊷ 善星、提婆遮多、居迦離——善星，釋迦佛爲太子時之子，出家讀誦十二部

經，能斷慾界之煩惱，獲得第四禪定。但親近惡友，退失四禪，生惡邪見，並向佛起惡心，墮入阿鼻地獄。提婆遮多，應爲提婆達多之誤，他本爲釋迦從弟，造三逆罪：一，破和合僧，得五百弟子；二，僧還和合，因起惡心，以大石擲佛，佛足出血；三，比丘尼見之呵責，以拳殺比丘尼。又入毒於爪中，欲於禮佛時中傷佛，未到佛處，地自然破裂，火車來迎，入於地獄。居迦離誹謗舍利弗，三度爲佛呵責，不改，墮千大蓮華地獄。

㊸ 聲聞、辟支佛——大乘佛教以聲聞、緣覺、菩薩爲三乘。“乘”就是車輛，學佛法者乘之行道以達彼岸，用以代表佛法傳統。聲聞、緣覺爲小乘，猶如手推車、小兒車，功效不高，因爲他們只知自利，圖自己修道證果，而不關懷無量衆生。菩薩乘自利利他，是爲大乘。緣覺乘又稱辟支佛乘，包括兩種情況：一是無師自通，獨立成佛，稱爲獨覺；一是經多世積善修行，最後一世雖是無佛之世，無所師從，而緣業成熟，自然成佛，稱爲緣覺。辟支佛既然無所師承，也不說法傳道，當然不會留下辟支佛之道。所以，實際上没有辟支佛這一乘。按大乘佛教說法，專門學大乘的菩薩，如遇惡因緣，還會退到聲聞、辟支佛地位去。

㊹ 無上大寶——譬如作佛之記别。《法華經·信解品》：“佛說，聲聞當得作佛，無上寶聚，不求自得。”以無上珍寶，比喻受記爲佛。

㊺ 堯舜之稱無爲——傳說堯舜無爲而治，因爲能任得其人。堯用舜，舜用禹及皋陶。《論語·衛靈公十五》：“無爲而治者，其舜也與？夫何爲哉？恭己正南面而已矣。”

㊻ 翼贊——輔佐，稱贊，《書·益稷》：“予欲左右有民，汝翼；予欲宣力四方，汝爲。”

㊼《經》——《無量壽經》中阿彌陀佛四十八大願中第二十二願說，諸菩薩衆“究竟必至一生補處”。《阿彌陀經》也說“多有一生補處”。

㊽ 觀世音——又譯爲光世音、觀世自在、觀自在。有說爲避唐太宗李世民諱，避“世”字但稱“觀音”。觀世音是“西方三聖”之一，爲西方極樂世界教主阿彌陀佛之左脅侍。《妙法蓮花經·觀世音菩薩普門品》說，觀世音能現三十二身，救七十二大難，遇難衆生只要一心念誦他的名號“觀世音”，“菩薩即時觀其聲音”，前來拯救。他還“隨類化度”，即不分貴賤賢愚，對一切人的苦難都拯救，表現了一切佛的大悲心，所以稱之爲“大慈大悲救苦救難觀世音菩薩”，簡稱“大悲”。在中國，大約從南北朝起至隋唐，完成了觀世音由男性至女性的轉變，變成了慈愛、典雅、俊秀、飄逸的女性形象。

㊾ 大勢至——“西方三聖”之一，爲阿彌陀佛右脅侍。《觀無量壽經》說：“以智慧光，普照一切，令離三塗，得無上力，是故號此菩薩名大勢至。”也略稱“大勢”“勢至”。

⑤⓪ 一生於他方次補佛處——即就在這一世轉生補到佛位的意思。佛處已有，只缺一位佛。此菩薩只須一轉生，便至此佛處補佛之位。此佛處可以在十方各處。"一生於他方次補佛處"，即已成爲候補佛，一轉生即至他方補佛之位。

㉛ 維針——維，連接、繫。維針，似爲以綫穿過針眼。

㉜ 功德恩分——因功德而成佛，故知功德之恩。

㉝ 小菩薩——菩薩有大小，初心之菩薩爲小，深行之菩薩爲大。

㉞ 無量大菩薩衆——《無量壽經》："彼有七百九十億大菩薩衆。"

㉟ 應化——應，應現。化，變化。應衆生之機類而現身，應真佛緣而變化種種。《西域記》七："天帝釋欲驗修菩薩行者，降靈應化爲一老夫。"

㊱《大集經》——《大方等大集經》，"大方等"爲大乘經之通名。佛在慾、色二界中間，廣集十方佛菩薩說大乘之法，稱爲《大集經》。諸師前後各譯一部，無全本。

㊲ 佛、法、僧寶—— 一切之佛陀，爲佛寶；佛陀所說之教法，爲法寶；隨其教法而修業者，爲僧寶。總稱三寶。

㊳ 佛種——生佛果之種子。菩薩之所行，稱佛種。

三、述偈意總結迴向門

次下四句是迴向門。

【我作論説偈，願見彌陀佛。普共諸衆生，往生安樂國。】

此四句是論主迴向門。

"迴向"者，迴己功德，普施衆生[1]，共見阿彌陀如來，生安樂國。

【《無量壽修多羅》章句，我以偈誦總説竟。】

問曰："天親菩薩迴向章中言'普共諸衆生，往生安樂國'，此指共何等衆生耶？"

答曰："案王舍城所説《無量壽經》：佛告阿難[2]，十方恒河沙諸佛如來，皆共稱歎無量壽佛威神功德不可思議，諸有衆生多聞其名號，信心歡喜乃至一念，至心迴向，願生彼國，即得往生，住不退轉，唯除五逆、誹謗正法。案此而言，一切外凡夫人[3]，皆得往生。

"又如《觀無量壽經》有九品往生[4]。下下品生者：或有衆生，作不善業，五逆十惡[5]，具諸不善。如此愚人，以惡業故，應墮惡道[6]，經歷多劫[7]，受苦無窮。如此愚人，臨命終時，遇善知識[8]，種種安慰，爲説妙法，教令念佛，此人苦逼，不遑念佛[9]。善友告言：汝若不能念者，應稱'無量壽佛'，如是至心，令聲不絶。具足十念，稱'南無無量壽佛'，稱佛名故，於念念中除八十億劫生死之罪。命終之後，見金蓮華（花），猶如日輪，住其人前，如一念頃[10]，即得往生極樂世界，於蓮華（花）中滿十二大劫，蓮華（花）方開。觀世音、大勢至以大悲音聲，爲其廣説諸法實相[11]，除滅罪法，聞已歡喜，應時則發菩提之心[12]，是名下品下生者。以此經證明，知下品凡夫，但令不誹謗正法，信佛因緣，皆得往生。"

問曰："《無量壽經》言：願往生者，皆得往生，唯除五逆、誹謗正法。《觀無量壽經》言：作五逆、十惡，具諸不善，亦得往生。此二經云何會？"

答曰："一經以具二種重罪，一者五逆，二者誹謗正法，以此二種罪故，所以不得往生。一經但言作十惡、五逆等罪，不言誹謗正法，以不謗正法故，是故得生。"

問曰："假使一人具五逆罪，而不誹謗正法，經許得生。復有一人，但誹謗正法，而無五逆諸罪，願往生者，得生以不？"

答曰："但令誹謗正法，雖更無餘罪，必不得生。何以言之？《經》言[13]：五逆罪人墮阿鼻大地獄中[14]，具受一劫重罪。誹謗正法人墮阿鼻大地獄中，此劫若盡，復轉至他方阿鼻大地獄中，如是展轉，經百千阿鼻大地獄。佛不記得出時節，以誹謗正法罪極重故。又，'正法'者，即是佛法。此愚癡人既生誹謗，安有願生佛土之理？假使但貪彼土安樂而願生者，亦如求非水之冰、無煙之火，豈有得理？"

問曰："何等相是誹謗正法？"

答曰："若言無佛、無佛法、無菩薩、無菩薩法，如是等見，若心自解，若從他受，其心決定，皆名誹謗正法。"

問曰："如是等計，但是己事，於衆生有何苦惱？踰於五逆重罪耶？"

答曰："若無諸佛、菩薩説世間、出世間善道，教化衆生者，豈知有仁、義、禮、智、信耶[15]？如是，世間一切善法皆斷，出世間一切賢聖皆滅[16]。汝但知五逆罪爲重，而不知五逆罪從無正法生，是故，謗正法人，其罪最重。"

問曰："《業道經》言：業道如秤，重者先牽[17]。如《觀無量壽經》言：有人造五逆、十惡，具諸不善，應墮惡道，經歷多劫，受無量苦，臨命終時，遇善知識，教稱'南無無量壽佛'，如是至心，令聲不絶，具足十念，便得往生安樂淨土，即入大乘正定之聚，畢竟不退，與三塗諸苦永隔。先牽之義，於理如何？又，曠劫已(以)來[18]，備造諸行，有漏之法[19]，繫屬三界。但以十念念阿彌陀佛，便出三界。繫業之義，復欲云何[20]？"

答曰："汝謂五逆、十惡、繫業等爲重，以下下品人十念爲輕，應爲罪所牽，先墮地獄，繫在三界者，今當以義校量。輕重之義，在心、在緣、在決定，不在時節久近、多少也。

"云何'在心'？彼造罪人，自依止[21]虚妄顛倒見生[22]；此十念者，依善知識方便安慰，聞實相法生[23]。一實一虚，豈得相比？譬如千歲暗室，光若暫至，即便明朗，豈得言暗在室千歲而不去耶？是名在心。

"云何'在緣'？彼造罪人，自依止妄想心[24]，依煩惱虚妄果報衆生生[25]；此十念者，依止無上信心[26]，依阿彌陀如來方便莊嚴真實清淨無量功德名號生[27]。譬如：有人被毒箭所中，截筋破骨，聞滅除藥鼓，即箭出毒除[28]。豈可得言：彼箭深毒厲，聞鼓音聲，不能拔箭去毒耶？是名在緣。

“云何‘在決定’？彼造罪人，依止有後心、有間心生[29]；此十念者，依止無後心、無間心生。是名決定。校量三義，十念者重，重者先牽，能出三有。兩經一義耳。”

問曰：“幾時名爲一念？”

答曰：“百一生滅，名‘一刹那’；六十刹那，名爲‘一念’。此中云‘念’者，不取此時節也。但言憶念阿彌陀佛，若總相、若别相[30]，隨所觀緣[31]，心無他想，十念相續，名爲十念。但稱名號，亦復如是。”

問曰：“心若他緣攝之令還，可知念之多少[32]。但知多少，復非無間。若凝心注想，復依何可得記念之多少？”

答曰：“《經》言‘十念’者，明業事成辦耳[33]，不必須知頭數也。如言‘蟪蛄不識春秋，伊蟲豈知朱陽之節乎[34]？’知者言之耳。‘十念業成’者，是亦通神者言之耳。但積念相續，不緣他事便罷，復何暇須知念之頭數也。若必須知，亦有方便，必須口授，不得題之筆點[35]。”

【注釋】

① 迴己功德，普施衆生——有兩種迴向：一種往相，即以己功德爲衆生功德，發願共同往生；一種還相，生淨土後，迴生三界教化衆生，共向佛道。

② 阿難——阿難陀之略，意譯歡喜、慶喜。爲斛飯王之子，提婆達多之弟，釋迦佛之從弟，佛十大弟子之一。生於佛成道之夜，佛壽五十五，阿難二十五歲時出家，從侍佛二十五年，受持一切佛法。

③ 一切外凡夫人——即一切外道、凡夫等人。

④ 九品往生——念佛衆生，皆可往生安樂國土。生是生了，品位卻有高低之别。《無量壽經》分爲上、中、下三輩。《觀無量壽經》在三輩之每輩中又分上、中、下三品，共爲九品。即：上品上生、上品中生、上品下生；中品上生、中品中生、中品下生；下品上生、下品中生、下品下生。

⑤ 五逆十惡——五逆，又稱五無間業。罪惡極逆於理，所以稱爲逆。是感得無間地獄苦果之惡業，所以稱爲無間業。五逆的内容，各説不一。通於三乘所立之五逆爲：一，殺父；二，殺母；三，殺阿羅漢；四，由佛身出血；五，破和合僧（即離間僧

衆,使之鬥亂廢法事)。大乘别途之五逆爲:一,破壞塔寺,焚燒經像,或取佛物、法物、僧物;二,謗聲聞、辟支佛法及大乘法;三,迫害沙門,繫牢獄、策役驅使、逼令還俗或斷其命;四,作三乘通相五逆中之任何一業;五,謗善惡業報,常行十不善業,不畏後世,自作教人,堅住不捨。此外,尚有同類五逆、提婆五逆等。"十惡"爲:一,殺生;二,偷盜;三,邪淫;四,妄語;五,兩舌(離間語);六,惡口(粗惡語);七,奇語(雜穢語);八,貪欲;九,嗔恚;十,邪見。十惡爲常報之業因,又稱爲十惡業。

⑥ 惡道——乘惡行而往之途,稱爲惡道,具體指地獄、餓鬼、畜生三惡道。

⑦ 劫——梵語劫波之略,意思是時分、長時、大時,是不能以通常的年月日時計算的極長時間,與極短暫的時間"刹那"相對。劫有大、中、小之分,約一千六百萬年爲一小劫;二十小劫爲一中劫,合爲三十二億年;四中劫爲一大劫,合爲一百二十八億年。

⑧ 善知識——知識,意思是知其心、識其形,即知人,爲朋友之義。善,於我爲益,導我於善。"善知識"即善友。

⑨ 不遑念佛——此處的"念佛",指實相念佛或觀想念佛。"不遑念佛",即來不及實相念佛或觀想念佛。

⑩ 一念頃——《觀無量壽經》:"如一念頃,即生彼國七寶池中。"一念頃,極短促的時間,具體解釋説法不一,曇鸞在下面的解釋是"百一生滅名爲一刹那,六十刹那名爲一念"。

⑪ 諸法實相——即佛教最高真理,或名真如,或名法性,等等。諸經中到處有這一名詞,如《法華經·方便品》:"唯佛與佛,乃能究盡諸法實相。"《智度論》五:"除諸法實相,餘殘一切法,悉名爲魔。"但各家對諸法實相的解釋不同,有的以諸法皆空爲諸法實相,有的以涅槃爲諸法實相,有的以苦空無常無我爲諸法實相,又淨土宗以彌陀之名號爲諸法實相,密宗以阿字不生爲諸法實相,華嚴宗以一真法界爲諸法實相,天臺宗以中道實相爲諸法實相,法相宗以圓成實性爲諸法實相,三論宗以八不中道爲諸法實相,成實宗以皆空爲諸法實相,等等。

⑫ 發菩提之心——菩提,梵文音譯,意譯爲覺道;覺爲能覺之智慧,道爲所覺悟之真理。真理即人的本覺真性,也即宇宙萬有之本體——法性、真如。"心"有真心、妄心,真心即不生不滅、不垢不淨、不增不減的本覺真性,妄心即貪嗔癡愛種種染污心。發,啟發、開發。按佛家説法,我們的真心,自無始以來,便被許多虚妄心層層包裹,以致起貪嗔癡,造殺盜淫,起惑造業。因業受果,六道輪回,無有出期。"發菩提之心",即受佛法的啟示,起心開發真心,把真心——菩提心從染污堆中開發出來。

⑬《經》——《無量壽經》。

⑭ 阿鼻大地獄——阿鼻,梵文音譯,意譯爲無間。"阿"爲無 ,"鼻"爲間,間無

暫樂，因稱無間。《俱舍論》八之説，南贍部洲地下，有重重豎立之八大地獄：一，等活地獄，受種種斫刺磨搗，被涼風所吹，復蘇如故，等於前活；二，黑繩地獄，先以墨繩秤量肢體，而後斬鋸；三，眾合地獄，眾多苦具，俱來逼身，合黨相害；四，號叫地獄，逼於眾苦，發悲號起叫之聲；五，大叫地獄，逼於劇苦，更發大哭聲；六，炎熱地獄，火隨身起，炎熾週圍，苦熱難堪；七，大熱地獄，爲熱中之極；八，無間地獄，受苦無間。

⑮ 仁、義、禮、智、信——西漢大儒董仲舒《舉賢良對策一》："夫仁、誼（義）、禮、知（智）、信五常之道，五者所當修飭也。"儒家用以配合"三綱"，稱"三綱五常"，作爲維護封建制度的道德規範。

⑯ 一切賢聖——指佛家的賢聖，即一切菩薩與佛。

⑰ 業道如秤，重者先牽——業道，監視人善惡作業之天神地祇，稱爲業道神，略稱業道。業道神公平如秤，衡量罪業輕重，重者受罪業所牽繫，先受惡報。

⑱ 曠劫——曠，久。劫，長時。"曠劫"極言過去時之長。

⑲ 有漏之法——漏，煩惱的異名。含有煩惱之事物，稱爲有漏。又，"漏"是流注洩漏的意思，指眾生從眼、耳、鼻、舌、身、意流出"不淨"，造成新的煩惱業因。一切世間之事體，盡爲有漏之法。離煩惱之出世間事體，盡爲無漏之法。

⑳ 繫業之義，復欲云何——業猶如繩，縛眾生之身而繫於三界之牢獄。善業招樂果，如眾生在六道輪回中得人、天果報。惡業招苦果，如眾生在六道輪回中得地獄、畜生果報。這是"繫業之義"。這個"繫業之義"與念佛便可出三界之説是矛盾的，被否定了，所以説"復欲云何"，即還有什麼繫業可説呢？

㉑ 依止——依，依憑、依賴。止，不動、不離。依止，依賴而不離有力有德之處。

㉒ 虛妄顛倒見——按大乘中觀學派的觀點，一切事物都是因緣和合而生，並無自性，這叫自性空。雖則性空，但並非虛無，而是一種不可表述的存在，即假有。因爲是空，才是假有；因爲是假有，才是空。以爲實有（有），或以爲虛空（空），都是顛倒見、虛妄見。

㉓ 實相法——實相爲佛教最高之真理，實相法即佛法。

㉔ 妄想心——《觀無量壽經》："行者所聞，出定之時，憶持不捨，令與修多羅合，若不合者，名爲妄想。"照此，不合佛經之心即妄想心。

㉕ 煩惱虛妄果報眾生——因煩惱虛妄作業而招惡苦果報之眾生。

㉖ 無上信心——信心，信受所聞所解之法而無疑心。"無上信心"，即對無上法之信心，此處具體指對阿彌陀佛本願力之信心。

㉗ 阿彌陀如來方便莊嚴真實清淨無量功德名號——"阿彌陀如來"名號本身含義便是無量佛，包含無量功德，因而爲無量功德名號。"方便莊嚴""真實清淨"，都是對阿彌陀佛的形容詞。

㉘ 聞滅除藥鼓，即箭出毒除——原有注釋："《首楞嚴經》言：譬如有藥，名曰滅除。若鬥戰時，用以塗鼓，聞鼓聲者，箭出除毒。"出自《法鼓經》。

㉙ 有後心、有間心——有後心，有躭心達到目的否，後果好壞，下一步怎麼辦等等，身後果報如何之心。有間心，有時間之間隔，稱有間，有間心即並非專一之心。

㉚ 若總相、若别相—— 一即具多，名總相；多即非一，是别相。如無常無我之相，通於一切，稱爲總相。如地有堅相，水有濕相，稱爲别相。此處所説爲阿彌陀佛總相與别相，按曇鸞本文的解釋，則以阿彌陀佛國土十七種莊嚴成就中之初句爲總相，即"觀彼世界相，勝過三界道"的莊嚴清淨功德成就，其餘十六種爲别相。

㉛ 隨所觀緣——曇鸞這裏是説觀想念佛。可以觀想安樂國總相或别相，隨所觀想的條件而觀想。

㉜ 心若他緣攝之令還，可知念之多少——這裏説持名念佛中記數念佛之次數。一面稱念佛名，一面還要數所念的次數，心須二用，這是困難的。如果由於某種關係，在念佛名的同時，心能收回作記數之用，便可以數出念了多少次。

㉝ 業事成辦——即往生淨土之業因已辦理完成。

㉞ 蟪蛄不識春秋，伊蟲豈知朱陽之節乎——"蟪蛄(蟬的一種)不識春秋"，語出《莊子·逍遥遊》："朝菌不知晦朔，蟪蛄不知春秋，此小年也。"意思是説，"朝菌"(是見了太陽就死的)不知道一天的時光，"蟪蛄"(春生夏死，夏生秋死)不知道一年的時光，這就是所謂"小年"。朱陽之節，《三國志·蜀書·郤正傳》："自我大漢，順天應民……然而，道有隆窳，物有興廢，有聲有寂，有光有翳。朱陽否於素秋，玄陰抑於孟春……""朱陽"即日，或夏季，中醫及道家所謂"元陽""真陽"。"朱陽之節"，即朱陽與玄陰興衰之節律。這兩句"蟪蛄不識春秋，伊蟲豈知朱陽之節乎"，意思是説，蟪蛄小年，不知春秋，這種蟲子，安能知道朱陽之興衰節律呢？

㉟ 題之筆點——即用筆點題以記數。

往生論注卷下

無量壽經優婆提舍願生偈
婆藪槃頭菩薩造並注　卷下
沙門曇鸞注解

一、願偈大意

【論曰】

論曰已（以）下，此是解義分。此分中，義有十重：
一者，願偈大意。
二者，起觀生信。
三者，觀行體相。
四者，淨入願心。
五者，善巧攝化。
六者，離菩提障。
七者，順菩提門。
八者，名義攝對。
九者，願事成就。

十者，利行滿足。

“論”者，議也，言議偈所以也。“曰”者，詞也，指下諸句，是議釋偈詞也。故言“論曰”。

“願偈大意”者：

【此願偈明何義？示現觀彼安樂世界，見阿彌陀如來，願生彼國故。】

二、起觀生信

“起觀生信”者，此分中又有二重：

一者，示五念力[①]。

二者，出五念門[②]。

“示五念力”者：

【云何觀？云何生信心？若善男子、善女人，修五念門行成就，畢竟得生安樂國土，見彼阿彌陀佛。】

“出五念門”者：

【何等五念門？一者，禮拜門；二者，贊歎門；三者，作願門；四者，觀察門；五者，迴向門。】

“門”者，入出義也。如人得門，則入出無礙。前四念是入安樂淨土門[③]，後一念是出慈悲教化門[④]。

（一）禮拜門

【云何禮拜？身業禮拜阿彌陀如來應正遍知。】

諸佛如來，德有無量。德無量故，德號亦無量。若欲具談，紙筆不能載也。是以諸經或舉十名[5]，或騰“三號”[6]，蓋存至宗而已[7]，豈此盡耶？所言“三號”，即此如來、應、正遍知也。

“如來”者，如法相解[8]，如法相説，如諸佛安穩道來，此佛亦如是來，更不去後有中[9]，故名如來。

“應”者，應供也。佛結使除盡[10]，得一切智慧，應受一切天地衆生供養[11]，故曰“應”也。

“正遍知”者，知一切諸法實不壞相，不增不減[12]。云何不壞？心行處滅，言語道過，諸法如涅槃相不動[13]，故名正遍知[14]。“無礙光”義，如前偈中解[15]。

【爲生彼國意故。】

何故言此？菩薩之法，常以晝三時、夜三時[16]，禮十方一切諸佛，不必有願生意。今應常作願生意，故禮阿彌陀如來也。

（二）贊歎門

【云何贊歎？口業贊歎。】

“贊”者，贊揚也。“歎”者，歌歎也。贊歎非口不宣，故曰“口業”也。

【稱彼如來名，如彼如來光明智相。如彼名義，欲如實修行相應故。】

“稱彼如來名”者，謂稱“無礙光如來”名也。

“如彼如來光明智相”者，佛光明是智慧相也。此光明照十方世界，無有障礙，能除十方眾生無明黑暗[17]，非如日、月、珠光，但破空穴中暗也。

“如彼名義，欲如實修行相應”者，彼“無礙光如來”名號，能破眾生一切無明，能滿眾生一切志願。然有稱名憶念，而無明由（猶）在而不滿所願者，何者？由不如實修行，與名義不相應故也。

云何爲“不如實修行，與名義不相應”？謂不知如來是實相身、是爲物身[18]。又有三種“不相應”：一者，信心不淳，若存若亡故。二者，信心不一，無決定故。三者，信心不相續，餘念間故[19]。此三句展轉相成，以信心不淳，故無決定；無決定，故念不相續，亦可念不相續，故不得決定信；不得決定信，故心不淳。與此相違，名“如實修行相應”。是故論主建言“我一心”[20]。

問曰：“名爲法指[21]，如指指月[22]，若稱佛名號便得滿願者，指月之指應能破暗[23]。若指月之指不能破暗，稱佛名號亦何能滿願耶？”

答曰：“諸法萬差，不可一概。有名即法，有名異法。‘名即法’者[24]，諸佛、菩薩名號、般若波羅蜜[25]及陀羅尼章句[26]、禁咒音辭等是也[27]。如《禁腫辭》云‘日出東方，乍赤乍黃’等句，假使酉亥行禁，不關日出，前腫得差[28]。亦如行師對陳（陣），但一切齒中誦‘臨兵鬥者皆陳列在前’[29]，行誦此九字，五兵之所不中[30]，《抱朴子》謂之‘要道’者也[31]。又，苦轉筋者，以木瓜對火熨之則愈，復有人但呼‘木瓜’名亦愈，吾身得其效也。如斯近事，世間共知，況不可思議境界者乎？滅除藥塗鼓之喻[32]，復是一事，此喻已彰於前，故不重引。有名‘異法’

者，如指指月等名也。"

（三）作願門

【云何作願？心常作願：一心專念，畢竟往生安樂國土，欲如實修行奢摩他故。】

譯"奢摩他"曰止。"止"者，止心一處，不作惡也。此譯名乃不乖大意，於義未滿。何以言之？如止心鼻端，亦名爲止。不淨觀止貪[33]，慈悲觀止瞋[34]，因緣觀止癡[35]，如是等亦名爲止。如人將行不行，亦名爲止。是知"止"語浮漫，不正得"奢摩他"名也。如：椿、柘、榆、柳，雖皆名"木"，若但云"木"，安得榆、柳耶？奢摩他云止者，今有三義：

一者，一心專念阿彌陀如來，願生彼土。此如來名號及彼國土名號能止一切惡。

二者，彼安樂土，過三界道，若人亦生彼國，自然止身、口、意惡[36]。

三者，阿彌陀如來正覺住持力[37]，自然止求聲聞、辟支佛心。

此三種止，從如來如實功德生[38]，是故言"欲如實修行奢摩他故"。

（四）觀察門

【云何觀察？智慧觀察，正念觀彼，欲如實修行毗婆舍那故。】

譯"毗婆舍那"曰觀。但泛言"觀"，義亦未滿。何以言之？如：觀身無常、苦、空、無我、九相等[39]，皆名爲觀，亦如上"木"名不得椿、柘也。"毗婆舍那"云"觀"者，亦有二義：

一者，在此作想，觀彼三種莊嚴功德[40]，此功德如實，故修行者亦得如實功德。如實功德者，決定得生彼土。

二者，亦得生彼淨土，即見阿彌陀佛。未證淨心菩薩畢竟得證平等法身[41]，與淨心菩薩與上地菩薩[42]，畢竟同得寂滅平等[43]。是故言"欲如實修行毗婆奢（舍）那故"。

【彼觀察有三種。何等三種？一者，觀察彼佛國土莊嚴功德；二者，觀察阿彌陀佛莊嚴功德；三者，觀察彼諸菩薩莊嚴功德。】

心緣其事曰"觀"。觀心分明曰"察"。

（五）迴向門

【云何迴向？不捨一切苦惱衆生，心常作願：迴向爲首，得成就大悲心故。】

迴向有二種相：一者，往相；二者，還相。

"往相"者，以己功德，迴施一切衆生，作願共往生彼阿彌陀如來安樂淨土。

"還相"者，生彼土已，得奢摩他毗婆舍那方便力成就[44]，迴入生死稠林[45]，教化一切衆生，共向佛道。

若"往"若"還"，皆爲拔衆生渡生死海[46]。是故言"迴向爲首，得成就大悲心故"。

【注釋】

① 五念力——念力，專念之力。《普賢經》："念力强故，得見我身。"天親立淨土五念門，修此五念門成就者，得生安樂淨土，此即五念之力。

② 五念門——即禮拜門、贊歎門、作願門、觀察門、迴向門。平常講念佛，以爲即指持名念佛，這是誤解。"念"有心念、口念，五念門既有口念，也有心念，非止口念一面。

③ 前四念是入安樂淨土門——五念門以五念爲出入淨土之門。以出入分，前四念即禮拜、贊歎、作願、觀察，屬於往生性質，即入淨土之門。

④ 後一念是出慈悲教化門——"後一念"即迴向門，其主要内容是已生安樂淨土，已成菩薩，志願離開安樂淨土，迴到世間教化衆生共向佛道。因此，五念門由出入淨土的性質分，迴向門爲出淨土慈悲教化衆生之門。

⑤ 十名——佛之十名，又稱十號，各家説法略有出入，通常指的是：一，如來；二，應供；三，正遍知；四，明行足；五，善逝；六，世間解；七，無上士；八，調御丈夫；九，天人師；十，佛世尊。

⑥ 或騰三號——騰，傳。佛所傳三號爲：如來、應供、正遍知。

⑦ 至宗——宗，要、主、尊。"至宗"即至要者、主要者。

⑧ 法相——爲多義名詞，一，泛指事物的相狀、性質、名詞、概念及其含義等等。二，指"真如""實相""法性"等，即本體。三，法相宗所説諸法本質，無非是"唯識真性"。這裏指概念的含義。

⑨ 更不去後有中——後有，未來之果報，後世之心身。"更不去後有中"，即已是最後受生死之身，無有無來之果報，無有後世。

⑩ 結使除盡——"結"與"使"，都是煩惱之異名。繫縛心身，結成苦果，叫作"結"。隨逐衆生又驅使衆生，叫作"使"。"結使除盡"，即煩惱除盡，斷離生死。

⑪ 供養——有兩種供養，一是財供養，二是法供養。所謂法供養，即佛説百千法門，能信解、護持、宣示，使佛法增廣。或説，隨而修學，謂之法供養。

⑫ 不增不減——《般若心經》："諸法空相，不生不滅，不垢不淨，不增不減。"亦即一切諸法性空，並無自性，所以，無所謂增，也無所謂減。

⑬ 涅槃相不動——涅槃，梵文音譯，意譯爲寂滅、滅度、不生、無爲、安樂、解脱、圓寂。即死亡的佛教説法。"涅槃相"，即釋迦入滅之相，於雙林樹下頭北面西，右脅而卧之相，常樂戒淨之相，歸於永恒，因云"不動"。

⑭ 正遍知——梵語"三藐三菩提"之意譯。真正遍知一切法，稱爲"正遍知"，或作"正遍智""正遍覺"。

⑮“無礙光”義，如前偈中解——這兩句不應在此處，應在下文贊歎門“稱彼如來名者，謂稱無礙光如來名也”一句之後。錯放在此處，當爲傳抄之誤。

⑯晝三時、夜三時——晝三時，指晨朝、日中、日没。夜三時，指初夜、中夜、後夜。又合稱六時。

⑰無明黑暗——無明，愚癡無知，後來是特指不懂佛教四聖諦和緣起的道理。例如，人生無常，人們卻企求“常”。人爲五藴和合而成，並無自性，人們卻相信有“我”。人生現象的真正原動力，各種痛苦的總根源，都是無明。因此，把無明説成如同黑暗。

⑱不知如來是實相身、是爲物身——“實相身”“物身”，是曇鸞所創説。以後有兩種解釋：一説，“實相身”即法性身，即佛法之人格化；“物身”即方便身，即應身、化身。一説，“實相身”“方便身”都是應、化身，“物身”爲名，“實相身”爲義。《大智度論》卷三十四：“有二種佛，一者法性生身佛，二者隨眾生優劣現化佛。爲法性生身佛故，説乃至聞名得度。爲隨眾生現身佛故，説雖共佛位，隨業因緣有墮地獄者。法性生身佛者無事不濟願不滿。”曇鸞認爲阿彌陀佛即法性生身佛，聞其名即可得度。有能如實修行，一切志願無不滿足。

⑲餘念間——即念與念之間有餘，有間隔而不連續。

⑳論主——即《往生論》作者天親。

㉑名爲法指——“名”是法（事物）的概念、規定。

㉒如指指月——《楞嚴經》二：“如人以手指月示人，彼人因指當應看月。若復觀指以爲月體，此人豈亡失月體，亦亡其指。”“如指指月”，如指只指示月而不是月本身。

㉓若稱佛名號便得滿願者，指月之指應能破暗——名與實，概念與概念所代表之事物，是兩回事。佛名號與佛，月與“月”，是兩回事。佛能使滿願，佛名號不能滿願；月能破暗，“月”這個概念不能破暗。據此，所以問者質問：如念佛名號便得滿願，則代表月的“月”這個概念也應當可以破暗。

㉔“名即法”——這裏的“名”指某些特殊語言文字，“法”指密法，即咒。“名即法”的意思是説：某些特殊的語言文字便是咒。

㉕般若波羅蜜——般若，梵文音譯，意譯爲智慧。波羅蜜，梵文音譯，意譯爲度、到彼岸。“般若波羅蜜”即智慧度，爲大乘佛教修習的主要内容“六度”（六波羅蜜）之一。

㉖陀羅尼章句——陀羅尼，梵文音譯，意譯爲持、總持。密宗的陀羅尼即真言，即咒。“陀羅尼章句”，佛、菩薩從禪定中所發之秘密言句，能發神驗除災患，即咒。

㉗禁咒音辭——咒法禁止不受印可之人行之，所以稱爲禁咒。咒法所誦音

辭，爲禁咒音辭。

㉘ 假使酉亥行禁，不關日出，而腫得差——古代分一日夜爲十二時辰：子、丑、寅、卯、辰、巳、午、未、申、酉、戌、亥。現代分一日夜爲二十四小時。“酉亥”，酉時相當於現代晚上五點至七點（十七點至十九點）；亥時相當於現代晚上十一點至一點（二十三點至次日早晨一點）。《禁腫辭》字句“日出東方”，應相當於早晨六時至八時。酉亥念《禁腫辭》行禁，與詞所説時間並不一致，與太陽出山無關，但照樣可以消腫，即照樣有效力。

㉙“臨兵鬥者皆陳列在前”——這是九字真言，又稱九字印，今爲日本密宗之法。日本桐山靖雄所著《密教特異功能開發法》（北京體育學院出版社 1989 年出版）專門介紹這九字印，可參看。

㉚ 五兵——古代五種兵器，具體所指，各説不同，按《抱朴子》，指的是刀、弓矢、劍、弩、戟五種。

㉛《抱朴子》謂之“要道”——《抱朴子》，晉代葛洪（283—363）著，分兩篇：内篇論神仙、煉丹、符箓等事，爲道家言；外篇論時政得失、人事臧否。《抱朴子·内篇·登涉卷第十七》：“臨、兵、鬥、者、皆、陣、列、前、行，凡九字，常當密祝之，無所不辟。要道不煩，此之謂也。”這裏所説的“要道”便是咒術。值得注意的是這九字真言，與曇鸞所説的九字咒詞、日本密宗的九字秘印基本一致，説明行之於道家與兵家之間的咒法，後來混入密教之一部傳入日本。《抱朴子》中的九字真言最後兩字“在前”誤爲“前行”，但曇鸞所引用《抱朴子》的九字真言卻無誤，顯然是後來《抱朴子》傳抄過程中之誤。

㉜ 滅除藥塗鼓之喻——參看卷上所説，以“滅除”藥塗鼓，聞鼓聲可箭出毒除。

㉝ 不淨觀——觀身之不淨，稱爲“不淨觀”。内容有二：一，觀自身之不淨，有九想，即死想、脹想、青瘀想、膿爛想、壞想、血塗想、蟲噉想、骨鎖想、分散想；二，觀他身之不淨，有種子不淨、住處不淨、自相不淨、自體不淨、終竟不淨等五不淨。不淨觀治貪心。

㉞ 慈悲觀——向一切有情眾生，觀可憐之相，而停止瞋恚之法。

㉟ 因緣觀——人的生命、命運，都是因緣和合而生，生於因果關係。因緣有十二個環節，稱爲“十二因緣”：無明緣行、行緣識、識緣名色、名色緣六處、六處緣觸、觸緣受、受緣愛、愛緣取、取緣有、有緣生、生緣老死。觀此十二因緣之道理而悟生死流轉之理，爲治癡之法。

㊱ 身、口、意惡——佛教以内心的活動和由内心思維所發動的言語或行爲稱爲“業”，眾生作業必然産生果報。業分爲三種：心的思維爲意業，言語爲口業，行動爲身業。又就業的性質分爲三種：善業、惡業、無記業（無分別，即中性）。“身、

口、意惡”，即身、口、意惡業。

㊲ 住持力——安住而保持佛法，稱爲“住持”。因住持而有力、發力，爲住持力。《毗婆沙論》：“佛力住持，即入大乘正定之聚。”

㊳ 如實功德——如實，即實相、真如之異名。真如體内具無量功德，稱如實功德。《起信論》：“如實不空，以有自體具足無量性功德故。”

㊴ 九相——即不淨觀之九想，參看注㉝。

㊵ 彼三種莊嚴功德——即彌陀淨土中的國土莊嚴功德、佛莊嚴功德及菩薩莊嚴功德。

㊶ 未證淨心菩薩畢竟得證平等法身——淨心，即衆生本自具有之清淨心，即真如，即如來法身。但衆生自己不悟，懵然無知，所以是凡夫。平等法身，八地以上之菩薩，證平等寂滅之真如，則雖任其自然，不加功用，也能一時遍於十方世界，示現種種教化，作種種佛事，而無往來之想，無作無不作之想，稱爲“平等法身”。這一句是説，未證淨心之菩薩，最後也能證得平等法身。

㊷ 上地菩薩——菩薩之間有十個等級，稱爲十地或十住。十地之中，八地以上爲上地菩薩。

㊸ 寂滅平等——寂滅，即涅槃，無生無滅，超出世間。平等，諸法平等，衆生平等，無高下深淺之區别。曇鸞解釋説：“平等法身者，八地已（以）上法性法身菩薩也。寂滅平等者，即此法身菩薩所證寂滅平等之法也。”（《往生論注》卷下）

㊹ 奢摩他毗婆舍那方便力成就——奢摩他，梵文音譯，意譯爲止。毗婆舍那，梵文音譯，意譯爲觀。止觀，止伏妄念，法性常照，爲禪定與智慧之並稱，爲修習主要方法。方便，構成般若（智慧）的内容之一：一，指大乘菩薩必須運用各種方便手段“利益他人”；二，指爲度脱衆生所採取的方便手段“利益他人”；三，指宣傳佛教信仰、把握真如的法門。這一句的意思是説，因止觀而得方便力，即得菩薩之成就。

㊺ 生死稠林——稠林，稠密之樹林，喻衆生之多。“生死稠林”，即不脱生死之諸多衆生，即三界。

㊻ 生死海——指三界。三界如同生死無邊之苦海，因稱生死海。

三、觀行體相

“觀察體相”者[1]，此分中有二體：一者，器體[2]；二者，衆生體[3]。

"器"分中又有三重:一者,國土體相;二者,示現自利利他;三者,入第一義諦。

(一)器　體

1.國土體相

(1)總　觀

【云何觀察彼佛國土莊嚴功德?彼佛國土
莊嚴功德者,成就不可思議力故,
如彼摩尼如意寶性,相似相對法故。】

"不可思議力"者,總指彼佛國土十七種莊嚴功德力,不可得思議也。諸經統言,有五種不可思議:

一者,眾生多少,不可思議;

二者,業力不可思議④;

三者,龍力不可思議⑤;

四者,禪定力不可思議;

五者,佛法力不可思議。

此中佛土不可思議,有二種力:一者,業力,謂法藏菩薩出世善根大願業力所成⑥;二者,正覺阿彌陀法王善住持力所攝。此不可思議如下十七種,一一相皆不可思議,至文當釋。

"如彼摩尼如意寶性,相似相對"者,借彼摩尼如意寶性,示安樂佛土不可思議性也。諸佛入涅槃時,以方便力留碎身舍利以福眾生⑦。眾生福盡,此舍利變爲摩尼如意寶珠⑧。此珠多在大海中,大龍王以爲首飾。若轉輪聖王出世,以慈悲方便能得此珠,於閻浮提作大饒益。若須衣服、飲食、燈明、樂具、隨意所欲種種物時，王便潔齋，置珠於長竿頭，發願言："若我實是轉輪王者，願寶珠雨如此之物，若遍一里、若十里，若百里，隨我心願。"爾時，即便於虛空中雨種種物，皆稱所須，滿足天下一切人願，以此寶性力故。彼安樂佛土亦如是，以安樂性種種成就故。

"相似相對"者，彼寶珠力，求衣食者，能雨衣食等物，稱求者意，非是，不求。彼佛土則不然，性滿足成就故，無所乏少。片取彼性爲喻，故言相似相對。又，彼寶但能與衆生衣食等願，不能與衆生無上道願⑨。又，彼寶但能與衆生一身願，不能與衆生無量身願⑩。有如是等無量差別，故言相似。

【觀察彼佛國土莊嚴功德成就者，有十七種應知。何等十七？一者，莊嚴清淨功德成就；二者，莊嚴量功德成就；三者，莊嚴性功德成就；四者，莊嚴形相功德成就；五者，莊嚴種種事功德成就；六者，莊嚴妙色功德成就；七者，莊嚴觸功德成就；八者，莊嚴三種功德成就；九者，莊嚴雨功德成就；十者，莊嚴光明功德成就；十一者，莊嚴妙聲功德成就；十二者，莊嚴主功德成就；十三者，莊嚴眷屬功德成就；十四者，莊嚴受用功德成就；十五者，莊嚴無諸難功德成就；十六者，莊嚴大義門功德成就；十七者，莊嚴一切所求滿足功德成就。】

先舉章門，次續提釋。

（2）分　釋

【莊嚴清淨功德成就者，偈言"觀彼世界相，勝過三界道"故。】

此云何"不思議"？有凡夫人煩惱成就，亦得生彼淨土。三界繫業，畢竟不牽[11]。則是不斷煩惱，得涅槃分[12]，焉可思議？

【莊嚴量功德成就者，偈言"究竟如虛空，廣大無邊際"故。】

此云何"不思議"？彼國人天，若意欲宮殿樓閣，若廣一由旬、若百由旬、若千由旬，千間萬間，隨心所成。人各如此。

又，十方世界衆生，願往生者，若已生、若今生、若當生，一時一日之頃，算數所不能知其多少。而彼世界，常若虛空，無迫迮相。

彼中衆生，住如此量中，志願廣大，亦如虛空，無有限量。彼國土量，能成衆生心行量，何可思議？

【莊嚴性功德成就者，偈言"正道大慈悲，出世善根生"故。】

此云何"不思議"？譬如迦羅求羅蟲[13]，其形微小，若得大風，身如大山，隨風大小爲己身相。生安樂衆生，亦復如是。生彼正道世界，即成就出世善根，入正定聚，亦如彼風，非身而身，焉可思議？

【莊嚴形相功德成就者，偈言"淨光明滿足，
如鏡日月輪"故。】

此云何"不思議"？夫忍辱得端正，我心影嚮也。一得生彼，無瞋、忍之殊，人天色像，平等妙絶，蓋淨光之力也。彼光非心行⑭，而爲心行之事，焉可思議？

【莊嚴種種事功德成就者，偈言"備諸珍寶性，
具足妙莊嚴"故。】

此云何"不思議"？彼種種事，或一寶、十寶、百千種寶，隨心稱意，無不具足。若欲令無，倏焉化没⑮。心得自在，有踰神通，安可思議？

【莊嚴妙色功德成就者，偈言"無垢光炎熾，
明淨曜世間"故。】

此云何"不思議"？其光曜事，則映徹表裏；其光曜心，則終盡無明。光爲佛事，焉可思議？

【莊嚴觸功德成就者，偈言"寶性功德草，
柔軟左右旋。觸者生勝樂，過迦旃隣陀"故。】

此云何"不思議"？夫寶例堅强，而此柔軟。觸樂應著，而此增道⑯，事同"愛作"，何可思議？有菩薩字"愛作"，形容端正，生人染著。

《經》言[17]，染之者，或生天上，或發菩提心。

【莊嚴三種功德成就者，有三種事應知。何等三種？一者水，二者地，三者虛空。】

此三種所以並言者，以同類故也。何以言之？一者，六大類所謂虛空、識、地、水、火、風[18]；二者，無分別類所謂地、水、火、風、虛空[19]。但言三類者，識，一大，屬眾生世間故[20]；火，一大，彼中無故[21]；雖有風，風不可見故、無住處故。是以六大、五類中，取有而可莊嚴三種，並言之。

【莊嚴水功德成就者，偈言"寶華(花)千萬種，彌覆池流泉。微風動華(花)葉，交錯光亂轉"故。】

此云何"不思議"？彼淨土人天，非水穀身[22]，何須水耶？清淨成就，不須洗濯，復何用水耶？彼中無四時[23]，常調適不煩熱，復何須水耶？不須而有，當有所以。

《經》言[24]：彼諸菩薩及聲聞，若入寶地，意欲令水没足，水即没足；欲令至膝，水即至膝；欲令至腰，水即至腰；欲令至頸，水即至頸；欲令灌身，自然濯身；欲令還復，水輒還復。調和冷暖，自然隨意。開神悦體，蕩除心垢，清明澂潔，淨若無形。寶沙映徹，無深不照。微瀾迴流，轉相灌注。安祥徐逝，不遲不疾。波揚無量，自然妙聲，隨其所應，莫不聞者。或聞佛聲，或聞法聲，或聞僧聲，或聞寂靜聲、空無我聲、大慈悲聲、波羅蜜聲，或聞十力無畏不共法聲[25]，諸通慧聲[26]，無所作聲，不起滅聲，無生忍聲，乃至甘露灌頂眾妙法聲[27]。如是等聲，稱其所聞，歡喜無量。隨順清淨離欲寂滅真實之義[28]，隨順三寶力無所畏不共之法[29]，隨順通慧菩薩、聲聞所行之道，無有三塗苦難之名，但有自然快樂之音。是故其國名曰“安樂”。此水爲佛事，安可思議？

【莊嚴地功德成就者，偈言“宮殿諸樓閣，觀十方無礙。雜樹異光色，寶欄遍圍繞”故。】

此云何“不思議”？彼種種事，或一寶、十寶、百寶、無量寶，隨心稱意，莊嚴具足。此莊嚴事，如淨明鏡，十方國土淨穢諸相、善惡業緣，一切悉現。彼中人天，見斯事故，探湯、不及之情[30]，自然成就。亦如諸大菩薩，以照法性等寶爲冠[31]，此寶冠中皆見諸佛，又了達一切諸法之性。又如，佛説《法華經》時，放眉間光，照于東方萬八千土，皆如金色。從阿鼻獄上至有頂，諸世界中六道衆生生死所趣、善惡業緣、受報好醜，於此悉見。蓋斯類也。此影爲佛事，安可思議？

【莊嚴虚空功德成就者，偈言“無量寶交絡，羅網遍虚空。種種鈴發響，宣吐妙法音”故。】

此云何“不思議”？《經》言[32]：無量寶網，彌覆佛土，皆以金縷真珠、百千雜寶、奇妙珍異莊嚴校飾。週匝四面，垂以寶鈴。光色晃耀，盡極嚴麗。自然德風，徐起微動。其風調和，不寒不暑，温涼柔軟，不遲不疾。吹諸羅網及衆寶樹，演發無量微妙法音，流布萬種温雅德香。其有聞者，塵勞垢習，自然不起，風觸其身，皆得快樂。此聲爲佛事，焉可思議？

【莊嚴雨功德成就者，偈言“雨華(花)衣莊嚴，無量香普薰”故。】

此云何“不思議”？《經》言[33]：風吹散華(花)，遍滿佛土，隨色次第，而不雜亂，柔軟光澤，馨香芬烈。足履其上，陷下四寸，隨舉足已，還復如故。華(花)用已訖，地輒開裂，以次化没，清淨無遺。隨其時節，風吹散華(花)，如是六返。又，衆寶蓮華(花)，週滿世界，一一寶華(花)，百千億葉。其華(花)光明，無量種色，青色青光，白色白光，玄黄朱紫，光色亦然。暐曄焕爛，明曜日月。一一華(花)中，出三十六百千億光；一一光中，出三十六百千億佛，身色紫金，相、好殊特；一一諸佛，又放百千光明，普爲十方説微妙法。如是諸佛，各各安立無量衆生，於佛正道。華(花)爲佛事，安可思議？

【莊嚴光明功德成就者，偈言“佛慧明淨日，除世癡暗冥”故。】

此云何“不思議”？彼土光明，從如來智慧報起，觸之者，無明黑暗終必消除。光明非慧，能爲慧用，焉可思議？

【莊嚴妙聲功德成就者，偈言“梵聲悟深遠，微妙聞十方”故。】

此云何“不思議”？《經》言[34]：若人但聞彼國土清淨安樂，剋念願生[35]，亦得往生，則入正定聚。此是國土名字爲佛事，安可思議？

【莊嚴主功德成就者,偈言"正覺阿彌陀,法王善住持"故。】

此云何"不思議"?正覺阿彌陀不可思議。彼安樂淨土爲正覺阿彌陀善力住持,云何可得思議耶?

"住"名不異不滅,"持"名不散不失。如以不朽藥塗種子,在水不瀾[36],在火不焦,得因緣則生。何以故?不朽藥力故。若人一生安樂淨土,後時意願生三界教化衆生,捨淨土命,隨願得生。雖生三界,雜生水火中,無上菩提種子畢竟不朽。何以故?以逕正覺阿彌陀善住持故。

【莊嚴眷屬功德成就者,偈言"如來淨華(花)衆,正覺華(花)化生"故。】

此云何"不思議"?凡是雜生世界,若胎、若卵、若濕、若化,眷屬若干,苦樂萬品,以雜業故。彼安樂國土,莫非是阿彌陀如來正覺淨華(花)之所化生,同一念佛,無别道故。遠通夫四海之内,皆爲兄弟也。眷屬無量,焉可思議?

【莊嚴受用功德成就者,偈言"愛樂佛法味,禪三昧爲食"故。】

此云何不思議?不食而資命,蓋所資有以也。豈不是如來滿本願乎?乘佛願爲我命,焉可思議?

【莊嚴無諸難功德成就者，偈言“永離身心惱，受樂常無間”故。】

此云何“不思議”？《經》言[37]：身爲苦器，心爲惱端。而彼有身有心，而受樂無間，安可思議？

【莊嚴大義門功德成就者，偈言“大乘善根界，等無譏嫌名。女人及根缺，二乘種不生”故。】

淨土果報，離二種譏嫌過，應知：一者，體；二者，名。

“體”有三種：一者，二乘人；二者，女人；三者，諸根不具人[38]。無此三過，故名“離體譏嫌”。

“名”亦有三種。非但無三體，乃至不聞二乘、女人、諸根不具三種名，故名“離名譏嫌”。

“等”者，平等一相故。

此云何“不思議”？夫諸天共器，飯有隨福之色[39]；足指按地，乃詳金礫之旨[40]。而願往生者，本則三三之品，今無一二之殊[41]，亦如淄澠一味[42]，焉可思議？

【莊嚴一切所求滿足功德成就者，偈言“衆生所願樂，一切能滿足”故。】

此云何“不思議”？彼國人天，若欲願往他方世界無量佛剎[43]，供養諸佛、菩薩，及所須供養之具，無不稱願。又，欲捨彼壽命，向餘國生，修短自在，隨願皆得。未階自在之位，而同自在之用[44]，焉可思議？

2.示現自利利他

【略説彼阿彌陀佛國土十七種莊嚴功德成就，示現如來自身利益大功德力成就，利益他功德成就故。】

言“略”者，彰彼淨土功德無量，非唯十七種也。夫須彌之入芥子[45]，毛孔之納大海，豈山海之神乎？毛芥之力乎？能神者神之耳。是故十七種雖曰利他，自利之義，炳然可知。

3.入第一義諦

【彼無量壽佛國土莊嚴第一義諦，妙境界相十六句，及一句次第説應知。】

“第一義諦”者，佛因緣法也[46]。此諦是境義[47]，是故莊嚴等“十六句”稱爲“妙境界相”。此義至“入一法句”文，當更解釋。

“及一句次第”者，謂觀“器淨”等總、别十七句觀行次第也。

云何起次？建章言[48]：“歸命無礙光如來，願生安樂國。”此中有疑，疑言：“生爲有本，衆累之元[49]。棄生願生，生何可盡？”爲釋此疑，是故觀彼淨土莊嚴功德成就，明彼淨土是阿彌陀如來清淨本願無生之生[50]，非如三有虚妄生也。何以言之？夫法性清淨，畢竟無生。言“生”者，是得生者之情耳。生苟無生，生何所盡？盡夫生者，上失無爲能爲之身[51]，下湎三空不空之痼[52]。根敗永亡，號振三千，無反無復，於斯招恥[53]。體夫“生”理，謂之“淨土”。淨土之宅，所謂“十七句”是也。

十七句中總、别爲二。初句是總相，所謂是“清淨佛土，過三界道”。彼過三界有何相？下十六種莊嚴功德成就相是也。

一者量“究竟如虚空，廣大無邊際”故。既知量，此量以何爲本？是故觀性。性是“本”義，彼淨土從“正道大慈悲，出世善根生”，既言“出世善根”，此善根生何等相？是故次觀莊嚴形相。既知形相，宜知形相何等體，是故次觀種種事。既知種種事，宜知種種事妙色，是故次觀妙色。既知妙色，此色有何觸？是故次觀觸。既知身觸，應知眼觸，是故次觀水、地、虚空莊嚴三事。既知眼觸，應知鼻觸，是故次觀衣華（花）香薰。既知眼、鼻等觸，須知離染，是故次觀佛慧明照。既知慧光淨力，宜知聲名遠近，是故次觀梵聲遠聞。既知聲名，宜知誰爲增上，是故次觀主。既知有主，誰爲主眷屬？是故次觀眷屬。既知眷屬，宜知此眷屬若爲受用，是故次觀受用。既知受用，宜知此受用有難無難，是故次觀無諸難。既知無諸難，以何義故無諸難？是故次觀大義門。既知大義門，宜知大義門滿不滿，是故次觀所求滿足。

復次，此十七句非但釋疑，觀此十七種莊嚴成就，能生真實淨信，必定得生彼安樂佛土。

問曰：“上言‘知生無生’，當是上品生者。若下下品人，乘十念往生，豈非取實生耶？但取實生，即墮二執：一，恐不得往生；二，恐更生生惑[54]。”

答：“譬如淨摩尼珠，置之濁水，水即清淨。若人雖有無量生死之罪濁，聞彼阿彌陀如來至極無生清淨寶珠名號，投之濁心，念念之中，罪滅心淨，即得往生。又，是摩尼珠以玄黄帛裹，投之於水，水即玄黄，一如物色。彼清淨佛土，有阿彌陀如來無上寶珠，以無量莊嚴功德成就帛裹，投之於所往生者心水，豈不能轉生見爲無生智乎[55]？又如，冰上燃火，火猛則冰解，冰解則火滅。彼下品人，雖不知法性無生，但以稱佛名力，作往生意，願生彼土，彼土是無生界，見生之火，自然而滅。

(二)眾生體

“眾生體”者，此分中有二重：一者，觀佛；二者，觀菩薩。

觀佛者：

1.觀佛功德

(1)總　觀

【云何觀佛莊嚴功德成就？觀佛莊嚴功德成就者，有八種相應知。】

此觀義，已彰前偈[56]。

【何等八種？一者，莊嚴座功德成就；二者，莊嚴身業功德成就；三者，莊嚴口業功德成就；四者，莊嚴心業功德成就；五者，莊嚴大眾功德成就；六者，莊嚴上首功德成就；七者，莊嚴主功德成就；八者，莊嚴不虛作住持功德成就。】

(2)分　釋

【何者莊嚴座功德成就？偈言“無量大寶王，微妙淨華(花)臺”故。】

若欲觀座，當依《觀無量壽經》[57]。

【何者莊嚴身業功德成就？
偈言“相好光一尋，色像超群生”故。】

若欲觀佛身，當依《觀無量壽經》[58]。

【何者莊嚴口業功德成就？偈言
“如來微妙聲，梵響聞十方”故。】

【何者莊嚴心業功德成就？偈言“同地水火風，
虛空無分別”故。無分別者，無分別心故。】

凡夫眾生，以身、口、意三業造罪，輪轉三界，無有窮已。是故諸佛、菩薩，莊嚴身、口、意三業，用治眾生虛誑三業也。

云何“用治眾生”？以身見故[59]，受三塗身、卑賤身、醜陋身、八難身、流轉身[60]，如是等眾生，見阿彌陀如來相好光明身者，如上種種身業繫縛皆得解脱，入如來家，畢竟得平等身業。眾生以憍慢故，誹謗正法、毀呰賢聖、捐庳尊長，如是之人，應受拔舌苦、瘖瘂苦、言教不行苦、無名聞苦[61]。如是等種種諸苦眾生，聞阿彌陀如來至德名號、説法音聲，如上種種口業繫縛皆得解脱，入如來家，畢竟得平等口業。眾生以邪見故，心生分別，若有、若無、若非、若是、若好、若醜、若善、若惡、若彼、若此，有如是等種種分別。以分別故，長淪三有，受種種分別苦、取捨苦，長寢大夜，無有出期。是眾生，若遇阿彌陀如來平等光照，若聞阿彌陀如來平等意業，是等眾生如上種種意業繫縛，皆得解脱，入如來家，畢竟得平等意業。

問曰：“心是覺知相，云何可得同地水火風無分別耶？”

答曰：“心雖知相，入實相則無知也。譬如，蛇性雖曲，入竹筒則直。又如人身,若針刺、若蜂螫,則有覺知;若石蛭啖、若甘刀割[62],則無覺知。如是等有知無知,在于因緣。若在因緣,則非知、非無知也[63]。"

問曰:"心入實相,可令無知,云何得有一切種智耶?"

答曰:"凡心有知,則有所不知;聖心無知,故無所不知。無知而知,知即無知也。"

問曰:"既言無知故無所不知,若無所不知者,豈不是知種種法耶?既知種種之法,復云何言無所分別耶?"

答曰:"諸法種種相,皆如幻化。然幻化象、馬,非無長頸、鼻、手、足異,而智者觀之,豈言定有象、馬分別之耶?"

【何者莊嚴大衆功德成就?偈言"天人不動衆,清淨智海生"故。】

【何者莊嚴上首功德成就?偈言"如須彌山王,勝妙無過者"故。】

【何者莊嚴主功德成就?偈言"天人丈夫衆,恭敬繞瞻仰"故。】

【何者莊嚴不虛作住持功德成就?偈言"觀佛本願力,遇無空過者。能令速滿足,功德大寶海"故。】

"不虛作住持功德成就者,蓋是阿彌陀如來本願力也。今當略示虛作之相,不能住持,用顯彼不虛作住持之義。人有輟餐養士,或釁起舟中,積金盈庫,而不免餓死。如斯之事,觸目皆是,得非作得在，非守在[64]？皆由虚妄業作，不能住持也。

所言“不虚作住持”者，依本法藏菩薩四十八願、今日阿彌陀如來自在神力[65]，願以成力[66]，力以就願，願不徒然，力不虚設，力願相符，畢竟不差，故曰“成就”。

【即見彼佛，未證淨心菩薩畢竟得證平等法身，與淨心菩薩、與上地諸菩薩畢竟同得寂滅平等故。】

“平等法身”者，八地已（以）上法性生身菩薩也[67]。“寂滅平等”者，即此法身菩薩所證寂滅平等之法也。以得此寂滅平等法，故名爲平等法身。以平等法身菩薩所得，故名爲寂滅平等法也。此菩薩得報生三昧[68]，以三昧神力，能一處、一念、一時遍十方世界，種種供養一切諸佛及諸佛大會眾海[69]；能於無量世界無佛、法、僧處，種種示現，種種教化，度脱一切眾生，常作佛事。初無往來想、供養想、度脱想，是故此身名爲“平等法身”，此法名爲“寂滅平等法”也。

“未證淨心菩薩”者，初地已（以）上，七地已（以）還諸菩薩也。此菩薩亦能現身若百、若千、著萬、若億、若百千萬億無佛國土，施作佛事。要須作心入三昧，乃能非不非心[70]。以作心故，名爲未得淨心。此菩薩願生安樂淨土，即見阿彌陀佛，見阿彌陀佛時，與上地諸菩薩畢竟身等、法等。龍樹菩薩、婆藪槃頭菩薩輩，願生彼者，當爲此耳。

問曰：“案《十地經》菩薩進趣階級[71]，漸有無量功勳[72]，逕多劫數，然後乃得此[73]。云何見阿彌陀佛時，畢竟與上地諸菩薩身等、法等耶？”

答曰：“言‘畢竟’者，未言‘即等’也。畢竟不失此等，故言等耳。”

問曰：“若不即等，復何待言菩薩[74]？但登初地，以漸增進，自然當與佛等,何假言與上地菩薩等?”

答曰:“菩薩於七地中,得大寂滅,上不見諸佛可求,下不見衆生可度,欲捨佛道,證於實際。爾時,若不得十方諸佛神力加勸,即便滅度,與二乘無異。菩薩若往生安樂,見阿彌陀佛,即無此難。是故須言‘畢竟平等’。

“復次,《無量壽經》中,阿彌陀如來本願言:‘設我得佛,他方佛土諸菩薩衆來生我國,究竟必至一生補處,除其本願自在所化,爲衆生故,被弘誓鎧[75],積累德本,度脱一切。遊諸佛國,修菩薩行,供養十方諸佛如來,開化恒沙無量衆生,使立無上正真之道。超出常倫諸地之行[76],現前修習普賢之德。若不爾者,不取正覺。’案此經推彼國菩薩,或可不從一地至一地。言十地階次者,是釋迦如來於閻浮提一應化道耳[77]。他方淨土,何必如此?五種不思議中,佛法最不可思議,若言菩薩必從一地至一地,無超越之理,未敢詳也[78]。譬如有樹,名曰“好堅”。是樹地生百歲,乃具一日長高百丈,日日如此,計百歲之長,豈類修松耶?見松生長,日不過寸,聞彼好堅,何能不疑?即曰:有人聞釋迦如來‘證羅漢於一聽,制無生於終朝’[79],謂是接誘之言,非稱實之説,聞此論事,亦當不信。夫非常之言,不入常人之耳。謂之不然,亦其宜也。”

（3）**總　結**

【略説八句,示現如來自利利他功德莊嚴,次第成就應知。】

此云何“次第”?前十七句是莊嚴國土功德成就。既知國土相,應知國土之主,是故次觀佛莊嚴功德。

彼佛若爲莊嚴,於何處坐?是故先觀座。既知座已,宜知座主,是故次觀佛莊嚴身業。既知身業,應知有何聲名,是故次觀佛莊嚴口業。既知名聞,宜知得名所以,是故次觀莊嚴心業。既知三業具足,應爲人天大師,堪受化者是誰?是故次觀大眾功德。既知大眾有無量功德,宜知上首者誰,是故次觀上首,上首是佛。既知上首,恐同長幼[80],是故次觀主。既知是主,主有何增上?是故次觀莊嚴不虛作住持。

八句次第成已。

觀菩薩者:

2.觀菩薩功德

(1)總　觀

【云何觀察菩薩莊嚴功德成就?觀察菩薩莊嚴功德成就者,觀彼菩薩有四種正修行功德成就應知。】

"真如",是諸法正體。體如而行,則是不行;不行而行,名"如實修行"。體唯一"如",而義分爲四。是故四行,以一"正"統之。

(2)分　釋

【何者爲四?一者,於一佛土,身不動搖,而遍十方。種種應化,如實修行,常作佛事,偈言"安樂國清淨,常轉無垢輪。化佛菩薩日,如須彌住持"故,開諸眾生淤泥華(花)故。】

八地已(以)上菩薩,常在三昧。以三昧力,身不動本處,而能遍至十方,供養諸佛,教化眾生。

“無垢輪”者，佛地功德也。佛地功德，無習氣煩惱垢，佛爲諸菩薩常轉此法輪，諸大菩薩亦能以此法輪，開導一切，無暫時休息，故言“常轉”。法身如日，而應化身光，遍諸世界也。言“日”未足，以明不動，復言“如須彌住持”也。

“淤泥華（花）”者，《經》言[81]：高原陸地，不生蓮華（花），卑濕淤泥，乃生蓮華（花）。比喻凡夫在煩惱泥中，爲菩薩開導，能生佛正覺華（花）。諒夫紹隆三寶常使不絶[82]。

【二者，彼應化身，一切時不前不後，一心一念，放大光明，悉能遍至十方世界，教化衆生，種種方便，修行所作，滅除一切衆生苦故，偈言“無垢莊嚴光，一念及一時。普照諸佛會，利益諸群生”故。】

上言“不動而至”，容或至有前後。是故復言，一念一時無前後也。

【三者，彼於一切世界無餘，照諸佛會大衆無餘，廣大無量供養恭敬贊歎諸佛如來功德，偈言“雨天樂華（花）衣，妙香等供養。贊諸佛功德，無有分别心”故。】

“無餘”者，明遍至一切世界、一切諸佛大會，無有一世界、一佛會不至也。肇公言[83]：“法身無像，而殊形並應；至韻無言，而玄籍彌布；冥權無謀，而動與事會[84]。”蓋斯意也。

【四者，彼於十方一切世界無三寶處，住持莊嚴佛、法、僧寶功德大海，遍示令解，如實修行，偈言“何等世界

無，佛法功德寶。我願皆往生，示佛法如佛”故。】

上三句雖言“遍至”，皆是有佛國土。若無此句，便是法身有所不法，上善有所不善。

“觀行體相”竟。

已（以）下是解義中第四重名爲淨入願心。

【注釋】

① “觀行體相”——“觀”者，心緣其事。“行”，如理身行；又，觀心之行法。“觀察”與“觀行”，可以一致，也可不一致。曇鸞是按一致時而説“觀察”，時而説“觀行”。“體相”指彌陀淨土中“器體”與“衆生體”之相，即彌陀淨土中之萬象。“觀察體相”或“觀行體相”，説的都是觀察門。

② 器體——天親《往生論》以“器”喻安樂國之國土，稱爲“器世間”。體，物的一定不變的根本、實質。“器體”，即安樂國土的實質。

③ 衆生體——天親《往生論》稱安樂國土之居民爲“衆生世間”。“衆生體”，即衆生世間的根本，指佛、菩薩。

④ 業力——善業有生樂果之力用，惡業有招苦果之力用，稱爲業力。《毗奈耶四十六》：“不思議業力，雖遠必相牽。果報成熟時，求避終難脱。”

⑤ 龍力——龍，八部衆之一，有神力，變化雲雨。《孔雀王經》《大雲經》等説諸龍王護持佛法。

⑥ 法藏菩薩出世善根大願——阿彌陀佛成佛前爲法藏菩薩，發四十八大願，爲其出世（成佛）之善根。所以説“法藏菩薩出世善根大願”。

⑦ 碎身舍利——舍利，梵文音譯，意譯爲身骨、靈骨，即焚屍後所留之骨。舍利有兩種，一爲全身舍利，爲佛滅後所留全身之身骨，如多寶佛之舍利；一爲碎身舍利，爲碎身之身骨，如釋迦佛之舍利。

⑧ 此舍利變爲摩尼如意寶珠——摩尼，梵文音譯，意譯爲如意寶珠，梵漢並稱，爲“摩尼如意寶珠”。得此寶珠，凡衆生身之所需，如衣食住等，都可隨意從寶流出。意求何物，從寶珠便現出種種所求如意之物。《智度論》十：“如意珠，生自佛舍利。若法没盡時，諸舍利皆變如意珠，譬如過千歲冰，化爲頗梨珠。”

⑨ 不能與衆生無上道願——如來所得之道，即佛道，更無上者，因稱爲無上道。《法華經·方便品》：“正直捨方便，但説無上道。”這一句是説，寶珠只能滿足衆生需求衣食之願，不能滿足衆生成佛之願。

⑩ 不能與衆生無量身願——即不能滿足無量衆生的願望。如意寶珠可以滿足衆生需求衣食之願,但只能滿足得此寶珠者一身之願,其不可思議性功德非常有限。淨土則可滿足無量衆生之欲求。

⑪ 三界繫業,畢竟不牽——業猶如繩,縛衆生之身而繫於慾界、色界、無色界三界之牢獄,稱爲繫業,或業繫。然三界繫業,對於念佛求生淨土者畢竟不起作用。要念佛求生淨土,有此成就,則三界繫業再不能把此人牽繫在三界之中,受生死業報,由佛力故。

⑫ 涅槃分——有幾種解釋:一,"分"爲圓之義,指往生於極樂,證得涅槃之一部分,未爲圓滿;二,"分"爲因之義,指可至涅槃之因,即可至正定聚之身分;三,"分"爲分齊之義,指涅槃證果之分齊,已得涅槃。三種解釋都通。

⑬ 迦羅求羅蟲——蟲名。《智度論》七:"譬如迦羅求羅蟲,其身微細,得風轉大,乃至能吞食一切。光明亦如是,得可度衆生,轉增無限。"

⑭ 心行——心之念念遷流,也有相狀,這種流動之相,稱爲心行,即思維活動。

⑮ 倏焉——疾速貌。屈原《九歌·少司命》:"倏而來兮忽而逝。"

⑯ 觸樂應著,而此增道——著,此處承上下文義,應爲"染著"之著,即執着不離之意。從觸而生之樂,爲普通之樂,凡夫因此樂而產生執着不捨之心,但觸安樂國此寶則不同,會增加道心,即增加覺悟,所謂"生法喜樂"。

⑰《經》——疑指《瑜衹經》所説愛染王。

⑱ 六大類——又稱六界,具體指:地、水、火、風、空、識。這六者週遍一切法界,而造作有情、非情,所以稱爲"大"。《仁王經·受持品》:"比丘、比丘尼,修行十善,自觀己身地、水、火、風、空、識,分分不淨。"六者中,非情(非生物)爲地、水、火、風、空五大所成,而有情(衆生)爲六大所成,有所不同。

⑲ 無分類——即同類。地、水、火、風、空,均屬無情一類。

⑳ 識,一大,屬衆生世間故——"識"是一種精神活動,和名色互相依賴、互相結合而形成人的生命,實則指靈魂。識爲六大之一,所以稱"一大"。有情世界,即衆生世界才有識,在安樂國土中,不是屬於"衆生世間"。所以,在談安樂國的"器世間"時,没有説它。

㉑ 火,一大,彼中無故——火,六大中之一大,安樂國中没有火,所以,也不説它。

㉒ 水轂身——水轂,乳水。飲乳而活之人身,稱水轂身。

㉓ 四時——春、夏、秋、冬爲四時。

㉔《經》——《無量壽經》。

㉕ 十力無畏不共法——十力,如來之十力:一,知覺處非處智力,"處"義爲

道理，即知物之道理非道理之智力；二，知三世業報智力；三，知諸禪解脱三昧智力；四，知諸根勝劣智力；五，知種種解脱智力；六，知種種界智力；七，知一切至處道智力，即知各種修行方法行因所至之智力；八，知天眼無礙智力，以天眼見衆生生死及善惡業緣無障礙之智力；九，知宿命無漏智，即知衆生宿命又知無漏涅槃之智力；十，知永斷習氣智力，於一切妄惑餘氣，永斷不生能如實知之智力。無畏，又稱無所謂，佛在大衆中説法，泰然無畏之德。《法華經·方便品》："無量無礙，力無所畏。"《無量壽經》："善學無畏之網，曉了幻化之法。""無畏"之德有四：一，一切智無所畏；二，漏盡無所畏；三，説障道無所畏；四，説盡苦道無所畏，合稱"四無畏"。不共法，如來之功德與其他不同，故名不共法。通論如來之功德，都稱不共法，所以，《地持論》説一百四十不共法。常説的有十八不共法，而大、小乘説法不同，小乘所説，佛之十力、四無畏、三念住、大悲，共爲十八不共法。《無量壽經》"十力無畏不共法聲"，是依小乘之説。

㉖ 通慧——神通與智慧。又，諸神通以慧爲體，通即慧，所以稱通慧。《無量壽經》："諸通慧聲。"

㉗ 甘露灌頂衆妙法——灌頂，成佛之儀式，密教嗣阿闍梨位之儀式，也是廣泛爲弟子所行之儀式。甘露，異名天酒、美露，味甘如蜜，後喻如來之教法爲甘露。"甘露灌頂"即以甘露法水（香水）灌於頂上，表示祝賀或表示傳授。灌頂種類頗多，所以説"甘露灌預衆妙法"。

㉘ 清淨離欲寂滅真實之義——真實，即實相、真如、法性。寂滅，即涅槃、佛性、佛法。清淨，即離垢染，即佛性。離欲，即斷煩惱、寂滅。這幾個概念，可以通而理解爲佛法。"清淨離欲寂滅真實之義"，即佛法之義。

㉙ 三寶力無所畏不共之法——"無所畏不共之法"，參看注㉕。三寶力，佛教以佛、法、僧爲三寶，《寶性論》説這三寶："真寶世稀有，明淨及勢力，能莊嚴世間，最上不變等。"按小乘十八不共法，則有"三念住"：一念住，衆生信佛，佛亦不生喜心，常安住於正念正住；二念住，衆生不信佛，佛亦不生憂惱，常安住於正念正住；三念住，同時一類信，一類不信，佛知之亦不生歡喜與憂惱，常安住於正念正住。三寶力似亦可理解爲三念住。

㉚ 探湯、不及之情——探湯，探沸水則把手燙傷，比喻戒懼之意。《論語·季氏》："見善如不及，見不善如探湯，吾見其人矣，吾聞其語矣。"這裏的"探湯、不及之情"，便是用《論語》此典，喻安樂國人天，見淨穢諸相、善惡業緣，有戒懼或學習之情。不及，趕不上而思追上。

㉛ 以照法性等寶爲冠——人們把概念所表示的一切現象，看作各有自性差別的客觀實在，執爲實有。其實，全部有爲法都是幻化不實，依託各種因緣而生起的，似有而非有，無自性而空。把空的道理講明白，讓人們知道"有"的虛假，"法"

性實空，逐漸減少以至根絶對“法”的執着，稱爲“以空照有”，這就是“照法性”。以這些佛法之寶爲菩薩之冠，此冠中便有佛，見冠即能見佛，能了達一切諸法之性。《觀無量壽經》描述觀世音菩薩的天冠説：“頂上毗楞伽摩尼寶，以爲天冠，其天冠中，有一立化佛，高二十五由旬。”

㉜《經》——《觀無量壽經》：“見極樂國七寶莊嚴，寶地寶池，寶樹行列，諸天寶幔，彌覆其上，眾寶羅網，滿虚空中。”《無量壽經》：“無量寶網，彌覆佛土，皆以金縷真珠，百千雜寶，奇妙珍異莊嚴校飾，週匝四面，垂以寶鈴。光色晃曜，盡極嚴麗，微風吹之，演發無量法音。眾生聞之，自然皆生念佛、念法、念僧之心。”

㉝《經》——《無量壽經》：“晝夜六時，雨天曼陀羅花，微風吹之，遍滿佛土，柔軟芬芳，足履其上，陷下四寸，隨舉足已，還復如故，華(花)用已訖，以次化没，大地清淨。如是六反。”又，“象寶蓮花，週滿世界，一一寶花，百千億葉，其花光明，無量種色，青色青光，白色白光，玄黄朱紫，光色赫然，煒燁焕爛，明曜日月。”

㉞《經》——《無量壽經》。

㉟剋念——剋，必。剋念，專心一意念。

㊱在水不瀾——“瀾”應爲“爛”。

㊲《經》——《無量壽經》。

㊳諸根不具人——眼、耳、鼻、舌、身、意稱爲 “六根”。“諸根不具人”，指瞎、聾、啞等諸根有缺陷之人。

㊴飯有隨福之色——隨福之色，隨各人之福而顯示不同色相。“飯有隨福之色”，意思是説，諸天所用食具是一樣的，至於食用之飯，則以各人之福願而不同，均滿各人之願。

㊵足指按地，乃詳金礫之旨——“足指按地”形容佛之神通，佛以足觸處，盡爲黄金珍寶。《維摩經·佛國品》：“於是，佛以足指按地，即時三千大千世界，若千百千珍寶嚴飾，譬如寶莊嚴佛無量功德寶莊嚴土。”這裏説“足指按地，乃詳金礫之旨”，意思是説，淨土中遍地金礫，其原因在於佛之足指按地神通。

㊶本則三三之品，今無一二之殊——三三爲九，按《觀無量壽經》，在往生上品、中品、下品三品中，各品再分爲上、中、下三品，共爲九品往生，則往生者有九種等級區别。本爲九品，今則“平等”，“平等”一相，没有一及二的等級區别。

㊷淄澠一味——淄水、澠水，爲今山東省兩條河流，相傳二水味異，唯春秋齊國易牙能分辨。後來以“淄澠”比喻合則難辨的事物。“淄澠一味”，在這裏比喻往生淨土者，在淨土中都是一樣的大乘菩薩。

㊸佛刹——刹，梵文音譯，意譯爲土。佛刹，佛土、佛國。

㊹未階自在之位，而同自在之用——自在，進退無礙，或心離煩惱之繫縛，通達無礙，都稱爲自在。“自在之位”指菩薩之位。菩薩自在之用，有二種自在、四種

自在、五種自在、八種自在、十種自在之説。這兩句是説，尚未進達菩薩之位，但可有同於菩薩之作用自在。

㊺ 須彌之入芥子——須彌山，世界中心，山高八萬四千由旬（一由旬二十里，或四十里，或六十里）。芥子，芥之種子，小如粟粒。《維摩經·不可思議品》："芥子納須彌。須彌至大至高，芥子至微至小。""須彌之入芥子"，喻佛力之不可思議。

㊻ 佛因緣法——佛教之因緣法，是事物間因果關係的理論。"因"是原因，是能生；"果"是結果，是所生。"因"與"緣"略有區別，親生是"因"，疏助爲"緣"；又説力强爲"因"，力弱爲"緣"。但往往"因"與"緣"合爲"因緣"。指原因。佛家認爲，人、人類和整個世界，是一個因果關係的整體系統，佛、菩薩也受因果律的支配。而人生一切苦的根源，則在無明、行、識、名色、六處、觸、受、愛、取、有、生、老死等十二因緣，由十二因緣而造業，引起來世的果報，陷入生死流轉之中，永無超脱之時。只有依照佛法修行，滅盡貪欲，滅除痛苦，涅槃寂静，方能解脱。由十二因緣，説生死流轉之理，稱爲因緣法。

㊼ 此諦是境義——"諦"的本義是真實不虚，一般用於指道理之真實而不虚妄，如"第一義諦"，即第一真理，最高真理。但在此處，天親所説之"第一義諦"，曇鸞説明是"境"義，即指安樂國土之境界清淨，莊嚴之義真實不虚。

㊽ 建章——開始的一章，天親《往生論》一開頭便是"世尊我一心，歸命盡十方。無礙光如來，願生安樂國"，這四句偈包括五念門中的三念門，可説是《往生論》的第一章，所以稱爲"建章"。

㊾ 生爲有本，衆累之元——有，果之名，因果不亡之義。三有，指三界之生死境界：一，慾有，慾界之生死；二，色有，色界之生死；三，無色有，無色界之生死。"生爲有本"意思是説，人一出生，便入三有，所以，在三界中生死流轉，其根本在於生。"衆累之元"，"元"爲始，由於生，就會受各種煩惱所牽累，所以，生也是衆累之始端、根源。

㊿ 無生之生——凡人以生爲實生，這叫俗諦。佛家認爲俗諦之生，是因緣和合而産生的現象，並無自性，是爲假生，其實無生，這叫真諦。但真諦之無生，是依俗諦之假生而立，所以，俗諦之生爲假生，真諦之無生也是假無生。從真諦角度看，俗諦之生即無生，從俗諦角度看，真諦之無生即生。這是般若的一般理論。淨土法門以這個理論來解釋往生淨土之生，認爲阿彌陀佛之本願，是無生之生，是真諦之無生，而不是俗諦之生。"生"是凡夫之情，淨土爲無生界，所謂"往生"其實得無生，無生之生，無生即生。按真諦，生即無生，因而棄穢土之生；按真諦，無生即生，證淨土之往生。

51 無爲能爲之身——無爲，無所造作，虚無寂寞，滅絶煩惱，即佛教真理之異名。能爲，能隨因緣而化度衆生。"無爲能爲之身"，即佛之法身。

⑫ 湎三空不空之痼——湎，醉。三空，指言空、無相、無願三解脱，因三者共明空理，稱爲三空。痼，頑疾。“湎三空不空之痼”，意思是説，凡夫不明三空之理，不能悟空而獲解脱，而是沉迷於不空之中，如同酒徒醉酒的痼疾一樣。

⑬ 根敗永亡，號振三千，無反無復，於斯招恥——“根”指往生淨土之根，即往生淨土之信心願心。這四句的意思是説，這種人永遠没有往生淨土之根，在三界受苦，哭號之聲振動三千大千世界，既不能生於無生，又不能無生之生，於是只能招來恥辱。“號振三千”，見《維摩經·不思議品》：“我等何爲永絶其根，於此大乘已如敗種。一切聲聞，聞是不可思議解脱法門，皆應號泣，聲振三千大千世果。”

⑭ 生惑——凡夫以生爲真實之生，惑於此見，稱爲生惑。

⑮ 轉生見爲無生智——生見，凡夫以生爲實生之惑見。無生智，佛教以生爲無生之理，得此悟解爲無生智。“轉生見爲無生智”，即破生見而得無生智。

⑯ 此觀義，已彰前偈——觀察佛之八種莊嚴功德之内容，已在前面《往生論注》卷上説明。

⑰ 若欲觀座，當依《觀無量壽經》——《觀無量壽經》十六觀中之“花座想第七觀”説：“於七寶地上，作蓮華想，令其蓮華，一一葉上，作百寶色，有八萬四千脈，猶如天畫，脈有八萬四千光，了了分明，皆令得見。華葉小者，縱廣二百五十由旬。如是蓮華，具有八萬四千葉，一一葉間，有百億摩尼珠王，以爲映飾，一一摩尼珠，放千光明，其光如蓋，七寶合成，遍覆地上。釋迦毗楞伽寶，以爲其臺。此蓮華臺，八萬金剛甄叔迦寶，梵摩尼寶，妙真珠寶，以爲校飾。於其臺上，自然而有四柱寶幢，一一寶幢，如百千萬億須彌山，幢上寶幔，如夜摩天宫。復有五百億微妙寶珠，以爲映飾。一一寶珠，有八萬四千光。一一光，作八萬四千異種金色。一一金色，遍其寶土。處處變化，各作異相。或爲金剛臺，或作真珠網，或作雜華雲，於十方面，隨意變相，施作佛事。”

⑱ 若欲觀佛身，當依《觀無量壽經》——《觀無量壽經》十六觀中之“像想第八觀”説：“閉目開目，見一寶像，如閻浮檀金色，坐彼華上。見像坐已，心眼得開，了了分明，見極樂國七寶莊嚴，寶地寶池，寶樹行列，諸天寶幔，彌覆其上，眾寶羅網，滿虚空中。見如此事，極令明了，如觀掌中。見此事已，復當更作一大蓮華，在佛左邊，如前蓮華，等無有異。復作一大蓮華，在佛右邊。想一觀世音菩薩像，坐左華座，亦作金色，如前無異。想一大勢至菩薩像，坐右華座，此想成時，佛菩薩像，皆放光明，其光金色，照諸寶樹。一一樹下，亦有三蓮華，諸蓮華上，各有一佛二菩薩像，遍滿彼國。”

⑲ 以身見故——身見，於身執實我之邪見。因爲有身見，才有我執，强立主宰，引生煩惱，造種種業。

⑳ 八難身、流轉身——八難，見佛聞法有障礙的八處：一，地獄；二，餓鬼；三，

畜生；四，北俱盧洲（以樂極殊勝，總無諸苦）；五，色界、無色界長壽安然之處；六，聾盲喑啞；七，世智辯聰；八，佛前佛後，二佛中間無佛法之處。流轉，流者，相續；轉者，起。因果相續而生起，輪迴於三界之中。“八難身、流轉身”，即其身處八難、流轉之中。

61 無名聞苦——名聞，名譽聞於世間。“無名聞苦”，即没有名聲之苦。

62 若石蛭唼、若甘刀割——蛭，螞蟥。這兩句是説，如同螞蟥吸血，快刀割肉那樣，人們不易知覺。

63 若在因緣，則非知、非無知——按大乘般若中觀學派的觀點，“有”爲俗諦，“空”爲真諦，都是執着。其實，有爲假有，空非真空，不偏於兩邊，才是正確的。這裏的“非知非無知”，即中觀學派的“非有非空”觀點。這兩句是説，若有因緣，就能用中觀學派的觀點來理解“知”。

64 作得在，非守在——能作，不能守住。

65 本法藏菩薩四十八願、今日阿彌陀如來自在神力——法藏菩薩成佛，名爲阿彌陀佛。菩薩發願，於將來成佛時，在其所建設之國土内實現何等作用或狀態，此種願稱爲“本願”。“本法藏菩薩四十八願”，即“法藏菩薩四十八本願”。願就是力，有願便有力，今日阿彌陀佛之自在神力，便是願力。

66 願以成力——成力，即成就衆生力。“願以成力”即以成就衆生之力。

67 八地以上法性生身菩薩也——“法性生身”爲菩薩二種身之一。《智度論》七十四：“菩薩有二種：一者，生死肉身；二者，法性生身，得無生忍法，斷諸煩惱，捨是身後得法性生身。”生死肉身爲未證法性，因惑業受三界生死分段身之菩薩。法性生身，爲既證得無生忍法性，捨三界生死肉身，受不生不死不思議變易身之菩薩。法性生身，經論以爲是初地以上菩薩，曇鸞則以爲是八地以上。

68 報生三昧——爲八地以上菩薩常入三昧。《智度論》五十：“經曰：云何菩薩常入三昧？菩薩得報生三昧故。論曰：得報生三昧，如人見色，不用心力，住是三昧度衆生，安穩勝於如幻三昧，自然成事，無所役用。如人求財，有役力得者，有自然得者。”住此三昧，不用心力，依此三昧之力自然作事，不加功用，其身之果報，現種種之形，生種種之功德。

69 諸佛大會衆海——佛集衆説法爲佛會。參會之衆甚多，喻之如海，因稱諸佛大會衆海。

70 非不非心——“不非”即有。未證淨心菩薩尚未證法性，未斷俗諦之“有”見，即未斷惑業。把這種“不非心”加以否定，非“不非心”，即這裏所説的非不非心。

71《十地經》——九卷，唐代尸羅達摩譯。

72 漸——積累。

⑬ 此——指上地菩薩,即八地以上菩薩。

⑭ 若不即等,復何待言菩薩——意思是説,未證淨心菩薩與上地菩薩身等、法等,這個“等”字,如果不是指即時相等,而是指“畢竟等”即將來相等,那麽,反正是將來之事,何必説畢竟與上地菩薩等?直接説畢竟與佛等,豈不更好?

⑮ 被弘誓鎧——菩薩共同性的本願爲四弘誓願,即四大誓願:一,衆生無邊,誓願度;二,煩惱無邊,誓願斷;三,法門無量,誓願學;四,佛道無上,誓願成。這四個弘誓,是菩薩修行的動力,菩薩爲實現弘誓而努力,如同披上鎧甲,所向披靡。“被”即披,“鎧”即鎧甲。

⑯ 超出常倫諸地之行——菩薩有十個等級,稱爲十地。按其修行之功德成就,一地一地晉級。這是常規。超出同類菩薩的這種常規,打破一地一地晉級修行之法,越級而至八地以上菩薩之位,便是“超出常倫諸地之行”一句的意思。“倫”指同類。

⑰ 於閻浮提一應化道——應化,應者,應現,應衆生之機類而現身;化者,變化,應真佛緣而變化種種。“應化道”,順應世間衆生機類而制定的方法。這一句的意思是説,佛在世間的一種特殊的方法。“閻浮提”指現實世界,在佛家宇宙觀中,爲四大洲中之南贍部洲。

⑱ 未敢詳也——詳,知悉。“未敢詳也”即未敢知也,意思是不敢贊同。别本作“未敢許也”。

⑲ 證羅漢於一聽,制無生於終朝——據説釋迦修苦行六年,在三十五歲那年夜半,於菩提樹下豁然覺悟,制無生之法,成無上正覺。這便是所謂“制無生於終朝”。聽佛説法,便證得阿羅漢果,即“證羅漢於一聽”者,非止一例。

⑳ 既知上首,恐同長幼——上首,一座中之主位,可以爲一人,也可以爲多人。如《無量壽經》中説,一萬二千比丘衆中,舉三十一比丘爲上首。在諸上首中,恐怕長幼不分,主從混同,所以,還須明確主者爲誰。

㉑《經》——《無量壽經》。

㉒ 諒夫紹隆三寶常使不絶——諒,誠信。夫,語助詞,同“乎”。三寶,佛、法、僧。這一句的意思是説,由此可信,三寶定能後繼有人並興隆起來,長此以往,不會斷決。

㉓ 肇公——僧肇(384—441),俗姓張氏,爲我國東晉時期重要的佛學理論家之一,早年研習老莊,後出家爲僧,是當時著名佛經翻譯家鳩摩羅什的弟子。他繼承印度佛教大乘空宗一派的理論,對我國魏晉以來玄學和佛學的各主要流派進行了系統的總結,建立起自己的宗教哲學體系。鳩摩羅什曾稱許他説:“秦人解空第一者,僧肇其人也。”他的著作主要有《不真空論》《物不遷論》《般若無知論》等。

㉔ 法身無像,而殊形並應;至韻無言,而玄籍彌布;冥權無謀,而動與事

會——這幾句話，出於僧肇《注維摩詰經序》，意思是説，法身本是真理，真理無像，但不同的有形像的萬物都是它的體現；最高的真理是寂滅，本來無語言表達，但佛教的書籍到處傳；佛法方便，本來不是計謀，但能變動而適應各種事情。

四、淨入願心

"淨入願心"者：

【又向説觀察莊嚴佛土功德成就，莊嚴佛功德成就，莊嚴菩薩功德成就，此三種成就願心莊嚴應知。】

"應知"者，應知此三種莊嚴成就，由本四十八願等清淨願心之所莊嚴，因淨故果淨，非無因、他因有也[①]。

【略説入一法句故。】

上，國土莊嚴十七句、如來莊嚴八句、菩薩莊嚴四句爲"廣"，入一法句爲"略"[②]。

何故示現"廣略相入"？諸佛、菩薩有二種法身：一者，法性法身；二者，方便法身[③]。由法性法身生方便法身，由方便法身出法性法身。此二法身，異而不可分，一而不可同。是故廣略相入，統以"法"名。

菩薩若不知"廣略相入"，則不能自利利他。

【"一法句"者，謂清淨句。"清淨句"者，謂真實智慧無爲法身故。】

此三句展轉相入。依何義名之爲"法"？以清淨故。依何義名爲"清淨"？以真實智慧無爲法身故。

"真實智慧"者，實相智慧也，實相無相，故真智無知也。"無爲法身"者，法性身也，法性寂滅，故法身無相也。無相故能無不相，是故相、好莊嚴，即法身也。無知故能無不知，是故一切種智即真實智慧也。

以"真實"而目智慧，明智慧非作，非非作也。以"無爲"而標法身，明法身非色、非非色也。非於"非"者，豈非非之能是乎？蓋無非之曰是也。自是，無待復非是也。非是、非非，百非之所不喻[4]，是故言清淨句。"清淨句"者，謂真實智慧無爲法身也。

【此清淨有二種應知。】

上，轉"入"句中，通一法入清淨，通清淨入法身[5]。今將別清淨出二種故，故言"應知"。

【何等二種？一者，器世間清淨；二者，衆生世間清淨。"器世間清淨"者，如向説十七種莊嚴佛土功德成就，是名器世間清淨。"衆生世間清淨"者，如向説八種莊嚴佛功德成就，四種莊嚴菩薩功德成就，是名衆生世間清淨。如是，一法句攝二種清淨義應知。】

夫衆生爲别報之體，國土爲共報之用[6]。體用不一，所以應知。然諸法心成無餘境界[7]，衆生及器復不得異，不得一。"不一"則義分，“不異”同清淨。“器”者，用也，謂彼淨土是彼清淨衆生之所受用，故名爲器。如淨食，用不淨器，以器不淨，故食亦不淨。不淨食，用淨器，食不淨，故器亦不淨。要二俱潔，乃得稱淨。是以一“清淨”名，必攝二種。

問曰：“言衆生清淨，則是佛與菩薩。彼諸人天，得入此清淨數不？”

答曰：“得名清淨，非實清淨。譬如出家聖人⑧，以殺煩惱賊故，名爲比丘⑨。凡夫出家者，持戒破戒⑩，皆名比丘。又如，灌頂王子初生之時⑪，具三十二相，即爲七寶所屬，雖未能爲轉輪王事，亦名轉輪王，以其必爲轉輪王故。彼諸人天，亦復如是，皆入大乘正定之聚，畢竟當得清淨法身⑫，以當得故，得名清淨。”

【注釋】

① 非無因、他因——有因必有果，有果必有因。這個因果律是普遍的，在時間上，因果遍於過去、現在、未來三時，因果相應，如環無端，本無生起之時，也無終止之期。在空間上，宇宙結構中的人類社會、各種天界和地獄，連佛、菩薩也都受因果律的支配。這是佛教和其他宗教相比的一大特點，其他宗教一般都以爲最高神是超出因果律之上，不受因果律支配的，佛教則雖宣傳佛、菩薩的不可思議神通，但又强調神通是和因果律相符合的、一致的。既然如此，那末，淨土的三種莊嚴成就當然是有因的了，所以説“非無因”。因是什麽？便是阿彌陀佛四十八本願，而不是别的什麽原因，所以説非“他因”。

② 一法句——即觀察門第一句：“莊嚴清淨功德成就。”這一句與其他各句有一個共同公式，即“莊嚴……功德成就”，而這一句的特殊之處，就在於“清淨”二字。因此，曇鸞稱“一法句”爲“清淨句”。

③ 諸佛、菩薩有二種法身：一者，法性法身；二者，方便法身——這兩種法身之説，爲曇鸞所創。别家所説兩種法身，與曇鸞此説有所不同。曇鸞所説的“法性法身”，爲證得法性，即證得佛性之佛之真身，真如之身，通常稱爲“法性身”“報身”。曇鸞所説的“方便法身”，是由法性法身爲示現衆生化益方便之身，通常稱爲“應身”“化身”“應化身”。

④ 非是、非非，百非之所不喻——中觀學派好用“非”字來表達他們的思想，如“非有非空”“非作非非作”“非色非非色”之類。前面曇鸞也如同概念遊戲一般

地運用這個“非”字作文章，彎彎繞繞，十分難明。於是，曇鸞跳出這個圈子，指出“非是、非非，百非之所不喻”，意思是説，淨土的實質是什麽，説非是，説非非，説一百個“非”字也説不清楚。因此，乾脆説“清淨”，便可説清了。

⑤ 通一法入清淨，通清淨入法身——“一法句”中的“法”，“莊嚴清淨功德成就”中之“清淨”，“真實智慧無爲法身”中的“法身”，這“法”“清淨”“法身”三者是相通相入的，“法”即指“清淨”，“清淨”即指“法身”。

⑥ 衆生爲别報之體，國土爲共報之用——别報，别業所感各人不同之果報，如同人間貧富壽夭等之不同。衆生造不同之業，往生淨土後受不同之果報，有九品之區别。無論如何不同，往生淨土後，衆生是受果報之體，而安樂國土則是衆生共同之所受用。

⑦ 諸法心成無餘境界——“無餘”與“有餘”相對而言，是涅槃的兩種境界。“餘”指不盡。斷除貪慾煩惱，已滅生死之因，但作爲前世惑業造成的果報即肉身還在，仍然活在世間，而且還有思慮活動，是不徹底的涅槃境界，稱爲有餘涅槃，或有餘依涅槃。不僅滅除生死的因，也滅盡生死的果，原來的肉體没有了，思慮活動没有了，灰身（死後焚骨揚灰）滅智，生死的因果都盡，不再受生，是最高理想境界，稱爲無餘涅槃，或無餘依涅槃。“諸法心”的“法”即清淨，“諸法心”即諸衆生清淨心。“諸法心成無餘境界”的意思是説，淨土諸衆生之清淨心已成無餘涅槃境界。

⑧ 出家聖人——出家之人，種類不一，有四類：一，身出家，心不出家，身参法侣，心猶顧戀；二，身在家，心出家，雖受用妻子，不生耽染；三，身、心俱不出家；四，身、心俱出家，除六情餞，斷貪慾染，破惑已盡。所謂“出家聖人”，即指身、心俱出家之阿羅漢、菩薩之類。

⑨ 比丘——楚文音譯，又作苾芻，意爲乞士，爲出家受具足戒者之通稱。因“上從如來乞法以煉神，下就俗人乞食以資生”，故名乞士。

⑩ 持戒破戒——防身心之過，稱爲“戒”。佛教有五戒、八戒、十戒、具足戒四級。具足戒，比丘爲二百五十戒，比丘尼爲三百四十八戒。“持戒”即遵守戒律；“破戒”即不遵守戒律。

⑪ 灌頂王子——六十《華嚴經》二十七：“佛子，譬如轉輪聖王太子成就王相，轉輪聖王令太子在白象寶閻浮檀金座，取四大海水，上張羅幔，種種莊嚴，幢旛妓樂，執金鐘香水，灌於頂上，即名爲灌頂大王，具足轉十善道故，名轉輪聖王。”此處説灌頂王子，是以此爲喻説明王子灌頂後雖未爲轉輪王事，也名爲轉輪王。

⑫ 清淨法身——即清淨之佛身，《法華經·法師品》稱爲“清淨光明身”。

五、善巧攝化

“善巧攝化”者：

【如是菩薩奢摩他毗婆舍那廣略修行，成就柔軟心。】

“柔軟心”者，謂廣略止觀，相順修行，成不二心也[①]。譬如，以水取影，清靜相資，而成就也。

【如實知廣略諸法。】

“如實知”者，如實相而知也，“廣”中二十九句，“略”中一句，莫非實相也[②]。

【如是成就巧方便迴向。】

“如是”者，如前後“廣”“略”，皆實相也。以知實相故，則知三界衆生虚妄相也；知衆生虚妄，則生真實慈悲也；知真實法身，則起真實歸依也。

“慈悲”之與“歸依”“巧方便”在下。

【何者菩薩巧方便迴向？“菩薩巧方便迴向”者，謂說“禮拜”等五種修行，所集一切功德善根，不求自身住持之樂，欲拔一切衆生苦，故作願：攝取一切衆生，共同生彼安樂佛國。是名菩薩巧方便迴向成就。】

案，王舍城所說《無量壽經》：三輩生中③，雖行有優劣，莫不皆發無上菩提之心。此“無上菩提心”即是願作佛心，“願作佛心”即是度衆生心，“度衆生心”即攝取衆生生有佛國土心④。是故，願生彼安樂淨土者，要發無上菩提心也。若人不發無上菩提心，但聞彼國土受樂無間，爲樂故願生，亦當不得往生也。是故言“不求自身住持之樂，欲拔一切衆生苦故”。“住持樂”者，謂彼安樂淨土，爲阿彌陀如來本願力之所住持，受樂無間也。

凡釋“迴向”名義，謂以己所集一切功德，施與一切衆生，共向佛道。

“巧方便”者，謂菩薩願以己智慧火，燒一切衆生煩惱草木，“若有一衆生不成佛，我不作佛”。而衆生未盡成佛，菩薩已自成佛。譬如火棕，欲摘一切草木，燒令使盡⑤，草木未盡，火棕已盡。以後其身而身先⑥，故名巧方便。

此中言“方便”者，謂作願攝取一切衆生，共同生彼安樂佛國，彼佛國即是畢竟成佛道路，無上方便也。

【注釋】

① 謂廣略止觀，相順修行，成不二心也——五念門中，作願一門，最爲緊要。以作願故，功有所歸，心有所專。功有所歸，則心不散失，如錢有繩，錢不散失；心有所專（發願往生西方安樂國，則心專注於西方淨土），則攝散歸定，定即“奢摩他”。依“奢摩他”，修“毗婆舍那”——由作願門而起觀察門——觀察佛之依報莊

嚴，則止中有觀，觀中有止，止觀雙運。觀察佛之依報莊嚴，三種觀察，爲“廣”，三攝於一，以一清淨法界爲總，是謂“略”。所謂“廣略止觀，相順修行”，意思便是修“止”而修“觀”，觀“廣”而觀“略”，照此順序修行；或倒過來，觀“略”而觀“廣”，修“觀”而修“止”，也是一樣，這叫“相順”修行。所謂“成不二心”，因心有煩惱，則成多心，猶如野馬，如修止觀，即能降伏一切煩惱，心猿入洞，意馬歸槽，則不二心成。成不二心，便修得心柔軟忍，所以，不二心成則柔軟心成。

② “廣”中二十九句，“略”中一句，莫非實相也——“實相”即真如、法性、佛性，即“清淨”。安樂國中，無論國土之真實相，衆生之真實相，皆爲清淨。所以說，“廣”中二十九句，“略”中一句，莫非實相。

③ 三輩生——即往生西方彌陀淨土的三個等級。《無量壽經》中，分往生者爲上、中、下三輩，也稱三輩生。

④ 有佛國土——有佛之國土，即有阿彌陀佛之國土，即安樂國土。

⑤ 譬如火㭬，欲摘一切草木，燒令使盡——火㭬，撥火棍。《廣韻》：“㭬，火杖。”摘，擾攪。這三句是説，比如撥火棍，攪擾一切草木，本來是要燒盡草木的。

⑥ 以後其身而身先——撥火棍撥火，本要先燒草木，以後再燒自己，實際自己先燒完。

六、離菩提障

“障菩提門”者[①]：

【菩薩如是善知迴向成就，即能遠離三種菩提門相違法。何等三種？一者，依智慧門，不求自樂，遠離我心貪著自身故。】

知進守退，曰“智”；知空無我，曰“慧”。依智故，不求自樂；依慧故，遠離我心貪著自身[②]。

【二者，依慈悲門，拔一切衆生苦，
遠離無安衆生心故。】

拔苦曰"慈"，與樂曰"悲"[③]。依慈故，拔一切衆生苦；依悲故，遠離無安衆生心[④]。

【三者，依方便門，憐愍一切衆生心，
遠離供養恭敬自身心故。】

正直曰"方"，外己曰"便"。依正直故，生憐愍一切衆生心；依外己故，遠離供養恭敬自身心[⑤]。

是名"遠離三種菩提門相違法"。

【注釋】

① 障菩提門——菩提，梵文音譯，意譯爲"道"，又譯爲"覺"。這裏所説"菩提"，指大乘菩提心，即 大乘求正覺之心。如果與大乘菩提心相違，障礙大乘菩提心，便違背阿彌陀佛建立淨土之宗旨。菩薩善知迴向，所以遠離三種相違菩提心之法。"障菩提門"即指出障礙菩提心之三法，並説明菩薩如何破此。在此卷開始，曇鸞立此卷十章之名，關於這一章的標題是"離菩提障"，這個標題是確切的，與内容相符。此處原文變爲"障菩提門"，與前面原文的標題不符，與内容也不符，原文前後不一致，似非曇鸞原意，可能是傳抄之誤。尊重原文，不作改動，略爲説明，僅供參考。

② 依智故，不求自樂；依慧故，遠離我心貪著自身——修學佛法，要以無我之心爲出發點，若有我執，即成凡夫。要破我執，須有智慧。由智慧而破"人我執"，斷煩惱障，證生空理；破"法我執"，斷所知障，證法空理。所謂"生空"，是説我的身體由色、受、想、行、識五蘊和合而成，並無實在自性，所以，我之生是空非實。由了"生空"，進一步知和合成人之五蘊，也是衆緣和合而成，也無實在自性，則五蘊皆空，一切法空。所以菩薩"知進守退"，進則求菩提，退則守"無我"，不求自樂，不起

貪著。

③ 與樂——與一切衆生樂。

④ 遠離無安衆生心——衆生於生死苦海中流轉，如處火宅之中，菩薩如只離“我”，不安衆生，則違菩提，故違離此種“無安衆生”心以大慈悲心，令衆生脱離三界生死苦海，往生淨土，得究竟樂。

⑤ 遠離供養恭敬自身心——俗人立功、立德、立言，都不離我執之心，所以，功成則圖一己之享受。菩薩不然。菩薩上求菩提，如不憐愍衆生，只圖以安樂來供養自己，則屬於“供養恭敬自身心”，不合“利他”的精神。因而菩薩依智慧爲本而起方便，作迴向利他之行，憐愍一切衆生，遠離供養恭敬自身心。

七、順菩提門

“順菩提門”者：

【菩薩遠離如是三種菩提門相違法，得三種隨順菩提門法滿足故。何等三種？一者，無染清淨心，以不爲自身求諸樂故。】

“菩提”是無染清淨處。若爲身求樂，即違菩提。是故，無染清淨心是順菩提門。

【二者，安清淨心，以拔一切衆生苦故。】

“菩提”是安穩一切衆生清淨處。若不作心拔一切衆生離生死苦，即便違菩提。是故，拔一切衆生苦，是順菩提門。

【三者，樂清淨心，以令一切衆生得大菩提故，
以攝取衆生生彼國土故。】

“菩提”是畢竟常樂處。若不令一切衆生得畢竟常樂，則違菩提。此畢竟常樂依何而得？依大乘門。“大乘門”者，謂彼安樂佛國土是也，是故又言“以攝取衆生生彼國土故”。

是名三種隨順菩提門法滿足應知。

八、名義攝對

“名義攝對”者：

【向説智慧、慈悲、方便三種門，
攝取般若，般若攝取方便應知。】

“般若”者，達如之慧名[①]；“方便”者，通權之智稱[②]。達如則心行寂滅，通權則備省衆機[③]。省機之智，備應而無知[④]；寂滅之慧，亦無知而備省[⑤]。然則，智慧、方便，相緣而動，相緣而静。動不失静，智慧之功也；静不廢動，方便之力也。是故，智慧、慈悲、方便，攝取般若；般若攝取方便。

“應知”者，謂應知智慧、方便是菩薩父母，若不依智慧、方便，菩薩法則不成就[⑥]。何以故？若無智慧，爲衆生時則墮顛倒；若無方便，觀法性時則證實際[⑦]，是故應知。

【向説遠離我心不貪著自身，遠離無安衆生心，遠離供養恭敬自身心，此三種法，遠離障菩提心應知。】

諸法各有障礙相，如：風能障靜、土能障水、濕能障火、五黑十惡障人天[8]、四顛倒障聲聞果[9]，此中三種不“遠離”，障菩提心。

“應知”者，若欲得無障，當遠離此三種障礙也。

【向説無染清淨心，安清淨心，樂清淨心，此三種心略一處，成就妙樂勝，真心應知。】

“樂”有三種：一者，外樂，謂五識所生樂[10]；二者，内樂，謂初禪、二禪、三禪意識所生樂[11]；三者，法樂樂，謂智慧所生樂。

此“智慧所生樂”，從愛佛功德起，是遠離我心、遠離無安衆生心、遠離自供養心。是三種心清淨增進，略爲妙樂勝真心[12]。“妙”言其好，以此樂緣佛生故。“勝”言勝出三界中樂[13]。“真”言不虚僞、不顛倒。

【注釋】

① “般若”者，達如之慧名——“般若”即智慧之名，這種智慧，能通達“真如”。

② “方便”者，通權之智稱——“權”即變通、機變。古代稱道之不變者爲“經”，反經合道爲“權”。《公羊傳·桓十一年》：“權者何？權者反於經，然後有善者也。”《孟子·離婁上》：“嫂溺援之以手者，權也。”佛家則解釋“權”爲利他之手段方法。“方便”，方者，方法；便者，便用。便用適於衆生之機之方法，稱爲方便。又，方者爲方正之理，便者爲巧妙之言詞，對種種之機，用方正之理與巧妙之言，稱爲方便。又，方者衆生之方域，便者教化之便法，應諸機之方域，而用適化之便法，稱爲方便。無論“方便”的含義是哪一種，都可通指大、小乘一切佛教。所以，“方便者，通權之智稱”兩句的意思便可以有多種理解，如：一切佛教法，都是達到利他目的之

智慧。又,“方便”,是達到利他目的的智慧。又,“方便”是智慧之名稱,這種智慧與“權”相通,即能適應千變萬化的情況,採取適當的方法,引導人們合於佛道。

③ 通權則備省衆機——省,明白。機,機緣、機會、機遇。“通權則備省衆機”,方便通權,因而可以週密地察知各種機緣。

④ 省機之智,備應而無知——應,相應、應和、應付。《易·乾·文言》:“同聲相應,同氣相求。”《荀子·天論》:“望時而待之,孰與應時而使之。”“省機之智,備應而無知”,意思是説,能察知各種機緣的智慧,可以週密地應付各種機緣,但這種智慧是無知之智,無意識的、不操心的智慧,或即佛智。

⑤ 寂滅之慧,亦無知而備省——“寂滅之慧”即佛智。“聖心無知故無所不知”,這種寂滅之慧無知,又無所不如,能週密地察知各種機緣,並能合宜地應付。

⑥ 菩薩法——即菩薩之道,指佈施、持戒、忍、精進、定、智慧六度,即六波羅蜜。

⑦ 若無智慧,爲衆生時則墮顛倒;若無方便,觀法性時則證實際——“顛倒”指虚妄的邪見,如以無常爲常,以無我爲有我,以苦爲樂,因反於佛理,稱爲顛倒。《維摩經·觀衆生品》:“虚妄分别孰爲本?答曰:顛倒想爲本。”衆生由於顛倒想而生種種煩惱,造業作惡,淪於三界生死苦海之中。菩薩因有智慧,在尚是衆生而未成菩薩之時,能破虚妄,不墮顛倒,因而能斷除煩惱,跳出三界之外。所以説,“若無智慧,爲衆生時則墮顛倒”。“實際”本爲真如之同義詞,此處指實體。法性非實非虚,非有非無,既不能視爲實有,也不能視爲虚無,但體現在諸法之中,諸法之間卻千差萬别,這種種區别是由方便而造成,即隨機緣而造成。明白“方便”之理,便可從千差萬别的諸法中了知不變之法性。如果不明“方便”之理,於千差萬别諸法中便看不出其中不變的法性,對非實非虚的法性的看法,很可能落入實有一邊,那便又墮入顛倒了。這便是“若無方便,觀法性時則證實際”的意思。不過,這兩句也可解釋爲:如果不能採用各種適當方法普度衆生(利他),觀法性時便會像小乘那樣證入涅槃去了。曇鸞在這裏强調的智慧與方便,佛家常比爲鳥之兩翼。《大智度論》卷七二二“鳥身是菩薩……無兩翅者,是無般若波羅蜜、無方便。”在《大乘大義章·次問羅漢受訣並答》中,鳩摩羅什説:“是故佛言,雖有無量功德,無般若(智慧)漚和(方便),如鳥無兩翅,不能遠至。”

⑧ 五黑十惡——“黑”爲惡業之異名。《俱舍論》十六:“諸不善業一向名黑,染污性故;色界善業一向名白,不雜惡故。”以“五”名惡者有五惡、五過、五障、五濁、五道、五逆、五塵、五蓋等。此處“五黑”,姑解爲五惡,即殺、盜、淫、妄語、飲酒。“十惡”:殺生、偷盜、邪淫、妄語、離間語、粗惡語、雜穢語、貪慾、瞋恚、邪見。

⑨ 四顛倒障聲聞果——“四顛倒”有兩種:一,凡夫之四顛倒,指以無常爲常,以苦爲樂,以不淨爲淨,以無我爲有我;二,聲聞、緣覺二乘之四顛倒,於涅槃之常

而計無常，於涅槃之樂而計無樂，於涅槃之我而計無我，於涅槃之淨而計無淨。此處之"四顛倒"指二乘之四顛倒。"聲聞果"即聞佛之聲教，悟苦、集、滅、道四諦之理，照此修行，斷見思之惑，而入於涅槃，即修到了不生不死之地位，稱爲聲聞果。聲聞果中有四種：一，須陀洹，即預流果；二，斯陀含，即一來果；三，阿那含，即不來果；四，阿羅漢，即無生果。聲聞只求利己，不求利他，爲小乘。"四顛倒障聲聞果"，是説聲聞果者受四顛倒之障，不能發大乘菩提心。

⑩ 五識——依眼、耳、鼻、舌、身五根而生，緣色、聲、香、味、觸五境之心識有五：一，眼識；二，耳識；三，鼻識；四，舌識；五，身識。這五識是眼、耳、鼻、舌、身、意六識中之前五識，是和五種感官相應的識，通常稱爲"前五識"。第六識"意"具有一般的性質，表現爲推理、判斷、記憶等。三界之中，慾界眾生有六識，色界之初禪天有眼、耳、身、意四識，二禪天以上只有意識。

⑪ 初禪、二禪、三禪——色界共有四禪十七天，是依據禪定分類的。"四禪"是用以根治迷惑、産生功德的四種禪定。初禪，是感受到離開慾界生活之喜樂，但是仍然有對事理的粗略思考活動("尋")和細密深入思考活動("伺")，還没有斷除。初禪有三天。二禪是斷滅"尋""伺"，泯除理性活動，形成内心信仰，産生神秘直覺，從而感受到禪定自身的喜樂。二禪共三天。三禪是捨去二禪的喜樂，住於非苦非樂的境地，産生"離喜妙樂"，即非常淨妙的静觀。三禪共三天。四禪是進一步捨去三禪的妙樂，唯念修養功德，而得"不苦不樂"的極深感受。四禪共八天。這四禪和色界諸天密切不可分，色界諸天即以四禪命名。修持四禪，可以脱離慾界感受，而和色界的想與感受相應，在死後可生於色界四禪天。曇鸞在這裏只説初禪、二禪、三禪之樂，不説四禪，因爲四禪無樂。

⑫ 略爲——即簡略爲、概括爲。

⑬ 勝出三界中樂——"三界中樂"即前面所説的五識所生樂和初禪、二禪、三禪意識所生樂。五識所生樂爲慾界中樂，初禪、二禪、三禪意識所生樂爲色界中樂。智慧所生樂爲無菩提心，即實相無相之佛果涅槃妙心，此樂當然"勝出三界中樂"。

九、願事成就

"願事成就"者：

【如是菩薩智慧心、方便心、無障心、勝真心，
能生清淨佛國土應知。】

“應知”者，謂應知此四種清淨功德，能得生彼清淨佛國土，非是他緣而生也。

【是名菩薩摩訶薩隨順五種法門所作，隨意自在成就，
如向所説，身業、口業、意業、智業、方便智業，
隨順法門故。】

“隨意自在”者，言此五種功德力，能生清淨佛土，出没自在也。“身業”者，禮拜也；“口業”者，贊歎也；“意業”者，作願也；“智業”者，觀察也；“方便智業”者，迴向也。言此五種業和合，則是隨順往生淨土法門自在業成就。

十、利行滿足

“利行滿足”者：

【復有五種門，漸次成就五種功德應知。
何者五門？一者，近門；二者，大會眾門，三者，宅門；
四者，屋門；五者，園林遊戲地門。】

此五種示現入出次第相。

入相中，初至淨土，是近相，謂入大乘正定聚，近阿耨多羅三藐三菩提[①]。入淨土已，便入如來大會衆數[②]。入衆數已，當至修行安心之宅。入宅已，當至修行所居屋寓。修行成就已，當至教化地。教化地即是菩薩自娛樂地[③]，是故，出門稱園林遊戲地門。

【此五種門，初四種門成就“入”功德，第五門成就“出”功德。】

此入出功德門，何者是？釋言：

【入第一門者，以禮拜阿彌陀佛爲生彼國故，得生安樂世界。是名入第一門。】

禮佛願生佛國，是初功德相。

【入第二門者，以讚歎阿彌陀佛，隨順名義，稱如來名，依如來光明智相修行故，得入大會衆數。是名入第二門。】

依“如來”名義讚歎，是第二功德相。

【入第三門者，以一心專念，作願生彼，修奢摩他寂靜三昧行故，得入蓮華(花)藏世界。是名入第三門。】

爲修寂靜止故，一心願生彼國，是第三功德相。

【入第四門者，以專念觀察彼妙莊嚴，修毗婆舍那故，得到彼處，受用種種法味樂。是名入第四門。】

“種種法味樂”者，毗婆舍那中，有觀佛國土清淨味、攝受衆生大乘味、畢竟住持不虛作味、類事起行、願取佛土味[④]。有如是等無量莊嚴佛道味，故言“種種”是第四功德相。

【出第五門者，以大慈悲觀察一切苦惱衆生，示應化身，迴入生死國、煩惱林中，遊戲神通至教化地。以本願力迴向故，是名出第五門。】

“示應化身”者，如《法華經》普門示現之類也[⑤]。

“遊戲”有二義：一者，自在義。菩薩度衆生，譬如獅子搏鹿，所爲不難，如似遊戲。二者，度無所度義。菩薩觀衆生，畢竟無所有[⑥]。雖度無量衆生，而實無一衆生得滅度者，示度衆生如似遊戲。

言“本願力”者，示大菩薩於法身中，常在三昧而現種種身、種種神通、種種説法，皆以本願力起。譬如阿修羅琴[⑦]，雖無鼓者，而音曲自然。是名教化地第五功德相。

【菩薩入四種門，自利行成就應知。】

“成就”者，謂自利滿足也。“應知”者，謂應知由自利故，則能利他，非是不能自利而能利他也。

【菩薩出第五門，迴向利益他行成就應知。】

“成就”者，謂以迴向因，證教化地果[⑧]。若因若果，無有一事不能利他。“應知”者，謂應知由利他故，則能自利，非是不能利他而能自利也。

【菩薩如是修五念門行，自利利他，速得成就阿耨多羅三藐三菩提故。】

佛所得法，名爲阿耨多羅三藐三菩提，以得此菩提，故名爲佛。今言“速得阿耨多羅三藐三菩提”，是得早作佛也。

“阿”名無，“耨多羅”名上，“三藐”名正，“三”名遍，“菩提”名道，統而譯之，名爲無上正遍道。“無上”者，言此道窮理盡性，更無過者。何以言之？以正故。“正”者，聖智也，如法相而知[⑨]，故稱爲正智。法性無相，故聖智無知也。“遍”有二種：一者，聖心遍知一切法；二者，法身遍滿法界。若身若心，無不遍也。“道”者，無礙道也。《經》言[⑩]：“十方無礙人，一道出生死。”“一道”者，一無礙道也。“無礙”者，謂知生死即是涅槃，如是等入不二法門無礙相也[⑪]。

問曰：“有何因緣，言速得成就阿耨多羅三藐三菩提？”

答曰：“《論》言[⑫]：修五門行，以自利利他成就故。然覈求其本，阿彌陀如來爲增上緣。‘他利’之與‘利他’，談有左右[⑬]。若自佛而言，宜言利他；自衆生而言，宜言他利。今將談佛力，是故以利他言之，當知此意也。

“凡是生彼淨土及彼菩薩、人天所起諸行，皆緣阿彌陀如來本願力故。何以言之？若非佛力，四十八願便是徒設。今的取三願，用證義意：

“願言[⑭]：‘設我得佛，十方衆生，至心信樂，欲生我國，乃至十念，若不得生者，不取正覺。唯除五逆、誹謗正法。’

“緣佛願力，故十念念佛，便得往生。得往生故，即免三界輪轉之事。無輪轉故，所以得速，一證也。

“願言[15]：‘設我得佛，國中人天不住正定聚、必至滅度者，不取正覺。’

“緣佛願力，故住正定聚。住正定聚，故必至滅度，無諸迴伏之難[16]，所以得速，二證也。

“願言[17]：‘設我得佛，他方佛土諸菩薩眾，來生我國，究竟必至一生補處。除其本願自在所化，爲眾生故，被弘誓鎧，積累德本，度脱一切。遊諸佛國，修菩薩行，供養十方諸佛如來，開化恒沙無量眾生，使立無上正真之道。超出常倫諸地之行，現前修習普賢之德。若不爾者，不取正覺。’

“緣佛願力，故‘超出常倫諸地之行，現前修習普賢之德’。以超出常倫諸地行故，所以得速，三證也。

“以斯而推，他力爲增上緣[18]，得不然乎？

“當復引例示自力、他力相。如：人畏三塗，故受持禁戒。受持禁戒，故能修禪定。以禪定故，修習神通。以神通故，能遊四天下。如是等名爲‘自力’。

“又如，劣夫跨驢不上，從轉輪王行，便乘虛空，遊四天下無所障礙。如是等名爲‘他力’。

“愚哉！後之學者。聞他力可乘，當生信心，勿自局分也。”

【無量壽修多羅優婆提舍願生偈略解義竟。】

《經》始稱[19]：如是彰信爲能入；末言奉行，表服膺事已。《論》初歸禮[20]，明宗旨有由；終云“義竟”，示所詮理畢。

述作人殊，於茲成例。

【注釋】

① 近阿耨多羅三藐三菩提——“阿耨多羅三藐三菩提”乃梵文音譯，意譯爲無上正遍道。下文曇鸞對此有詳細解釋。“近”即親近、接近。無上正遍道爲佛道，初至淨土，就已近佛道。

② 如來大會眾數——如來説法，天人等眾同來聞法，同來護持，成大法會。“如來大會眾數”，即如來大法會之參加者之一。

③ 菩薩自娱樂地——“娱樂”即遊戲。按曇鸞的解釋，一是菩薩渡眾生不難，如同娱樂遊戲；二是菩薩度眾生實不度，如同娱樂遊戲。菩薩迴向入三界中，度化眾生，神通自在，如同娱樂，三界即成菩薩自娱樂地。

④ 毗婆舍那中，有觀佛國土清淨味、攝受眾生大乘味、畢竟住持不虛作味、類事起行、願取佛土味——“毗婆舍那”指觀察門。觀察門中，有觀察世間十七種莊嚴成就，爲“觀佛國土清淨味”之義；觀菩薩四種莊嚴成就，菩薩度眾生心，即“攝取眾生大乘味”；觀佛八種莊嚴成就，佛本願力即“畢竟住持不虛作味”；“類事起行、願取佛土味”也爲菩薩之莊嚴功德。

⑤《法華經》普門示現——佛、菩薩神通之力，開通無量之門，示現種種之身，使眾生圓通於佛道，稱爲“普門”。《法華經·普門品》：“聞是觀世音菩薩品，自在之業，普門示現神通力。”觀世音菩薩示現三十二身，普使一切眾生悟入佛門，爲普門示現。

⑥ 菩薩觀眾生，畢竟無所有——按佛理，人與法（事物）都是因緣和合而成，並無自性，即無我體，這叫人無我、法無我。既然一切無“我”，眾生也無“我”。菩薩以佛理觀眾生，當然無眾生。

⑦ 阿修羅琴——“阿修羅”乃梵文音譯，意譯爲非天，爲常與帝釋戰鬥之神，六道之一，八部眾之一。阿修羅之琴，欲聽之時，並無彈者，而隨意自然出聲。此爲阿修羅之福德所造成。《智度論》十七以阿修羅琴喻法身菩薩，心無所分别，而自然應眾生之機，得以種種説法教化。

⑧ 以迴向因，證教化地果——菩薩願回生三界，教化一切眾生，共向佛道。這是菩薩之本願、菩提心。此迴向成爲因，必定有果，果即菩薩所教化之三界眾生，能向佛道。菩薩功成，則此果得證。此果得證，則實現利他。

⑨ 如法相而知——“法相”即諸法之本體，即真如、實相。“如法相而知”即觀諸法如實相之知，即佛智。佛斷盡一切無明，能知一切法之本來面目——法相。

⑩《經》——六十《華嚴經》六：“一切無礙人，一道出生死。”一道，即一切無礙人，共出生死，直至道場之道。

⑪ 不二法門無礙相——佛道之軌範，稱爲“法”。衆聖由之趣入，稱爲“門”。佛教有八萬四千門，“不二法門”在諸法門之上，能直見聖道。“無礙相”即佛智通達自在之相，“知生死即涅槃”之相。

⑫《論》——即天親《往生論》。

⑬ 談有左右——“左右”即反正、横豎。“談有左右”的意思是説，説起來要正反兩面説。

⑭ 願——此願爲四十八願中第十八願。

⑮ 願——此願爲四十八願中第十一願。

⑯ 迴伏之難——佛家的涅槃説認爲，人們借助某些條件，如持戒修行，信奉佛、法、僧三寶，發菩提心，等等，可以脱離一切貪慾煩惱，滅除生死因果，不再受生而進入涅槃境界。但是，按緣起説的觀點，衆生與諸法，都是由各種因緣和合而成的，都爲因果律所支配。就是修成阿羅漢、菩薩以至成佛，也仍在因果律支配之下。因緣可以和合，也可以離散。一旦因緣離散，修成的各種果位是不是仍能保持呢？佛家認爲，有的（達到一定階段）可以保持住，即使因緣離散了，也不會退轉；有的則不能，因緣離散了，便會退轉回來。曇鸞在《往生論注》卷下説：“菩薩於七地中得大寂滅，上不見諸佛可求，下不見衆生可度，欲捨佛道，證於實際。爾時，若不得十方諸佛神力加勸，即便滅度，與二乘無異。菩薩若往生安樂，見阿彌陀佛，即無此難。”這就是説，修至七地菩薩，尚有可能受到退轉之難，即“迴伏之難”。

⑰ 願——此願爲四十八願中第二十二願。

⑱ 他力爲增上緣——“他力”即佛力。“他力爲增上緣”，即佛力爲幫助生長的條件。

⑲《經》——《無量壽經》。

⑳《論》——天親《往生論》。

贊阿彌陀佛偈①

曇鸞法師作

南無阿彌陀佛②。

釋名“無量壽”③,《傍經》奉贊亦曰“安養”④。

【注釋】

① 贊阿彌陀佛偈——偈,梵語偈陀之略,意譯爲“頌詞”。多用三言、四言、五言、六言、七言以至多言爲句,多句合爲一偈。偈是中國佛教文學的一種形式,相當於中國的古詩。

曇鸞依據《無量壽經》所寫的這篇《贊阿彌陀佛偈》,是中國頌贊阿彌陀淨土之始。因此,在中國淨土宗史上,這篇偈乃是經典之作,被奉爲楷模,具有十分重要的意義。

《無量壽經》所説阿彌陀佛四十八大願中,第十七願名號成就説:“設我得佛,十方世界無量諸佛不悉咨嗟我名者,不取正覺。”

曇鸞這篇偈是本此而作,因之,又名《無量壽經奉贊》,或《大經奉贊》。

這篇偈的結構如下:

一、正宗分

(一)正報贊

1.贊本佛

2.賀聖眾

(二)依報贊

二、流通分

(一)舉先覺者龍樹

(二)表自身之罪懺

(三)示諸佛之平等,教人應歸命於本佛彌陀一尊

三、請佛、菩薩愍攝受

在這個結構中,贊的結構爲:

一,禮:"南無至心歸命禮西方阿彌陀佛。"

二,贊:其中的數行文字。

三,迴向:"願共諸眾生,往生安樂國。"

② 南無——梵文音譯,又譯爲"南謨""那謨"等,意譯爲"致敬""歸敬""歸命""皈依"等。常加在佛菩薩名號或經典題名之前,表示對佛、法的尊敬和虔信。

③ 釋名"無量壽"——阿彌陀佛的譯名甚多,有通有別。通,是指一切佛,即無數無量的佛,所以,譯"無量佛"。《觀無量壽經》第九觀:"見無量壽佛者,即見十方無量諸佛。"這是把阿彌陀佛作爲十方無量諸佛的代表。別,即指方立相,專指西方極樂世界的阿彌陀佛。西方極樂世界的阿彌陀佛,有十三個譯名。《無量壽經》說:"無量壽佛,號無量光佛、無邊光佛、無礙光佛、無對光佛、焰光佛、清淨光佛、歡喜光佛、智慧光佛、不斷光佛、難思光佛、無稱光佛、超日月光佛。"即無量壽佛與十二光佛,通常只説"無量壽佛"。也有的認爲任何譯名均不足以表達"阿彌陀佛"一詞的內容,因此,主張只稱梵名"阿彌陀佛"。

④《傍經》——以阿彌陀佛爲名的淨土,各經論中,名稱不一。《阿彌陀經》《觀無量壽經》《觀佛三昧經》《隨願往生經》《大寶積經》《如來不思議境界經》《如來烏瑟膩沙最勝總持經》《不空羂索神變真言經》《起信論》等,都稱爲極樂。《無量壽經》《悲華經》《法華經》《涅槃經》《大雲經》《稱揚諸佛功德經》《菩薩處胎經》《文殊發願經》《入楞伽經》《往生論》等,稱爲安樂。《彌陀偈經》《平等覺經》《善信摩親經》等,稱爲清淨。《守護國界主經》,稱爲安養。《鼓音聲王經》稱安樂,也稱清泰。這裹所説的《傍經》,當指《守護國界主經》等。

一、正宗分

(一)正報贊

1.贊本佛

南無至心歸命禮西方阿彌陀佛

現在西方去此界[1]
十萬億刹安樂土[2]
佛世尊號“阿彌陀”[3]
我願往生歸命[4]禮[5]
願共諸衆生,往生安樂國[6]

南無至心歸命禮西方阿彌陀佛
成佛已(以)來歷十劫[7]
壽命方將無有量
法身[8]光輪[9]遍法界[10]
照世盲冥故頂禮[11]
願共諸衆生,往生安樂國

南無至心歸命禮西方阿彌陀佛
智慧光明不可量[12]
故佛又號“無量光”
有量諸相蒙光曉[13]
是故稽首[14]真實明[15]
願共諸衆生,往生安樂國

南無至心歸命禮西方阿彌陀佛
解脱光輪無限齊[16]
故佛又號“無邊光”
蒙光觸者離有無[17]
是故稽首平等覺[18]
願共諸衆生,往生安樂國

南無至心歸命禮西方阿彌陀佛

光雲無礙如虛空[19]
故佛又號“無礙光”
一切有礙蒙光澤[20]
是故頂禮難思議[21]
願共諸眾生,往生安樂國

南無至心歸命禮西方阿彌陀佛
清淨[22]光明無有對[23]
故佛又號“無對光”
遇斯光者業繫除[24]
是故稽首“畢竟依”[25]
願共諸眾生,往生安樂國

南無至心歸命禮西方阿彌陀佛
佛光照耀最第一[26]
故佛又號“光炎王”[27]
三塗黑暗蒙光啟[28]
是故頂禮“大應供”[29]
願共諸眾生,往生安樂國

南無至心歸命禮西方阿彌陀佛
道光明朗色超絕[30]
故佛又號“清淨光”
一蒙光照罪垢除
皆得解脫故頂禮
願共諸眾生,往生安樂國

南無至心歸命禮西方阿彌陀佛

慈光遐被施安樂[31]
故佛又號“歡喜光”
光所至處得法喜[32]
稽首頂禮大安慰
願共諸衆生,往生安樂國

南無至心歸命禮西方阿彌陀佛
佛光能破無明闇[33]
故佛又號“智慧光”
一切諸佛三乘衆[34]
咸共歎譽故稽首
願共諸衆生,往生安樂國

南無至心歸命禮西方阿彌陀佛
光明一切時普照
故佛又號“不斷光”
聞光力故心不斷
皆得往生故頂禮
願共諸衆生,往生安樂國

南無至心歸命禮西方阿彌陀佛
其光除佛莫能測
故佛又號“難思光”
十方諸佛歎往生[35]
稱其功德故稽首
願共諸衆生,往生安樂國

南無至心歸命禮西方阿彌陀佛

神光離相不可名㊱
故佛又號“無稱光”
因光成佛光赫然㊲
諸佛所歎故頂禮
願共諸眾生,往生安樂國

南無至心歸命禮西方阿彌陀佛
光明照耀過日月
故佛號“超日月光”
釋迦佛歎尚不盡㊳
故我稽首“無等等”㊴
願共諸眾生,往生安樂國

南無至心歸命禮西方阿彌陀佛
哀愍覆護我㊵
令法種增長㊶
此生及後生㊷
願佛常攝受㊸
願共諸眾生,往生安樂國

南無至心歸命禮西方極樂世界觀世音菩薩㊹
願共諸眾生,往生安樂國

南無至心歸命禮西方極樂世界大勢至菩薩㊺
願共諸眾生,往生安樂國

南無至心歸命禮西方極樂世界諸菩薩、清淨大海眾㊻
願共諸眾生,往生安樂國

普爲師僧[47]、父母及善知識[48]、法界衆生[49]，斷除三障[50]，
同得往生阿彌陀佛國，歸命懺悔[51]

【注釋】

① 西方——阿彌陀佛淨土在西方，稱爲西方極樂世界。爲什麽如此美妙的理想化世界是在西方？其所以爲此，有一個歷史發展過程。原來，厭惡苦難的生活，嚮往幸福、平等、自由等等，乃是人們普遍的追求。但是，這種幸福在現實中是無法實現的，人們只能在空想中虛構理想的世界，如摩爾的烏托邦，儒家的大同世界，陶潛的桃花源等都是如此。佛教則把這個理想世界搬到了天國，與現實世界相對立，稱現實世界爲穢土，理想的天國爲淨土。小乘時期，已有淨土思想的萌芽。大乘宣傳"上求菩提，下化衆生"，要通過苦心修行，救濟迷途之衆生，成爲佛陀，並使衆生也成爲佛陀。這樣一來，已成佛的便不止釋迦佛一個，而是許多佛陀，菩薩作爲候補佛，也有無數。這些佛以及菩薩各自努力建設自己的國土——淨土。於是，有多少佛，便有多少淨土。這種思想，適應於社會的心理要求，很受歡迎，不斷得到發展。在大約公元二三世紀的龍樹時期，諸多淨土中三種淨土流行：一是彌勒淨土。彌勒菩薩現住兜率天内院，教化衆生，將來下生此土建設人間淨土而成佛。二是阿閦佛的東方妙喜淨土。阿閦佛在修菩薩道時立下三十九願，終於滿此願而成佛，建設淨土於東方。三是阿彌陀佛的西方極樂淨土。可見，當時有許多淨土，流行的也有三種，西方淨土只是其中之一，並不是説淨土只在西方。不過，西方淨土之説出現較晚，它吸取了其他淨土的各種長處加以發展和改進，比其他淨土都更爲莊嚴、快樂、美滿、理想，往生的條件也最易，可説是大乘淨土思想的總結和提高。所以，信仰彌陀淨土者日益增多，逐漸突出，傳入中國後經曇鸞、道綽、善導的宣導，蔚爲一宗，以至一般只知有西方淨土，而不知其他淨土，才産生爲什麽淨土偏在西方之疑問。也有的説，日出處名生，没處名死。西方爲日没之處，象徵死或輪迴的終極，又象徵未來之所生，所以淨土在西方。也有的説，印度是熱帶，日間酷熱難堪，日落涼風吹來極爲舒爽，因此渴望西方，名淨土爲西方淨土。

② 十萬億刹——刹，梵文音譯，意譯爲國土。十萬億刹即十萬億佛土。《無量壽經》："佛告阿難：法藏菩薩今已成佛，現在西方，去此十萬億刹，其佛世界名曰安樂。"

③ 世尊——佛的别名。以佛具萬德，世所尊重，於世獨尊，故名世尊。

④ 歸命——有三義:一,身命歸趣於佛。命指命根,總御諸根。一身之要,唯命爲主。萬生所重,莫是爲先。舉此無二之命,以奉無上之尊,表信心至極,故言歸命。二,歸順佛之教命。三,命根還歸於一心本元。衆生六根(眼、耳、鼻、舌、身、意爲六根),從一心起,而違背自源,馳散六塵(六根之外境爲六塵)。舉命總攝六情,還歸其一心源,故言歸命。總之,三義都表信心至極,恭敬之至。

⑤ 歸命禮——禮即頂禮,以神佛之足,戴我頂上而禮拜。歸命爲意業之禮拜,頂禮爲身業之禮拜。身意合一之禮拜,爲歸命禮拜。

⑥ 願共諸衆生,往生安樂國——這兩句爲迴向。修行者作願,用自己所修之功德善根,不只求自己之安樂,而是要拔一切衆生之苦,攝取衆生共同往生安樂國土,稱爲迴向。迴向有兩種:一,往相,作願用自己之功德迴施一切衆生,共生安樂國;二,還相,是生安樂國後,得到成就,返迴到現實的娑婆世界,教化一切衆生,共向佛道。這種迴向之心便是指無上菩提心,無上菩提心便是願作佛心,願作佛心便是度衆生心,度衆生心便是攝取衆生,使其往生佛國。所以,願往生安樂國者,必須發此菩提心,若不發此心,只爲享受安樂國之樂事而求往生,是不可能之事。曇鸞在每一贊後,都有這兩句,成爲程式,正是他强調迴向重要性的表現。

⑦ 十劫——劫,梵文劫波之略,意譯爲大時。一劫爲多少時間,説法不一。一般説法,一小劫約爲一千六百七十九萬八千年,二十小劫爲一中劫,四中劫爲一大劫。一大劫合一百三十四億三百八十四萬年。《阿彌陀經》:“阿彌陀佛成佛以來,於今十劫。”

⑧ 法身——亦稱佛身。佛身有三:法身、報身、化身(或説法身、報身、應身)。法身指以佛法成身,或身具一切佛法,即佛法的人格比。《大乘義章》卷十八言法身者,解有二義:“一,顯法本性以成其身;二,以一切諸功德法而成身。”由於體現諸法之本性而成佛,即以此“法性”名爲法身。也由於修得佛教一切功德和教法而成身,即以此“功德法”名爲法身。但各派對“法性”“功德”之解釋有異,所以對“法身”的具體規定也就有所不同。小乘以戒、定、慧等功德説爲法身。大乘空宗以“第一義空”爲法身,這就是僧肇在《維摩詰經·方便品》注中所説的:“法身者,虚空身也,無生而無不生,無形而無不形。”三論宗吉藏在《勝鬘經寶窟》卷下説:“法身者,即是實相真如也。”如此等等。

⑨ 光輪——佛頭頂的圓光。按佛家説法,輪者,圓滿之義。又,佛之光明有摧碾衆生煩惱之用,故譬之爲輪。其實,光輪並非佛教獨有。印度耆那教繪祖師像及高僧像時便用圓光,西洋天主教繪聖人像時也附繪圓光,美洲印第安人的勇士像仍有圓光。可能是由來於心性所致。

⑩ 法界——有多種含義:一,十八界中的“法界”特指“意識”所緣慮的對象,包括感官直接感覺的對象,也有思維理解的對象。二,泛指各種事物。界指分界,

即事物的類别。一切事物種類自性各别不同，一一稱爲法界，如三界、十法界。三，指現象的木質和本源，尤其指成佛的原因，與真如、實相、空性、佛性等概念的性質相同。隋唐以來，中國佛教各宗派對"法界"的解説特别多，如華嚴宗立四種法界，天臺宗立觀門十法界，密宗立密教十法界。曇鸞此處的"法界"，似指一切事物。

⑪ 盲冥——此處並非指不能見物的瞎子，而是指不懂佛法之人，如同"文盲"一般的佛盲。

⑫ 智慧光明——佛之智慧能破一切衆生無明之暗，所以説智慧光。

⑬ 有量諸相——有量對無量而説，指有限量，有量諸相對實相而説。實相是萬有的本體，是絶對、無限、無量，具體的事物則總是相對的有限有量的。這有量的諸種具體之相，便稱爲有量諸相。

⑭ 稽首——跪拜禮。有二説：一，行跪拜禮時，頭至地；二，行跪拜禮時，兩手拱至地，頭至手，不觸及地。

⑮ 真實明——法離迷情，絶虚妄，稱爲真實。佛之智慧光，能明真實，因稱佛之智慧光爲真實明。

⑯ 解脱——解爲離縛，脱爲自在，解惑業之繫縛，脱三界之苦果，稱爲解脱。又，解脱爲涅槃之别稱，因涅槃之體，離一切繫縛。又，解脱爲禪定之别稱，因脱縛自在爲禪定之德。

⑰ 離有無——"有"爲常見，常人以爲有我有法，這是邪見。"無"爲斷見，反對常人觀點，以爲無我無法，這也是邪見。大乘空宗認爲，離於"有無"，亦有亦無，非有非無，才是正確的。十卷《楞伽經》五説："邪見論生法，妄想計有無。若知無所生，亦知無所滅。觀世悉空寂，彼不墮有無。"

⑱ 平等覺——佛之正覺，無高下深淺之别，週遍一切法，等無有異；度一切衆生，等無有異。故稱爲平等覺。

⑲ 無礙如虚空——虚與空，都是"無"的别稱。虚無形質，空無障礙，故稱虚空。虚空無名、無相、無礙、無限、無所不至，所以，虚空即佛，即萬物之本體。所謂無礙，即自在通達而無障礙。這裹説"光雲無礙如虚空"，就是指阿彌陀佛之光雲，如同本體一樣週遍一切而無障礙。

⑳ 有礙——有礙或稱有障。衆生貪、嗔、癡諸惑，擾亂身心，引起煩惱，煩惱能障礙涅槃之理，稱煩惱障。又，衆生貪、嗔、癡諸惑爲愚癡迷暗，不能瞭知諸法之事相及實相，稱爲智障。諸煩惱障及智障，便是有礙。

㉑ 難思議——爲贊歎之詞，指廣大深遠而心難思之、口難議之。

㉒ 清淨——離惡行之過失，離煩惱之垢染，稱爲清淨。

㉓ 有對——對的意思是障礙、拘礙。有對爲有礙，既受"意識"本身諸業之礙，

又受客觀境界之礙。

㉔ 業繫——"業"猶如繩,縛眾生之身,繫於三界之牢獄而不自在,稱爲業繫。

㉕ 畢竟依——佛之德號。佛爲眾生究竟之依止之處,故稱畢竟依。

㉖ 佛光照耀最第一——阿彌陀佛四十八大願中第十二願說:"設我得佛,光明有能限量,下至不照百千億那由他諸佛一國者,不取正覺。"這就是說,阿彌陀佛光明無量,能照耀無數諸佛國。"佛光照耀最第一",即據此而說。

㉗ 光炎王—— 即光焰王,或稱焰光王。火燃爲焰,佛之威神,譬如無量光焰,照耀無極,故稱光焰王。

㉘ 三塗——又作"三途":一,火途,地獄趣猛火所燒之處;二,血途,畜生趣互相噬食之處;三,刀途,餓鬼趣以刀劍杖逼迫之處。也有的直接以地獄、畜生、餓鬼爲三途。

㉙ 大應供——應供,佛的名號之一。斷一切之惡,福田清淨,應受人天之供養,故稱應供。

㉚ 道光——道之光明。道體清淨,離一切過垢,照破無明之暗,故稱道光。

㉛ 遐被——遐,遠。被,以佛光(佛力)加於眾生而助之。"遐被"即遠覆,無遠不覆,廣護眾生。

㉜ 法喜——聞法或味法而生喜,稱法喜。

㉝ 無明——即愚癡無知,特指對佛教的真理愚癡無知。如:人生無常,人們卻往往企求它"常"。人身是由色、受、想、行、識五蘊和合而成,並無自體,人們卻往往相信有"我"。諸如此類,虛妄迷暗。所以,《大乘義章》二說:"於法不了爲無明。"佛教認爲,人生現象的真正原動力和人生痛苦的最後總根源便是"無明"。滅盡無明,克服愚癡無知,是一切眾生的首要的、根本的任務。只要滅盡無明,就沒有行、識、名、色……直至沒有老死,一切痛苦也就沒有而進入超脱生死的涅槃境界。

㉞ 三乘——乘,即乘人之車,佛教把乘人而使各到其果 位之教法稱爲乘。三乘爲:一,聲聞;二,緣覺(辟支佛);三,菩薩。聲聞乘與緣覺乘均爲小乘,只有菩薩乘是大乘。

㉟ 十方諸佛歎往生——十方,總稱東、西、南、北、東南、西南、東北、西北、上、下之名。歎,贊美之詞。"十方諸佛歎往生",意思是説,十方無量諸佛都贊美阿彌陀佛接引眾生往生的功德。

㊱ 離相——《法華經》所説三相之一。三相爲:一,解脱相,言無生死之相;二,離相,言無涅槃之相;三,滅相,言生死涅槃之無相,其無相亦無,即非有非無之中道。

㊲ 赫然——顯赫盛大。《三國志·諸葛亮傳》詔策:"神武赫然,威鎮八方。"

㊳ 釋迦佛歎尚不盡——《阿彌陀經》爲釋迦所説,其中載釋迦佛贊歎説:"舍

利弗，彼佛光明無量，照十方國，無所障礙。”所謂“釋迦佛歎尚不盡”，指此類贊歎而言。

㊴ 無等等——爲佛道及佛之尊號。佛道超絶，無與等者，故曰無等。唯佛與佛等，《法華經》嘉祥疏十二：“佛道無等，唯佛與佛等，故名此道爲無等等。所以名佛爲無等等。”又，無等等即無等無等，如“無上上”。

㊵ 哀愍——哀，悲哀；愍，憐愍。見衆生苦難而起之慈悲情，稱哀愍。

㊶ 法種——佛法之種子。種子有兩個含義：一爲“引生”義，即一能生多；一爲“攝持”義，即一中含多。此處説“法種”，應指“阿彌陀佛”一詞。淨土法門認爲“阿彌陀佛”一詞含無量義、無量功德，而念“阿彌陀佛”可具萬德而往生淨土。

㊷ 後生——指死後更生之所，即往生淨土之義。《無量壽經》：“後生無量壽佛國。”

㊸ 攝受——又稱攝取，即佛以慈悲之光明攝取衆生入佛國。《無量壽經》：“我當修行攝取佛國清淨莊嚴無量妙土。”

㊹ 觀世音菩薩——觀世音，又譯爲光世音、觀世自在、觀自在，簡稱觀音。觀世音是“西方三聖”之一，爲西方極樂世界教主阿彌陀佛的上首菩薩、左脅侍。《妙法蓮花經·觀世音菩薩普門品》説，觀世音菩薩能現三十三化身，救七十二大難，遇難衆生只要一心念誦他的名號“觀世音”，“菩薩即時觀其聲音”前往拯救。他還主張“隨類化度”，即不分貴賤賢愚，對一切人的苦難都拯救，表現了一切佛的大悲心，是救世之最切者，所以稱他爲“大慈大悲救苦救難觀世音菩薩”，簡稱“大悲”。在隋唐時期，觀世音菩薩已受到社會的普遍信仰，他的化身形象很多，有“六觀音”“七觀音”“三十三身”“千手觀音”“四十八臂觀音”等，大都爲密宗所傳。通常所説的觀音，是指作爲諸觀音的總體代表的“聖觀音”即“正觀音”而言，其標準像是一手二臂，頭戴天冠，天冠中有阿彌陀佛像，結跏趺坐，手中或持蓮花或結定印的尊嚴像。在中國，大約自南北朝起，至唐代而明顯，觀世音由男性形象改塑爲慈愛、典雅、俊秀、飄逸的女性形象。

㊺ 大勢至菩薩——“西方三聖”之一，爲阿彌陀佛右脅侍。《觀無量壽經》説：“以智慧光，普照一切，令離三塗，得無上力，是故號此菩薩名大勢至。”也略稱大勢或勢至。

㊻ 大海衆——衆水入海，則爲同一鹹味；衆生出家，則皆爲一僧如大海，故稱大海衆。《增一阿含經》四十四説：“此閻浮提有四大河，一切諸流皆歸於海。衆僧如彼大海。所以然者，流河決水，以入於海，便滅本名，但有大海之名耳。”

㊼ 師僧——從在家的信徒而言，尊之爲師之僧。

㊽ 善知識——按佛家説法，“知識”不是指博知博識，而是指知人，知其心、識其形。“善”，於我有益，導我於善道。《法華文句》四：“聞名爲知，見形爲識，是人益

我菩提之道，名善知識。"實際上，善知識即益友之意。

㊾ 法界眾生——此處"法界"，指宇宙萬有，即指世界，包括三界（現實世界），也包括佛界，主要指眾生生死流轉的三界。《往生要集》上："週遍法界，拔苦眾生。""佛光明照法界念佛眾生，攝取不捨。"

㊿ 三障——指三種"障正道、害善心者"：一，煩惱障，貪欲、瞋恚、愚癡等之惑；二，業障，五逆十惡之業；三，報障，地獄、畜生、餓鬼等之報。又指的是：一，皮煩惱障，三界中之思惑，貪、瞋等之惑，如皮之在身外；二，肉煩惱障，三界中之見惑，斷見、常見等都屬内心之分別者，如肉之在皮内；三，心煩惱障，根本無明，由於無明惑迷真心而妄起，故名心煩惱障。

(51) 懺悔—— 一説，懺者，陳露先惡；悔者，改往修來。懺悔即悔過。一説，懺爲梵音，古漢語没有此字，意譯爲"悔"，梵漢同舉，稱爲"懺悔"，即悔過之意。一説，懺爲梵音，意譯爲"乞容恕""請忍"；悔爲漢語，意爲悔過；"懺悔"同稱，意爲"請忍受我悔罪"。三種解釋，似以後者爲是。

2.贊聖眾

南無至心歸命禮西方阿彌陀佛
阿彌陀佛初會眾①
聲聞、菩薩數無量
神通巧妙不能算②
是故稽首"廣大會"③
願共諸眾生，往生安樂國

南無至心歸命禮西方阿彌陀佛
安樂無量摩訶薩④
咸當一生補佛處⑤
除其本願大弘誓⑥
普欲度脱諸眾生
斯等寶林⑦功德聚⑧
一心合掌頭面禮⑨
願共諸眾生，往生安樂國

南無至心歸命禮西方阿彌陀佛
安樂國土諸聲聞
皆光一尋若流星[10]
菩薩光輪四千里
若秋滿月映紫金[11]
集佛法藏爲衆生[12]
故我頂禮大心海[13]
願共諸衆生,往生安樂國

南無至心歸命禮西方阿彌陀佛
又觀世音、大勢至
於諸聖衆最第一
慈光照耀大千界[14]
侍佛左右顯神儀
度諸有緣不暫息[15]
如大海潮不失時
如是大悲、大勢至[16]
一心稽首頭面禮
願共諸衆生,往生安樂國

南無至心歸命禮西方阿彌陀佛
其有衆生生安樂
悉具三十有二相[17]
智慧滿足入深法[18]
究暢道要無障礙[19]
隨根利鈍[20]成就忍[21]
二忍乃至不可計

宿命五通常自在[22]
至佛不更雜惡趣[23]
除生他方五濁世[24]
示現同如“大牟尼”[25]
生安樂國成大利[26]
是故至心頭面禮
願共諸衆生,往生安樂國

南無至心歸命禮西方阿彌陀佛
安樂菩薩承佛神[27]
於一食頃詣十方[28]
不可算數佛世界
恭敬供養諸如來[29]
華(花)香伎樂從念現[30]
寶蓋幢幡隨意出[31]
珍奇絶世無能名[32]
散華(花)供養殊異寶[33]
化成華蓋光晃耀[34]
香氣普薰莫不周[35]
華蓋小者四百里
乃有遍覆一佛界[36]
隨其前後次化去
是諸菩薩僉欣悦[37]
於虛空中奏天樂[38]
雅贊德頌揚佛慧
聽受經法供養已[39]
未食之前騰虛還[40]
神力自在不可測

故我頂禮“無上尊”[41]
願共諸衆生,往生安樂國

南無至心歸命禮西方阿彌陀佛
安樂佛國諸菩薩
夫可宣説隨智慧[42]
於己萬物亡我所[43]
淨若蓮花不受塵[44]
往來進止若汎舟[45]
利安爲務捨適莫[46]
彼己猶空斷二想[47]
然智慧炬照長夜[48]
三明[49]六通[50]皆已足
菩薩萬行貫心眼[51]
如是功德無邊量
是故至心頭面禮
願共諸衆生,往生安樂國

南無至心歸命禮西方阿彌陀佛
安樂聲聞菩薩衆
人天智慧咸洞達[52]
身相莊嚴無殊異[53]
但順他方故列名[54]
顔容端正無可比
精微妙軀非人天[55]
虚無之身無極體[56]
是故頂禮平等力[57]
願共諸衆生,往生安樂國

【注釋】

① 初會衆——阿彌陀佛之初次法會,稱初會。"衆"爲參加者。《無量壽經》:"彼佛初會,聲聞衆數不可稱計。菩薩亦然。"

② 神通巧妙——神,不測;通,無礙。"神通"指不可測又無礙之作用。"巧妙"指不可思議。神通巧妙,意爲不可思議之神通。

③ "廣大會"——阿彌陀佛之稱號。具有廣大集會之德,故稱"廣大會"。十方衆生往生,集於極樂世界,其法會盛大,全因阿彌陀佛之德所致。

④ 摩訶薩——梵文音譯,意譯爲大有情,爲菩薩之别稱。

⑤ 一生補佛處——佛地之法,以一轉生補佛處,名一生補處。即已有佛處,具足發生一切莊嚴,只缺一位佛。此菩薩只須一轉生,便至此佛處補佛之位,稱爲一生補佛處。换言之,一生補佛處即候補佛。

⑥ 本願大弘誓——弘誓,弘大之誓約。本願,菩薩在其修行期間,預先誓願將來成佛道時,將在其所建設之國土内實現何種作用或狀態,這種在將來實現之誓願稱爲本願。一切菩薩共同的本願爲四弘誓願:一,立誓濟度無邊之衆生(衆生無邊誓願度);二,立誓滅斷無邊之迷執(煩惱無盡誓願斷);三,立誓學習無量之法義(法門無量誓願學);四,成就至高無上之佛道(佛道無上誓願成)。這四誓願概括成"上求菩提,下化衆生",便是大乘佛教的根本精神。除共同的四弘誓願外,每位菩薩有其下化衆生的樣式之特殊誓願,稱爲别願。

⑦ 寶林——極樂世界七寶之樹林。《無量壽經》:"七寶諸樹週滿世界。"

⑧ 功德聚——施物爲"功",善滿名"德",又,德即"得"。修功所得,故名功德。諸佛功德,聚在其中,稱爲"功德聚"。《涅槃經》三十二:"右膝著地,以偈贊佛:如來無量功德聚,我今不能廣宣説。"功德聚也爲佛之德稱。

⑨ 合掌——合左右掌十指,以表示不敢散誕,專志一心的敬禮法。

⑩ 一尋——尺度名,八尺曰尋。《無量壽經》:"諸聲聞衆,身光一尋。"

⑪ 紫金——又名紫磨黄金。紫磨,金之最上品。孔融《聖人優劣論》説:"金之精者,名爲紫磨,猶人之有聖也。"

⑫ 法藏——又名佛法藏、如來藏,指法性。法性含藏無量之性德,故稱法藏。《無量壽經》:"受持如來甚深法藏,護佛種性。""爲衆開法藏,廣施功德寶。"又,納經之庫藏,稱"法藏"。

⑬ 大心海——佛智。佛智廣大如海,故喻爲大心海。

⑭ 大千界——即三千大千世界。佛教認爲,宇宙空間是無限的,由無量世界所構成。這裏所謂的"世界"是指下自地獄上至初禪天,各有一個太陽和月亮所照

耀的地方。如此的一千個世界稱爲小千世界。以小千世界爲一個單位，一千個小千世界稱爲中千世界。以中千世界爲一個單位，一千個中千世界稱爲大千世界。因一個大千世界包含有小千、中千、大千三種千，合稱爲三千大千世界，簡稱"大千世界"，或"大千界"。

⑮ 有緣——有緣於佛道。《觀無量壽經》："有緣衆生，皆悉得見。"《報恩經》七："佛世尊應現世間，接引有緣。有緣既盡，遷神涅槃。"

⑯ 大悲——此處與大勢至菩薩並列而言，指大悲菩薩，即觀世音菩薩。

⑰ 三十有二相——三十二相，又名三十二大人相，不限於佛，總爲大人之相。具有此相，在家爲輪王，出家爲佛、菩薩。三十二相爲：一，足裏無凹處；二，足下有輪形；三，手指纖長；四，手足柔軟；五，手足之指間有縵網之纖緯，交互連絡如鵝鴨；六，足跟圓滿無凹處；七，足背高起而圓滿；八，股肉纖圓如鹿王；九，手長過膝；一〇，佛之男根密藏體内如馬陰；一一，頭足之高與張兩手之長相齊；一二，毛孔生青色；一三，身毛之頭右旋向上偃伏；一四，身體之色如黄金；一五，身放光明四面各一丈；一六，皮膚軟滑；一七，七處（兩足下、兩掌、兩肩並頂中）皆平滿無缺陷；一八，兩腋下充滿；一九，身體平正威儀如師子王；二〇，身形端正無傴曲；二一，兩肩圓滿而豐腴；二二，具足四十二齒；二三，齒皆白淨堅密；二四，四牙最白而大；二五，兩頰隆滿如師子之頰；二六，咽中常有津液，凡食物因之得上味；二七，舌廣長，展之覆面而至髮際；二八，音聲清淨而遠聞；二九，眼睛之色如紺青；三〇，眼毛殊勝如牛王；三一，眉間有白毫，右旋常放光；三二，頂上有肉，隆起爲髻形。

⑱ 深法——甚深微妙之法，諸法實相爲深法之極。《無量壽經》："聞深法歡喜信樂。"

⑲ 道要——佛道之樞要。《賢愚經》一三："願重矜愍，顯示道要。"

⑳ 根利鈍——"根"如草木之根，有增上之力，能生幹枝，故有能生之義，增上之義。如眼根，有强力，能生眼識，稱爲眼根。信，有生他善法之力，稱爲信根。人性，有生善惡作業之力，稱爲根性。根性有利有鈍。不爲煩惱所遮，根性鋭利，稱利根；受貪、嗔、癡、慢、疑、惡見諸煩惱所遮，不易接受和實行佛理，稱鈍根。

㉑ 忍——忍耐。忍耐違逆之境而不起瞋心，稱爲忍。又，安忍。安住於佛家無生之理而不動心，如《大乘義章》九所説："慧心安法，名之爲忍。"佛家特别重視安忍，以爲能安住於無生之理而不動，便是智已證真理，便是菩薩。這裏所説"成就忍"，指的既是成就安忍，或云成就"無生忍"，或云成就"無生法"，也指成就忍耐，或云成就"衆生忍"，於一切衆生不瞋不惱，如慈母之愛子。又衆生雖以種種惡言加，皆能忍，不起瞋心。下一句"二忍乃至不可計"中的"二忍"，即指衆生忍與無生忍。

㉒ 宿命五通——宿命，宿世之生命。五通，又稱五神通、五神變。不思議爲神，自在無礙爲通，不思議無礙自在之用有五種：一，天眼通，能見一切遠近粗細諸物；二，天耳通，能聞一切聲音；三，他心通，能知一切他人之心；四，宿命通，能知自己過去世之事；五，如意通，又稱神境通、神足通，能飛行自在，石壁無礙，又能化石爲金，變火爲水等。宿命五通，指宿世所得的五種神通。

㉓ 至佛不更雜惡趣——趣，所往。惡趣，衆生以惡業之因而趣之所。有三惡趣（地獄、餓鬼、畜生之處）、四惡趣（三惡趣加修羅）、五惡趣（三惡趣加人、天，修羅屬於天）的不同説法。這裏説"至佛不更雜惡趣"，意思是指菩薩修行至佛，更不會墮三惡趣之中。其根據應是阿彌陀佛四十八大願中的第二願："設我得佛，國中天人壽終以後，復更三惡道者，不取正覺。"

㉔ 除生他方五濁世——五濁又名五滓、五渾。濁是污穢不潔淨的意思。五濁指劫濁、見濁、煩惱濁、衆生濁、命濁。曇鸞認爲，佛逝世後，已進入末法時期，即五濁之世，衆生業障充滿。"除生他方五濁世"一句意思是説，在此五濁之世，彌陀淨土之人出生於他方，去度化衆生。

㉕ 大牟尼——牟尼，梵文音譯，用以稱聖者、仙人，意譯爲寂默。"牟尼"本爲對佛及阿羅漢的通稱，由於法界寂然大滅度法，唯佛一人究竟清淨，所以稱佛爲"大牟尼"。《唯識論》十："大覺世尊，成就無上寂默法，故名大牟尼。"

㉖ 大利——廣大之利益。《無量壽經》："當知此人，爲得大利。"

㉗ 安樂菩薩承佛神——安樂國之諸菩薩，承佛之本願力之神通。此句與下句"於一食頃詣十方"，當是據阿彌陀佛四十八大願中神足無礙第九願："設我得佛，國中天人不得神足，於一念頃，下至不能超過百千億那由他諸佛國者，不取正覺。"

㉘ 一食頃—— 一頓飯之頃，形容時間短。《史記·孟嘗君傳》："出如食頃，秦追果至關，已後孟嘗君出，乃還。"

㉙ 如來——佛的别稱。如，真如。乘真如之道，從因來果而成正覺，故稱如來。又，乘真如之道，來三界垂化，故稱如來。又，如諸佛乘如實道來成正覺，今佛也如是來，故稱如來。

㉚ 華（花）香伎樂——《往生論》："雨花衣莊嚴，無量香普熏。"《觀無量壽經》："觀衆寶國土，一一界上，有五百億寶樓。其樓閣中，有無量諸天，作天伎樂。"

㉛ 寶蓋幢幡——《觀無量壽經》描寫樹想觀時，説："有大光明，化成幢幡無量寶蓋，是寶蓋中，映現三千大千世界，一切佛事，十方佛國，亦於中現。"

㉜ 珍奇絶世無能名——此句本於阿彌陀佛四十八大願中第二十七願："設我得佛，國中天人，一切萬物，嚴淨光麗，形色特殊，窮微極妙，無能稱量。其諸衆生乃至逮得天眼，有能明瞭辨其名數者，不取正覺。"

㉝ 散華(花)供養殊異寶——爲供養佛而散佈花,稱散花供養。《無量壽經》:"懸繒然燈,散華(花)燒香。"供養之花,非同一般。按《觀無量壽經》所描繪,安樂國諸妙花,花上自然有七寶果。

㉞ 華蓋——以花而飾之傘蓋。《法華玄贊》二:"西域暑熱,人多持蓋,以花飾之,名爲華蓋。"

㉟ 香氣□□——"香氣"下缺兩字,似應補"普熏",即合而成"香氣普熏"。

㊱ 一□界——"一"下缺一字,似應補"世"字,合爲"一世界"。

㊲ 僉——皆。《書·舜典》:"僉曰:'伯禹作司空。'"

㊳ 於虚空中奏天樂——《觀無量壽經》總想觀説:"又有樂器,懸處虚空,如天寶幢,不鼓自鳴。"

㊴ 已——畢、罷、結束。

㊵ 未食之前騰虚還——前面説的諸菩薩"於一食頃詣十方",這一句説的是諸菩薩迴來了。去時"一食頃",形容其快速,迴來是在"未食之前",更爲快速。

㊶ 無上尊——佛的稱號,因爲人天中,佛最尊勝。《無量壽經》:"吾當於世爲無上尊。"

㊷ 夫可宣説隨智慧——菩薩能隨衆生之智慧而宣説佛法。這一句本於阿彌陀佛四十八大願中的第二十五願:"設我得佛,國中菩薩,不能演説一切智者,不取正覺。"

㊸ 於已萬物亡我所——佛家把我的心識(意識)稱爲"能緣",而把心識之所對,即客觀諸事物稱爲"所緣"。"能"與"所"相對,有點主觀與客觀相對的意思。佛家主張能所雙亡,即能想之我與所想之事物俱都渾然不分,一片空茫。比如持名念佛,能念之我與所念之佛,本來是二,但念佛念到"入定",則意馬歸槽,心猿入洞,我心佛心,融爲一體,渾不知何者爲我,何者爲佛。這叫能所雙亡,或説我所雙亡。曇鸞這一句説的便是這個道理。"於已萬物亡我所",已爲一方,萬物爲一方,本來是二,但在菩薩那裏,已經我所雙亡。

㊹ 淨若蓮花不受塵——塵,不淨。佛家把色、聲、香、味、觸、法等一切世間之事法,都當作染污心性之塵。"淨若蓮花不受塵",是説菩薩之心性,清淨如蓮花,不受諸塵之污染。

㊺ 汎舟——泛舟。意思是説菩薩之往來進止,如同湖上泛舟一般自在。

㊻ 適莫——無厚薄。《論語·里仁》:"君子之於天下也,無適也,無莫也,義之與比。"《義疏》:"適莫,猶厚薄也。比,親也。君子與人,無有偏頗厚薄,唯仁義是親也。"《無量壽經》:"去來進止,情無所繫,隨意自在,無所適莫,無彼無我,無競無訟。"淨影疏:"於衆生無所適適之親,無莫莫之疏,名無適莫。"

㊼ 斷二想——事想與理想爲二想。二想俱斷,一切皆空,湛然寂靜,無知無

念。

㊽ 智慧炬——智慧能破無明之闇，所以稱爲智慧炬。

㊾ 三明——明，又稱智明、智證明，指破除愚癡之闇昧，而悟達真理之神聖智慧。三明爲：一，宿命明，知自身和他身宿世之生死相；二，天眼明，知自身他身未來世之生死相；三，漏盡明，知現在之苦相，斷一切煩惱（漏）之智。

㊿ 六通——或稱六神通：一，神境自證通，即變現不思議境界之通力；又包括遊涉往來自在之通方，故又稱神足通；又包括自身得變現自在之通力，故又稱身如意通。二，天眼智證通，照久無礙。三，天耳智證通，聽聞無礙。四，他心智證通，知他人之心念而無礙。五，宿命智證通，知自己及六道衆生宿世生涯而無礙。六，漏盡智證通，諸漏（煩惱）斷盡無礙。《觀無量壽經》第十五觀中品上生説："聞衆音聲贊歎四諦，應時即得阿羅漢道三明六通，具八解脱。"

51 心眼——觀念之心，能照瞭諸法，故稱心眼。《觀無量壽經》："爾時大王雖在幽閉，心眼無障，遙見世尊。"

52 人天智慧咸洞達——意思是説，菩薩智慧能洞達一切人天。這是阿彌陀佛四十八大願中有關智慧的内容的一句概述。

53 身相莊嚴無殊異—— 按大乘佛教的聲聞、緣覺、菩薩三乘之説，聲聞是修行功夫最淺、果位最低的。緣覺與聲聞同屬小乘，並稱"二乘"。阿彌陀佛西方淨土中没有聲聞、緣覺二乘，全是菩薩。這一贊中，卻談淨土中有聲聞，其智慧"人天咸洞達"，與菩薩一樣。其"身相莊嚴"，也與菩薩"無殊異"。

54 但順他方故列名—— 既然淨土中聲聞的智慧、身相都與菩薩一樣，就是菩薩，爲什麽還説是聲聞呢？曇鸞在《往生論注》上解釋説："言'聲聞'者，是他方聲聞來生，仍本名故，稱爲聲聞。"意思是説，無量佛有無量國土，别的國土中的聲聞，來生阿彌陀佛國土，成爲菩薩，只是按他們原來的果位名，仍叫"聲聞"罷了。"但順他方故列名"一句，説的便是這個意思。

55 精微妙軀非人天——《無量壽經》描述淨土衆生之容貌説："顔貌端正，超世稀有，容色微妙，非天非人。"

56 虚無之身無極體——極樂淨土衆生之身體，是虚空無爲之身，悟涅槃無極之理之身。《無量壽經》："皆受自然虚無之身、無極之體。"

57 平等力——佛之尊稱，因其具有平等度衆生之力用，無怨親等差别之見。

(二)依報贊

南無至心歸命禮西方阿彌陀佛
敢能得生安樂國
皆悉住於正定聚①
邪定②、不定其國無③
諸佛咸贊故頂禮
願共諸衆生,往生安樂國

南無至心歸命禮西方阿彌陀佛
諸聞阿彌陀佛號
信心歡喜慶所聞
乃暨一念至心者④
迴向願生皆得往⑤
唯除五逆謗正法⑥
故我頂禮願往生
願共諸衆生,往生安樂國

南無至心歸命禮西方阿彌陀佛
安樂菩薩聲聞輩
於此世界無比方⑦
釋迦無礙大辯才⑧
設諸假令示少分⑨
最賤乞人竝帝王⑩
帝王復比金輪王⑪
如是展轉至六天⑫

次第相形皆如始[13]
以天色像喻於彼[14]
千萬億倍非其類
皆是法藏願力爲[15]
稽首頂禮“大心力”[16]
願共諸衆生,往生安樂國

南無至心歸命禮西方阿彌陀佛
天人一切有所須
無不稱欲應念至[17]
一寶二寶無量寶
隨心化造受用具[18]
堂宇飲食悉如此[19]
故我稽首“無稱佛”[20]
願共諸衆生,往生安樂國

南無至心歸命禮西方阿彌陀佛
諸往生者悉具足
清淨色身無可比[21]
神通功德及宫殿[22]
服飾莊嚴如六天[23]
應器寶鉢自然至
百味嘉餚倏已滿[24]
見色聞香意爲食
忽然飽足受適悦[25]
所味清淨無所著
事已化去須復現
晏安快樂次泥洹[26]

是故至心頭面禮
願共諸衆生,往生安樂國

南無至心歸命禮西方阿彌陀佛
十方佛土菩薩衆
及諸比丘生安樂㉗
無量無數不可計
已生今生當亦然㉘
皆曾供養無量佛
攝取百千堅固法㉙
如是大士悉往生㉚
是故頂禮阿彌陀
願共諸衆生,往生安樂國

南無至心歸命禮西方阿彌陀佛
若聞阿彌陀德號
歡喜贊仰心歸依
下至一念得大利
則爲具足功德寶
設滿大千世界火㉛
亦應直過聞佛名㉜
聞阿彌陀不復退㉝
是故至心稽首禮
願共諸衆生,往生安樂國

南無至心歸命禮西方阿彌陀佛
神力無極阿彌陀
十方無量佛所歎

東方恒沙諸佛國[34]
菩薩無數悉往觀
亦復供養安樂國
菩薩聲聞諸大眾
聽受經法宣道化
自餘九方亦如是[35]
釋迦如來説偈頌[36]
無量功德故頂禮
願共諸眾生,往生安樂國

南無至心歸命禮西方阿彌陀佛
諸來無量菩薩眾[37]
爲植德本致虔恭
或奏音樂歌歎佛
或頌佛慧照世間
或以天華(花)衣供養
或睹淨土興等願[38]
如是聖眾悉現前
蒙八梵聲授佛記[39]
一切菩薩增願行
故我頂禮"婆伽婆"[40]
願共諸眾生,往生安樂國

南無至心歸命禮西方阿彌陀佛
聖主世尊説法時[41]
大眾雲集七寶堂[42]
聽佛開示感悟入
歡喜充遍皆得道

于是四面起清風
擊動寶樹出妙響
和韻清徹逿糸(絲)竹[43]
逾於金石無倫比
天華(花)繽紛逐香風
自然供養常不息
諸天復持天華(花)香[44]
百千伎樂用致敬
如是功德三寶聚[45]
故我運想禮講堂[46]
願共諸眾生,往生安樂國

南無至心歸命禮西方阿彌陀佛
妙土廣大超數限[47]
自然七寶所合成
佛本願力莊嚴起
稽首清淨"大攝受"[48]
願共諸眾生,往生安樂國

南無至心歸命禮西方阿彌陀佛
世界光曜妙殊絶
適悦宴安無四時[49]
自利利他力圓滿[50]
歸命方便巧莊嚴
寶地澄靜平如掌
無有山川陵谷阻[51]
若佛神力須則見
稽首不可思議尊[52]

願共諸眾生,往生安樂國

南無至心歸命禮西方阿彌陀佛
道樹高四百萬里[53]
週圍由旬有五十[54]
枝葉佈里二十萬[55]
自然眾寶所合成
月光摩尼海輪寶[56]
眾寶之王而莊嚴
週匝垂間寶瓔珞
百千萬種色變異
光焰照曜超千日[57]
無極寶網覆其上
一切莊嚴隨應現
稽首頂禮道場樹
願共諸眾生,往生安樂國

南無至心歸命禮西方阿彌陀佛
微風吹樹出法音[58]
普流十方諸佛刹[59]
聞斯音得深法忍[60]
至成佛道不遭苦
神力廣大不可量
稽首頂禮道場樹
願共諸眾生,往生安樂國

南無至心歸命禮西方阿彌陀佛
樹香樹色樹音聲

樹觸樹味及樹法[61]
六情遇者得法忍[62]
故我頂禮道場樹
願共諸衆生,往生安樂國

南無至心歸命禮西方阿彌陀佛
蒙道場樹對六根[63]
乃至成佛根清徹
音響柔順無生忍[64]
隨力淺深咸得證
此樹威德所由來
皆是如來五種力[65]
神力本願及滿足
明了堅固究竟願[66]
慈悲方便不可稱
歸命稽首"真無量"[67]
願共諸衆生,往生安樂國

南無至心歸命禮西方阿彌陀佛
從世帝王至六天
音樂轉妙有八重[68]
展轉勝前億萬倍
寶樹音麗倍亦然
復有自然妙伎樂
法音清和悦心神[69]
哀婉雅亮超十方
故我稽首"清淨樂"[70]
願共諸衆生,往生安樂國

南無至心歸命禮西方阿彌陀佛
七寶樹林週世界
光耀鮮明相映發
華(花)果枝葉更互爲[71]
稽首本願“功德聚”[72]
願共諸衆生,往生安樂國

南無至心歸命禮西方阿彌陀佛
清風時時吹寶樹
出五音聲宫商和[73]
微妙雅曲自然成
故我頂禮“清淨薰”[74]
願共諸衆生,往生安樂國

南無至心歸命禮西方阿彌陀佛
其土廣大無崖際
衆寶羅網遍覆上
金縷珠璣奇異珍
不可名寶爲校飾[75]
週匝四面垂寶鈴
調風吹動出妙法
和雅德香常流佈
聞者塵勞習不起[76]
此風觸身受快樂
如比丘得滅盡定[77]
風吹散華(花)滿佛土
隨色次第不雜亂
華(花)質柔軟烈芬芳

足履其上下四指[78]
隨舉足時還如故
用訖地開没無遺
隨其時節華(花)六返[79]
不可議報故頂禮
願共諸衆生,往生安樂國

南無至心歸命禮西方阿彌陀佛
衆寶蓮華(花)盈世界
一一華(花)百千億葉[80]
其華(花)光明色無量
朱紫紅緑間五色
煒燁焕爛曜日光[81]
是故一心稽首禮
願共諸衆生,往生安樂國

南無至心歸命禮西方阿彌陀佛
一一華(花)中所出光
三十六百有千億
一一光中有佛身
多少亦如所出光[82]
佛身相好如金山[83]
一一又放百千光
普爲十方説妙法
各安衆生於佛道
如是神力無邊量
故我歸命阿彌陀
願共諸衆生,往生安樂國

南無至心歸命禮西方阿彌陀佛
樓閣殿堂非工造
七寶彫綺化所成
明月珠璫交露幔[84]
各有浴池形相稱
八功德水滿池中[85]
色味香潔如甘露
黃金池者白銀沙
七寶池沙互如此
池岸香樹垂佈上
栴檀芬馥常流馨[86]
天華(花)璀璨爲映飾
水上熠耀若景雲[87]
無漏依果難思議[88]
是故稽首“功德藏”[89]
願共諸衆生,往生安樂國

南無至心歸命禮西方阿彌陀佛
菩薩聲聞入寶池
隨意淺深如所欲[90]
若須灌身自然注
欲令旋復水尋還
調和冷暖無不稱
神開體悦蕩心垢
清明澄潔若無形
寶沙映徹如不深
澹淡迴轉相注灌

婥約容豫和人神
微波無量出妙響
隨其所應聞法語
或聞三寶之妙章[91]
或聞寂靜空無我[92]
或聞無量波羅蜜[93]
力不共法諸通慧[94]
或聞無作無生忍[95]
乃至甘露灌頂法[96]
隨根性欲皆歡喜[97]
順三寶相真實義[98]
菩薩聲聞所行道
於是一切悉具聞
三塗苦難名永閉[99]
但有自然快樂音
是故其國號安樂
頭面頂禮“無極尊”[100]
願共諸衆生,往生安樂國

【注釋】

① 正定聚——衆生之中,能破顛倒,必定證悟者正定聚。一説“預流”以上之聖者,爲正定聚。一説菩薩定性之人,爲正定聚。

② 邪定——即邪定聚。必不能破顛倒,畢竟不證悟者,稱邪定聚。一説造五無間業者爲邪定聚。一説無種性之人、凡夫爲邪定聚。

③ 不定——即不定聚。有緣證悟,不緣不證悟者,不定聚。一説修七方便之行者,爲不定聚。一説不定種性之人爲不定聚。

④ 一念至心者——至心,至誠之心。《觀無量壽經》説:“若有衆生願生彼國者,發三種心,即便往生。何等爲三?一者至誠心,二者深心,三者迴向發願心,具三心者,必生彼國。”“一念至心者”,即以至誠心念佛,願生安樂國者。

⑤ 迴向——把自己所積累的一切功德，願施與一切衆生，共生安樂國，稱爲迴向願生。

⑥ 五逆謗正法——五逆，又稱五無間業，罪惡極逆於理，故稱爲逆。五逆的内容，有不同説法，通常指：一，殺父；二，殺母；三，殺阿羅漢；四，由佛身出血；五，破和合僧（以手段離間僧衆，使之鬥亂，使之廢法事）。而言説無佛無佛法，無菩薩無菩薩法，叫作誹謗正法。阿彌陀佛四十八大願中第十八願説："設我得佛，十方衆生，至心信樂，欲生我國，乃至十念，若不生者，不取正覺。唯除五逆、誹謗正法。"

⑦ 於此世界無比方——阿彌陀佛四十八大願中第十四願説："設我得佛，國中聲聞有能計量，乃至三千大千世界衆生悉成緣覺，於百千劫悉共計較，知其數者，不取正覺。"這一句"於此世界無比方"，此世界即安樂國，意思是説，安樂國中菩薩聲聞衆多，神通成就無可比方。

⑧ 釋迦無礙大辯才——釋迦佛之智慧辯才，自在通達而無礙。

⑨ 設諸假令示少分——假，借。諸法各無實體，借他而有，故稱假。有二假、三假、四假各説，大體意思是説，無我、無法，"我"是假有，"法"是假有，"名"也是假有。其實，一切皆空，少有分别。這是釋迦佛無礙辯才所示之佛理。

⑩ 竝——即並，以及。

⑪ 金輪王——有金輪寶之王。鐵輪王王一洲界，銅輪王王二洲界，銀輪王王三洲界，金輪王王四洲界，最爲優勝。

⑫ 六天——慾界六天：一，四王天；二，忉利天；三，夜摩天；四，兜率天；五，樂變化天；六，他化自在天。這裏的"天"，也稱"天人""天衆""天部"，是高於人類的上界生類，不是指天空。

⑬ 次第相形皆如始——以上列舉的諸種天人，其相狀形貌都如同菩薩。始，指始士，菩薩之别譯，因其始發覺心。

⑭ 以天色像喻於彼——阿彌陀佛四十八大願之第三願説："設我得佛，國中天人不悉真金色者，不取正覺。"金色，安樂國之色。按《觀無量壽經》，阿彌陀佛身金色，觀世音菩薩身紫金色，大勢至菩薩"舉身光明，照十方國，作紫金色，蓮花座有五百億寶珠，一一寶珠，有八萬四千光，一一光作八萬四千異種金色，一一金色遍其寶土。""以天色像喻於彼"一句，即第三願所説"悉真金色"。

⑮ 法藏願力——阿彌陀佛爲菩薩時，名爲法藏，發四十八大願，以其願力，建成安樂國，救度衆生。千萬億倍之其他各類利益，千萬億倍之其他各方衆生獲福，皆是法藏之願力所爲。

⑯ 大心力——阿彌陀佛有大願心，大願心生大願力，故稱"大心力"。

⑰ 無不稱欲應念至——阿彌陀佛四十八大願中的第二十四願説："設我得佛，國中菩薩，在諸佛前，現其德本。諸所求欲供養之具，若不如意者，不取正覺。"

這句"無不稱欲應念至",即本此願而言。

⑱ 隨心化造受用具——曇鸞《往生論注》卷下説:"彼種種事,或一寶十寶百千種寶,隨心稱意,無不具足。若欲令無,倏焉化没。心得自在,有踰神通。"這一句"隨心化造受用具",即此意。

⑲ 堂宇飲食悉如此——"悉如此"即都是如此隨心稱欲。曇鸞《往生論注》卷上説:"宫殿樓閣,鏡納十方。的無所屬,亦非所屬。寶樹寶欄,互爲映飾。""彼諸天人若須食時,百味嘉肴,羅列在前。眼見色、鼻聞香、身受適悦,自然滿足。訖已化去,若須復現。"

⑳ 無稱佛——其功德成就無可稱量,故曰無稱佛。

㉑ 清淨色身——這裏的"色",其含義應爲"示現"。清淨色身,即清淨示現之身。

㉒ 神通功德及宫殿——這句話是概述安樂國諸往生者所獲的神通、功德及宫殿。神通甚大,如不動本處而遍至十方;功德甚多,如作種種佛事教化衆生;宫殿莊嚴,七寶映飾,等等。

㉓ 服飾莊嚴如六天——阿彌陀佛四十八大願中之第三十八願是專談服飾的:"設我得佛,國中天人,欲得衣服,隨念即至。如佛所贊應法妙服,自然在身。若有裁縫染治浣濯者,不取正覺。"這裏所説的"應法妙服",即袈裟。應,與法相應,即如法。如法之妙服,如法之三衣,即袈裟。袈裟並非人間普通僧人之服,而是莊嚴美妙如同慾界六天所穿之衣服。

㉔ 百味嘉餚倏已滿——倏,迅疾。滿,此處指滿願。百味嘉餚,願吃什麼,願吃多少,立即滿願。

㉕ 忽然飽足受適悦——曇鸞《往生論注》卷上説:"以佛法、以禪定、以三昧爲食,永絶他食之勞。"這就是説,吃的不是真的百味嘉肴,不是享受真的色、香、味,而是在聽聞佛法中,在禪定中,在三昧中,即在想象中食。所以,禪定中有收穫,受適悦,即是飽足。

㉖ 晏安快樂次泥洹——泥洹,即涅槃。涅槃是佛家追求的最終目標,指的是一種精神境界,即常樂我淨,寂滅無爲的境界,也指的是果位,即佛位。這句"晏安快樂次泥洹"的意思是説,諸往生者在安樂國中的晏安快樂,接近於涅槃。

㉗ 比丘——爲出家受具足戒者之通稱,意譯爲乞士,以其上乞法以資慧命,下乞食以資色身,故稱乞士。

㉘ 已生今生當亦然——已生、今生、當生,即過去、現在、未來三世。"已生今生當亦然"的意思是説,過去世有無量的衆生往生於安樂國,現在世有無量的衆生往生安樂國,未來世也照樣會有無量衆生往生安樂國。

㉙ 堅固法——如樹之根株不能拔,稱爲堅;從他物不變原態,稱爲固。堅固

法，指心念不變不動之法。有三堅法：修無極之身、無窮之命、無盡之財。有六堅法：信堅、法堅、修堅、德堅、頂堅（等覺菩薩居十地之頂而不毀壞）、覺堅（覺了一切法而不毀壞）。

㉚ 大士——菩薩之通稱。“士”是凡夫之通稱，區别於凡夫而稱菩薩爲“大士”。又曰，“士”即事，爲自利利他之大事，稱爲“大士”。

㉛ 設滿大千世界火——《法華經·譬喻品》：“三界無安，猶如火宅。衆苦充滿，甚可畏怖。常有生老病死憂患，如是等火，熾然不息。”這句“設滿大千世界火”，即據此而言。

㉜ 亦應直過聞佛名——直過，不迂曲而直接度過火宅，到達安樂國。曇鸞《往生論注》卷上説：“見有如來，但以聲聞爲僧，無求佛道者，或有值佛而不免三塗。……又人聞佛名號，發無上道心，遇惡因緣，退入聲聞、辟支佛地者。有如是等空過者、退没者。是故願言：使我成佛時，值遇我者，皆速疾滿足無上大寶。”這句“亦應直過聞佛名”的意思是説，只要聞佛名號，便不會空過，必能直接進到安樂國。

㉝ 聞阿彌陀不復退——阿彌陀佛四十八大願中之第四十七願説：“設我得佛，他方國土諸菩薩衆，聞我名字，不即得至不退轉者，不取正覺。”

㉞ 恒沙——恒，印度恒河。恒河之沙，喻無數。

㉟ 自餘九方亦如是——十方無量佛國，舉東方佛國供養安樂國爲例，其餘九方，也是如此。

㊱ 釋迦如來説偈頌——十方諸佛都在贊歎阿彌陀佛，主要是釋迦牟尼佛的贊頌，見《阿彌陀經》。

㊲ 諸來無量菩薩衆——諸方所來的無數無量菩薩。

㊳ 等願——諸佛平等之誓願。諸佛於爲菩薩之時所發之本願，既有共同的，又各有特殊的。共同性的本願爲四弘誓願：濟度無邊之衆生、斷滅無邊之迷執、學習無量之法義、成就無上之佛道。因四弘誓願是共同的、一樣的、平等的，所以又稱等願。

㊴ 蒙八梵聲授佛記——八梵，八種梵音：一，不男音；二，不女音；三，不强音；四，不軟音；五、不清音；六，不濁音；七，不雄音；八，不雌音。“梵”即清淨之義，佛之音聲，名爲梵聲。授佛記，佛對發心之衆生，授與將來必當作佛之記别。如：佛現衆前，授記某甲：於某劫中作佛，號某如來，有某某國土眷屬等。“蒙八梵聲授佛記”一句的意思是説，蒙佛之恩，得以聽到佛音，蒙佛授記。

㊵ 婆伽婆——梵文音譯，意譯爲“世尊”。

㊶ 聖主——又稱聖主師子，佛之尊號。佛爲諸聖中之上首，故稱聖主。師子即獅子，其性自在無畏，用以喻佛。

㊷ 七寶堂——七寶，諸經所説略有不同。《無量壽經》説七寶爲：“金、銀、琉

璃、玻璃、珊瑚、瑪瑙、硨磲。”《阿彌陀經》所説爲:“金、銀、琉璃、玻璃、硨磲、赤珠、瑪瑙。”七寶堂即七寶所飾講堂。

㊸ 系(絲)竹——系,應爲絲,即弦樂。竹,指笛、簫等管樂。

㊹ 諸天——此處指人類以上之生類,不是指天空。

㊺ 如是功德三寶聚——佛、法、僧,稱爲三寶。佛在講堂中説法,講堂中即有佛、有法、有僧(聽眾),三寶俱有。三寶藏聚無量功德,“如是功德三寶聚”一句,説的便是上述諸種功德,爲三寶所聚而成。

㊻ 講堂——即上述七寶堂。

㊼ 妙土廣大超數限——安樂國土,廣大無際,不可以數量計。曇鸞《往生論注》卷上説:“十方眾生往生者,若已生、若今生、若當生,雖無量無邊,畢竟常如虚空,廣大無際,終無滿時。”

㊽ 大攝受——佛之德號。因佛以大慈悲攝受一切眾生,故稱“大攝受”。

㊾ 適悦宴安無四時——四時,一説春、夏、秋、冬,一説朝、晝、夕、夜。天親《往生論》説:“永離身心惱,受樂常無間。”安樂國中常樂,無有間斷,因此,無論任何一時,都能“適悦宴安”。

㊿ 自利利他力圓滿——自利利他,菩薩之行。力,力用。圓滿,全而無缺。“自利利他力圓滿”,意思是説,菩薩之行,力用圓滿。

51 無有山川陵谷阻——曇鸞《往生論注》卷上説:“見有國土,嶕嶢峻嶺,枯木横岑,岿峉峌嶙,蕳茅盈壑。茫茫滄海,爲絶目之川;葻葻廣澤,爲無從之所,菩薩見此,興大悲願,願我國土,地平如掌。”

52 不可思議尊——阿彌陀佛之德號。爲理之深妙,爲事之稀奇,不可以心思之,不可以言議之,故稱不可思議尊。

53 道樹高四百萬里——道樹,菩提樹。釋迦佛於菩提樹下成道,故稱道樹。《無量壽經》:“其道場樹無量光色,高四百萬里。”

54 由旬——梵文音譯,爲計算里程之單位。一由旬或説十六里,或説三十里,或説四十里,或説五十里,或説六十里,也有的説八十里。

55 枝葉佈里二十萬——道樹枝葉所覆佈之里數爲二十萬。

56 月光摩尼海輪寶——月光摩尼,寶珠之名,摩尼之光如月。《無量壽經》:“以月光摩尼持海輪寶,眾寶之王而莊嚴之。”

57 光焰照曜超千日——千日,一千個太陽。形容光焰照耀之强,超過一千個太陽同時照耀之光焰。

58 法音——説法之音聲。《無量壽經》:“常以法音,覺諸世間。”《法華經·譬喻品》:“聞此法音,歡喜踴躍。”

59 佛刹——佛土、佛國。

⑥⓪ 深法忍——忍，忍耐。信難信之法而不惑，稱法忍。法忍有多種。涅槃之真理，一切皆空，無生無滅，安住於無生無滅之理而不動，稱爲無生法忍，此法忍爲深法忍。

⑥① 樹香樹色樹音聲 樹觸樹味及樹法——香、色、聲、觸、味、法，合稱六境，或稱六塵，或稱外六處，是眼、耳、鼻、舌、身、意六根之對象。這兩句是説道樹所具有的六個方面特性。

⑥② 六情——眼、耳、鼻、舌、身、意，名爲六根，或稱六情，或稱内六處。這六情是感覺器官和思維器官，接觸六境，則産生識。

⑥③ 蒙道場樹對六根——道場樹即道樹，因釋迦在菩提樹下成道，菩提樹成爲道場，又稱道場樹。道場樹成爲六根的對象，是往生者之福，所以説"蒙道場樹對六根"。

⑥④ 無生忍——即無生法忍，見注⑥⓪。

⑥⑤ 五種力——有不同説法。一説法爲：一，信力；二，精進力；三，勤念力；四，定力；五，慧力。一説法爲：一，定力；二，神通力；三，借識力；四，大誓願力；五，佛法威德力。

⑥⑥ 究竟願——願心不退而便成就，稱究竟願。阿彌陀佛四十八大願中之第二十八願説："設我得佛，國中菩薩，乃至少功德者，不能知其道場樹，無量光色高四百萬里，不取正覺。"彌陀此願不退並得實現，便是這一贊的内容。

⑥⑦ 真無量—— 佛德無量，所以通稱佛爲"真無量"。如專指阿彌陀佛，則意爲光明無量、壽命無量。

⑥⑧ 音樂轉妙有八重——佛所得有八重音聲：一，極好音；二，柔軟音；三，和適音；四，尊慧音；五，不女音；六，不誤音；七，深遠音；八，不竭音。

⑥⑨ 法音清和悦心神——曇鸞《往生論注》卷下説："自然德風，徐起微動……吹諸羅網及眾寶樹，演發無量微妙法音，流佈萬種温雅德香。其有聞者，塵勞垢習自然不起，風觸其身皆得快樂。"

⑦⓪ 清淨樂——佛離惡行之過失，離煩惱之垢染，身心適悦，名清淨樂。

⑦① 華（花）果枝葉更互爲——互爲，互爲映飾。天親《往生論》："微風動花葉，交錯光亂轉。"

⑦② 功德聚——佛之德稱。《涅槃經》三十二："以偈贊佛：如來無量功德聚，我今不能廣宣説。"

⑦③ 出五音聲宫商和——五音，又稱五聲，或稱五調子，即宫、商、角、徵、羽。《無量壽經》："清風時發，出五音聲，微妙宫商，自然相和。"

⑦④ 清淨薰——應爲"清淨勳"，指佛，因佛有清淨無垢之勳功。

⑦⑤ 不可名寶爲校飾——不可名寶，叫不出名字的各種雜寶，形容珍寶之多。

曇鸞《往生論注》卷下説:“無量寶網,彌覆佛土,皆以金縷真珠、百千雜寶、奇妙珍異,莊嚴校飾。”

⑯ 聞者塵勞習不起——曇鸞《往生論注》卷下説:“其有聞者,塵勞垢習,自然不起。”

⑰ 如比丘得滅盡定——滅盡定,稱滅盡三昧,或稱滅受想定,指滅盡六識心、心所而不使起之禪定。禪定中,心及心法,一切俱亡。《無量壽經》:“風觸其身,皆得快樂,譬如比丘,得滅盡三昧。”

⑱ 足履其上下四指——四指,曇鸞解爲四寸。《往生論注》卷下説:“風吹散華(花),遍滿佛土,隨色次第而不雜亂。柔軟光澤,馨香芬烈。足履其上,陷下四寸。隨舉足已,還復如故。”

⑲ 隨其時節華(花)六返——六返,六迴、六次。《阿彌陀經》:“晝夜六時,雨天曼陀羅華(花)。”六時爲晝三時(晨朝、日出、日没)與夜三時(初夜、中夜、後夜)。曇鸞《往生論注》卷上説:“隨其時節,風吹散華(花),如是六返。”

⑳ 一一華(花)百千億葉—— 一花有多少,各説不同。《觀無量壽經》説花座想:“如是蓮花,具有八萬四千葉。”《往生論注》卷下則説:“衆寶蓮華(花)週滿世界,一一寶華(花),百千億葉。”

㉑ 煒爗焕爛曜日光——煒爗,鮮明光亮。焕爛,光耀燦爛。《往生論注》卷下説:“其華(花)光明,無量種色,青色青光,白色白光,玄黄朱紫,光色亦然。煒爗焕爛,明耀日月。”

㉒ 多少亦如所出光——花中所出光爲“三十六百有千億”,每光中有一佛身,則佛之多少,也如光數,爲“三十六百有千億”。

㉓ 佛身相好如金山——金山,喻佛身,《法華經·序品》:“身色如金山,端嚴甚深妙。”《觀無量壽經》:“佛身金色,高六十萬億那由他恒河沙由旬。……有八萬四千相,一一相中,各有八萬四千隨形好;一一好中,復有八萬四千光明;一一光明,遍照十方世界念佛衆生,攝取不捨。”

㉔ 明月珠璫交露幔——露幔,覆蓋在堂、塔外面之幔幕。交露幔,以珠交錯造幔,其形如垂露。明月珠璫,珠璫之光如明月,或稱明月摩尼。《無量壽經》:“以真珠、明月摩尼衆寶,以爲交露,覆蓋其上。”

㉕ 八功德水——《稱贊淨土經》説:一,澄淨;二,清冷;三,甘美;四,輕軟;五,潤澤;六,安和;七,飲時除饑渴等,無量過患;八,飲之定能長養諸根四大增益。《俱舍論》十一則説:一,甘;二,冷;三,軟;四,輕;五,清淨;六,不臭;七,飲時不損喉;八,飲已不傷腸。極樂國池中爲八功德水。《無量壽經》:“内外左右,育諸浴池……八功德水湛盈滿。”

㉖ 旃檀——香木名,一説即紫檀。

⑻ 景雲——景，亮光、日光。即爲浮動之雲一般的光。又，"景雲"爲典，又名慶雲。《後漢書·蔡邕傳·釋誨》："連光芒於白日，屬炎氣於景雲。"注引《瑞應圖》："景雲者，太平之應也。"

⑻ 無漏依果——漏是流的意思，有漏是指生死流轉，無漏是指斷除生死流轉。又，漏是指煩惱由耳、目、口、鼻、舌、身六根日夜漏洩流注而不止，離煩惱垢染爲無漏，有煩惱垢爲有漏。有漏業因招致有漏果，其中，善法招樂果，如眾生在六道輪迴中得人、天果報；惡法招苦果，如眾生在六道輪迴中得畜生、地獄果報。無漏果由無漏業因所招致，如成就阿羅漢、菩薩和佛。有漏果和無漏果又各有正、依二報。所謂正報，是指有情眾生自體；所謂依報，是眾生心身所依止的身外諸物，如世界、國土、家屋、衣食等。因此，無漏依果即指安樂國土的"器世間"，這是由阿彌陀佛之無漏業因所招致的。

⑻ 功德藏——佛之德號。佛功德無量，如功德之寶藏，故稱"功德藏"。《無量壽經》："具足功德藏，妙智無等倫。"

⑼ 隨意深淺如所欲——按《無量壽經》，諸菩薩聲聞眾若入寶池，意欲令水没足，水即没足；欲令至膝，水即至膝；欲令至腰，即至腰；欲令至頸，水即至頸；欲令灌身，自然灌身。

⑼ 或聞三寶之妙章——妙章意爲妙法，指美妙的説法音聲。按《無量壽經》，七寶浴池中水波出妙響，或聞佛聲，或聞法聲，或聞僧聲。佛、法、僧爲三寶，所以説"或聞三寶之妙章"。

⑼ 或聞寂靜空無我——離煩惱稱寂，絶苦患稱靜，寂靜即涅槃，爲佛家所追求的最高境界。"我"是空的，本來無我，這是佛家的基本觀點。按《無量壽經》，七寶池中，波出妙響，或聞寂靜聲、空無我聲。寂靜了，何得還有聲？空無我了，還有何説？應爲説寂靜及空無我之理的聲音。

⑼ 或聞無量波羅蜜——波羅蜜，梵文音譯，意譯爲度、到彼岸，即菩薩修行之方法。通常的説法有六波羅蜜：一，檀波羅蜜（佈施）；二，尸羅波羅蜜（戒）；三，羼提波羅蜜（忍辱）；四，毗梨耶波羅蜜（精進）；五，禪波羅蜜（禪定）；六，般若波羅蜜（智慧）。也有十波羅蜜之説，即前六波羅蜜再加方便善巧、願、力、智四波羅蜜。《無量壽經》説，七寶池中，波出妙響，或聞波羅蜜聲。

⑼ 力不共法諸通慧——按《無量壽經》，七寶池中，波出妙響，或聞十力無畏不共法聲、諸通慧聲。十力，如來之十力：一，知覺處非處智力；二，知三世業報智力；三，知諸禪解脱三昧智力；四，知諸根勝劣智力；五，知種種解智力；六，知種種界智力；七，知一切至所道智力；八，知天眼無礙智辨；九，知宿命無漏智力；十，知永斷習氣智力。無畏，佛在大眾中説法，泰然無畏之德。無畏有四，稱四無畏：一，一切智無所畏；二，漏盡無所畏；三，説障道無所畏；四，説盡苦道無所畏。不共通

之功德法,唯佛及菩薩所具足,所以稱不共法。佛之十力,四無畏、三念住、大悲,合稱十八不共法。《無量壽經》曰"十力無畏不共法聲""諸通慧聲"。通慧指神通與智慧。

⑮ 或聞無作無生忍——按《無量壽經》,七寶池中,波出妙音,或聞無所作聲、不起滅聲、無生忍聲。無所作,指不須借助身、口、意之動作,自然相續之法。無生忍,理寂不起,稱爲無生;慧安此理,稱無生忍。

⑯ 乃至甘露灌頂法——灌頂法,天竺國王即位時,以四大海之水,灌於頂而表示祝賀之儀式。密教倣效此法,在傳授阿闍梨職位時,設壇行灌頂之式。顯教雖説等覺菩薩受灌頂而成佛之事,但没有説過對修行者實行此法。《無量壽經》説,七寶池中,波出妙音,或聞甘露灌頂眾妙法聲。

⑰ 隨根性慾皆歡喜—— 能生爲"根",人性有生善惡作業之力,稱爲根性。慾爲慾念。按《無量壽經》,七寶池中,波出妙音,音聲内容,都相應於聽者的根性慾念。誰是什麽根性,想聽什麽,就會聽到什麽音聲。"稱其所聞,歡喜無量"。

⑱ 順三寶相真實義——按《無量壽經》,諸菩薩聲聞在七寶池中洗浴時所聞波聲,都是各人所欲聞的内容,也就是各人所修之道。波聲隨順清淨離慾、寂滅真實之義,隨順三寶力無所畏不共之法,隨順通慧菩薩聲聞所行之道,無有三塗苦難之名,但有自然快樂之音。這句"順三寶相真實義",是概括這些音聲所包括的内容而言。

⑲ 三塗苦難名永閉——三塗,即三途,即地獄、餓鬼、畜生三惡道。七寶池中之波音,没有三塗之名,即永聽不到三塗苦難之名。

⑳ 無極尊——安樂國眾生之身體,爲達悟涅槃無極之理的身體,稱無極身體。《無量壽經》:"顔貌端正,超世稀有,容色微妙,非天非人,皆受自然虚無之身、無極之體。"其中,佛最尊勝,因稱"無極尊"。

二、流通分

南無至心歸命禮西方阿彌陀佛
本師龍樹摩訶薩①
誕形像始理頽綱②
關閉邪扇開正轍③

是閻浮提一切眼[4]
伏承尊悟歡喜地[5]
歸阿彌陀生安樂
願共諸衆生,往生安樂國

南無至心歸命禮西方阿彌陀佛
譬如龍動雲必隨
閻浮提放百卉舒
南無慈悲龍樹尊
至心歸命頭面禮
願共諸衆生,往生安樂國

南無至心歸命禮西方阿彌陀佛
我從無始循三界[6]
爲虚妄輪所迴轉[7]
一念一時所造業
足繫大地滯三塗[8]
唯願慈光護念我
令我不失菩提心[9]
我贊佛慧功德音[10]
願聞十方諸有緣[11]
欲得往生安樂者
普皆如意無障礙
所有功德若大小[12]
迴施一切共往生
南無不可思議光[13]
一心歸命稽首禮
願共諸衆生,往生安樂國

南無至心歸命禮西方阿彌陀佛
十方三世無量慧
同乘一如號正覺⑭
二智圓滿道平等⑮
攝化隨緣故若干⑯
我歸阿彌陀淨土
即是歸命諸佛國
我以一心贊一佛
願遍十方無礙人⑰
如是十方無量佛
咸各至心頭面禮
願共諸衆生,往生安樂國

【注釋】

① 本師龍樹摩訶薩——本師,佛教以釋迦牟尼爲根本之教師,稱本師。又,受業之師稱本師。又,以之爲祖師,稱本師。龍樹(約三世紀),又譯爲龍猛、龍勝,爲古印度大乘佛教中觀學派創始人。精通三藏,大力傳教,使大乘般若性空學説風靡全印度。著述甚多,有“千部論主”之稱,主要有《中論》《十二門論》《大智度論》《十住毗婆沙論》等。龍樹在《十住毗婆沙論》中説了念佛的易行道,贊歎阿彌陀佛的功德,又在《大智度論》中宣揚了淨土的教法。摩訶薩,梵文音譯,菩薩之通稱。曇鸞對龍樹特別推崇,既稱之爲本師,又稱之爲菩薩。

② 誕形象始理頹綱——龍樹之前,已有彌陀淨土的經典。但在龍樹時期,彌陀信仰只是諸多淨土信仰之一,並未佔主要地位。而整個淨土信仰在印度也不受重視。這便是彌陀信仰的頹勢吧。由於龍樹的弘揚,彌陀信仰開始得勢。“理頹綱”就是指此而言。而龍樹之菩薩形象,也由此産生。

③ 關閉邪扇開正轍——扇即門扇。轍爲車轍。龍樹關閉各種邪説之門,開闢了彌陀信仰之正道。

④ 是閻浮提一切眼——閻浮提即閻浮提洲(南贍部洲),指現實世界。一切眼,眼能瞭別事物,龍樹的理論,能看清一切事物之真相,成爲人們的眼睛。

⑤ 伏承尊悟歡喜地——歡喜地，十地之第一地，菩薩經修行，初成斷惑證理之一分，名歡喜地。《仁王經》下："初證平等性，而生諸佛家。由初得覺悟，名爲歡喜地。""尊悟"是對龍樹覺悟之尊稱。"伏承尊悟歡喜地"的意思是説，承蒙龍樹之開悟，得以初始證惑斷理。菩提流支譯《入楞伽經》第九有敘述龍樹往生安樂國的記載。

⑥ 我從無始循三界——由於業力作用，在慾界、色界、無色界三界之中生死輪迴，永無了時，這是衆生之苦。無終也必無始，我從無始以來，就在三界之中輪迴，未能跳出。

⑦ 爲虚妄輪所迴轉——虚妄輪，指生死之輪迴，是依虚妄之惑業所感生之果，所以稱虚妄輪。

⑧ 足繫大地滯三塗——足，足够。大地，指六道。我所造之惑業，足以使我滯留在六道，並且是在大地獄、餓鬼、畜生三途之中輪迴。足，也可解釋爲腳。"足繫大地"即腳被束縛在六道之内，不得解脱。

⑨ 菩提心——菩提，梵文音譯，意譯爲覺道。覺爲能覺之智慧，道爲所覺悟之真理。心有真心、妄心。真心是不垢不淨、不生不滅的，妄心是貪瞋癡愛種種染污心。菩提心即覺道之真心。

⑩ 我贊佛慧功德音——我所贊歎佛慧及功德之聲音。即指此篇《贊阿彌陀佛偈》。

⑪ 願聞十方諸有緣——有緣，有緣於佛道者。願十方有緣衆生都得聞我之所贊。

⑫ 所有功德若大少——諸有緣所有之功德，大也罷，少也罷，無論大或少，都可用於迴向。

⑬ 南無不可思議光——不可思議光，此處應指不可思議光如來，即指阿彌陀佛。此句意爲皈依阿彌陀。

⑭ 同乘一如號正覺—— 一，不二；如，不異。稱不二不異爲"一如"，即真如之理。《文殊般若經》下："不思議佛法，等無分别，皆乘一如，成最正覺。"

⑮ 二智圓滿道平等——二智：一，真智，又稱根本智、如理智、無分别智、正體智、實智，即瞭知佛家真理之智；二，俗智，又稱後得智、如量智、權智、方便智、有分别智、偏智。真智即能通達無量無邊界，見一切法實性之智。聲聞、緣覺不具真智，佛才二智圓滿。因二智圓滿，證諸法平等、衆生平等之理，立平等之道。

⑯ 攝化隨緣故若干——順衆生之機緣而以種種方便攝受化益，稱攝化隨緣。佛道平等，又因衆生機緣不同，所以才有若干不同的教法。當然，曇鸞的意思是説，其餘皆爲難行道，唯獨彌陀淨土法門爲易行道。

⑰ 願遍十方無礙人——《往生論注》卷下説："無礙者，知生死即涅槃。"無礙

人，即懂得涅槃之理而無障礙的人。“願遍十方無礙人”的意思是説，願所有十方無礙人，都與我一樣，歸命禮西方阿彌陀佛。

三、請佛菩薩哀愍攝受

南無至心歸命禮西方阿彌陀佛
哀愍覆護我
令法種增長[①]
此世及後生
願佛常攝受
願共諸衆生，往生安樂國

南無至心歸命禮西方極樂世界觀世音菩薩
願共諸衆生，往生安樂國

南無至心歸命禮西方極樂世界大勢至菩薩
願共諸衆生，往生安樂國

南無至心歸命禮西方極樂世界諸菩薩、清淨大海衆[②]
願共諸衆生，往生安樂國

普爲師僧、父母及善知識、法界衆生
斷除三障[③]，同得往生阿彌陀佛國，歸命懺悔

【注釋】

① 法種——佛法之種子。

② 清淨大海眾——眾水入海，則爲同一鹹味，眾生出家，也都成爲同樣的僧人，如同大海之水一般，所以稱僧眾爲大海眾。又，“大海”喻眾之多。這裏的“清淨大海眾”，指的是安樂國中無量菩薩、聲聞眾。

③ 三障——有不同的説法。一説，三障指三種障正道、害善心者：一，煩惱障，貪、瞋、癡等之惑；二，業障，五逆十惡之業；三，報障，地獄、餓鬼、畜生等之苦報。又一説指：一，皮煩惱障，三界中貪、瞋等思惑，對應外之六塵而起，如皮之在身外；二，肉煩惱障，指屬於内心之見惑，如肉之在皮内；三，心煩惱障，指惑迷真心之無明。第三種説法指：一，我慢重障；二，嫉妒重障；三，貪欲重障。

略論安樂淨土義

釋曇鸞撰

一、安樂國非三界

問曰:安樂國①於三界中②,何界所攝?

答曰:如釋論言③,如斯淨土,非三界所攝。何以故?無慾故非慾界④,地居故非色界⑤,有形色故非無色界⑥。

《經》曰⑦:阿彌陀佛本行菩薩道時⑧,作比丘⑨,名曰法藏,於世自在王佛所⑩,請問諸佛淨土之行。時佛爲説二百一十億諸佛刹土⑪天人善惡、國土精粗⑫,悉現與之。于時,法藏菩薩即於佛前,發弘誓大願,取諸佛土⑬於無量阿僧祇劫⑭,如所發願行諸波羅蜜⑮,萬善圓滿,成無上道。別業所得⑯;非三界也。

【注釋】

① 安樂國——即阿彌陀佛世界,又稱西方極樂世界,或稱西方淨土。《阿彌陀經》説:"其國衆生,無有衆苦,但受諸樂,故名極樂。"《無量壽經》等則稱"安樂"。

② 三界—— 佛教根據善惡報應理論和禪定修行的結果,勾畫出世界的立體層次結構,把世界分爲佛國世界和世俗世界,世俗世界又分爲慾界、色界和無色界,稱爲三界。

③ 釋論——解釋經典之論書,稱釋論。又,一經總括宗旨而建立法義稱爲宗論;反之一一解釋其文義,稱爲釋論。又,顯教謂爲《大智度論》之略稱,以之爲解釋《大品般若經》之作。此處指《大智度論》卷三十八關於三界的闡釋。

④ 慾界——慾,貪慾,主要指食慾和淫慾。慾界是指深受各種慾念支配和熬煎的生物所居住之處。慾界由低到高分爲六道:地獄、鬼、畜生、阿修羅(意譯"非

天”、魔神）、人、天（不是指天空，而是指高於人類的上界的生類），共分六重，稱爲慾界六天。

⑤ 色界——色，指物質現象。色界是粗俗的慾望已經斷絶的地方，只是其中的居住者仍然具有形體，有所居的宫殿、國土，即有“色”。色界在慾界六天之上，具體分爲十七層梵天。

⑥ 無色界——是既無慾望又無形體的生存者的住所，是没有宫室和自然國土的處所。因爲此界没有任何物質的東西，所以名爲無色界。雖然此界無色，無固定的方所，但就果報來説，是在色界之上。

⑦《經》——此處指《無量壽經》。

⑧ 菩薩道——菩薩，菩提薩埵之略，意譯爲覺有情，還譯爲大士、開士、聖士等，在佛國世界中的地位僅次於佛，即候補佛。菩薩求自利利他圓滿而成佛果之行，稱菩薩行，或稱菩薩道。

⑨ 比丘——梵文音譯，爲出家受具足戒者之通稱，男稱比丘，女稱比丘尼。

⑩ 世自在王佛——《無量壽經》説，在久遠劫以前，有五十四佛相繼出世，最後應世之佛名世自在王。

⑪ 刹土——刹，梵語，意譯爲土、田。梵、漢兩音同存稱刹土，即國土。

⑫ 粗——粗疏。

⑬ 取諸佛土——《無量壽經》説，世自在王佛爲法藏廣説二百一十億佛土的優劣粗妙、善惡果報，法藏即時親見二百一十億佛土的嚴淨，攝取這些佛土的清淨妙行，成就一個與涅槃相同的極樂世界。這裏所説“取諸佛土”，便是指攝取二百一十億佛土的清淨妙行。

⑭ 阿僧祇劫——劫，梵文劫波之略，意譯爲大時，指極爲久遠的時間。究竟一劫爲多少時間，説法不一。通常説，一千六百七十九萬八千年爲一小劫，二十小劫爲一中劫，四中劫爲一大劫。每一大劫約合一百三十四億三百八十四萬年。阿僧祇，梵文音譯，意譯爲無數。據稱一阿僧祇劫有一千萬萬萬萬萬萬萬萬兆（百萬爲兆）。“阿僧祇劫”表示異常久遠的時間。

⑮ 諸波羅蜜——波羅蜜，梵文音譯，意譯爲度、到彼岸、度無極等。諸波羅蜜，指菩薩行的六波羅蜜（六度），即由生死此岸渡人到達涅槃彼岸的六種修行方法（途徑），具體内容爲：佈施、持戒、忍辱、精進、禪定、智慧。

⑯ 别業——業，意思爲造作，具體指内心的活動和由内心的思維所發動的言語和行爲。做一件事先有心理活動，爲意業；後發之於口，爲口業；表現於身體上的行爲，爲身業。作業必然産生果報，業與果概括説可分爲有漏、無漏兩種。“漏”是流的意思，有漏是指生死流轉，無漏是指斷除生死流轉。衆生有漏業因招至有漏果，善業招樂果，惡業招苦果，生死流轉，輪迴不已。無漏善因則招來無漏果，如

成就阿羅漢、菩薩、佛。所以，業有總有別，“總”即總體，即一般，“别”即“有漏”和“無漏”互相區别的各自的特殊性。這裏所説的“别業”，指的便是總業中具有特殊性的無漏業因。眾生有漏善業之果不脱三界，法藏菩薩的無漏善業所造之無漏果，則自然不在三界之中。

二、安樂國莊嚴成就

問曰：安樂國有幾種莊嚴[1]，名爲淨土？

答曰：若依《經》據義[2]，法藏菩薩四十八願即是其事[3]。尋《贊》可知[4]，不復重序(敘)。若依《無量壽論》[5]，以二種清淨，攝二十九種莊嚴成就。二種清淨者，一，器世間清淨；二是眾生世間清淨。

器世間清淨，有十七種莊嚴成就：

一者，國土相勝過三界道[6]。

二者，其國廣大，量如虚空[7]，無有齊限。

三者，從菩薩正道大慈悲出世善根所起。

四者，清淨光明，圓滿莊嚴。

五者，備具第一珍寶性[8]，出奇妙寶物。

六者，潔淨光明，常照世間。

七者，其國寶物柔軟，觸者適悦，生於勝樂。

八者，千萬寶華(花)莊嚴池沼，寶殿、寶樓閣、種種寶樹，雜色光明，影納世界。無量寶網覆虚空，四面懸鈴常吐法音。

九者，於虚空中，自然常雨天華(花)、天衣、天香，莊嚴普熏。

十者，佛慧光明，照除癡闇。

十一者，梵聲開悟，遠聞十方。

十二者，阿彌陀佛無上法王善力住持[9]。

十三者，從如來[10]淨華(花)所化生[11]。

十四者，愛樂佛法味，禪三昧爲食[12]。

十五者，永離身心諸苦，受樂無間。

十六者，乃至不聞二乘[13]、女人、根缺之名[14]。

十七者，衆生有所欲樂，隨心稱意，無不滿足。

如是等十七種，是名“器世間清淨”。

衆生世間清淨，有十二種莊嚴成就：

一者，無量大珍寶王微妙華（花）臺，以爲佛座。

二者，無量相好[15]、無量光明，莊嚴佛身。

三者，佛無量辯才，應機説法[16]，具足清白，令人樂聞。聞者必悟解，言不虚説。

四者，佛真如智慧[17]，猶如虚空，照了諸法[18]總相[19]、别相[20]，心無分别。

五者，天人不動衆[21]，廣大莊嚴，譬如須彌山[22]，映顯四大海[23]，法王相具足[24]。

六者，成就無上果[25]，尚無能及，況復過者。

七者，爲天人丈夫[26]調御師[27]，大衆恭敬圍繞，如師子王師子圍繞[28]。

八者，佛本願力莊嚴[29]，住持諸功德，遇者無空過，能令速滿足一切功德海[30]。未證淨心菩薩[31]畢竟得證平等法身[32]，與淨心菩薩、與上地菩薩，畢竟同得寂滅平等。

九者，安樂國諸菩薩衆，身不動摇而遍至十方[33]，種種應化[34]，如實修行[35]，常作佛事。

十者，如是菩薩應化身[36]，一切時不前不後，一心一念放大光明，悉能遍至十方世界。教化衆生，種種方便[37]。修行所成，滅除一切衆生苦惱[38]。

十一者，是等菩薩於一切世界，無餘照諸佛大會[39]，無餘廣大無量供養、恭敬贊歎諸佛如來功德。

十二者，是諸菩薩於十方一切世界無三寶處[40]，住持莊嚴佛、法、僧寶功德大海，遍示令解，如實修行。

如是等法王八種莊嚴功德成就，如是菩薩四種莊嚴功德成就，是名“衆生世間清淨”。

安樂國土具如是等二十九種莊嚴功德成就，故名“淨土”。

【注釋】

① 莊嚴——法藏《華嚴經探玄記》三：“莊嚴有二義：一是具德義，二是交飾義。”莊嚴既指以善美之物裝飾國土，又指以功德飾佛、菩薩之身。莊嚴作動詞用，也用作名詞。

②《經》——此處指《無量壽經》。

③ 四十八願——阿彌陀佛所發四十八大願，爲彌陀淨土法門的根本内容，不可不知，内容如下：

一，設我得佛，國有地獄、餓鬼、畜生者，不取正覺。

二，設我得佛，國中人天壽終以後，復更三惡道者，不取正覺。

三，設我得佛，國中人天不悉真金色者，不取正覺。

四，設我得佛，國中人天形色不同，有好醜者，不取正覺。

五，設我得佛，國中人天不識宿命，下至知百千億那由他諸劫事者，不取正覺。

六，設我得佛，國中人天不得天眼，下至見百千億那由他諸佛國者，不取正覺。

七，設我得佛，國中人天不得天耳，下至聞百千億那由他諸佛所説，不悉受持者，不取正覺。

八，設我得佛，國中人天不得見他心智，下至知百千億那由他諸佛國中衆生心念者，不取正覺。

九，設我得佛，國中人天不得神足，於一念頃間，下至不能超過百千億那由他諸佛國者，不取正覺。

一〇，設我得佛，國中人天若起想念貪計身者，不取正覺。

一一，設我得佛，國中人天不住定聚，必至滅度者，不取正覺。

一二，設我得佛，光明有能限量，下至不照百千億那由他諸佛國者，不取正覺。

一三，設我得佛，壽命有能限量，下至百千億那由他劫者，不取正覺。

一四，設我得佛，國中聲聞有能計量，乃至三千大千世界衆生悉成緣覺，於百千劫悉共計校，知其數者，不取正覺。

一五，設我得佛，國中人天壽命無能限量，除其本願修短自在。若不爾者，不取正覺。

一六，設我得佛，國中人天乃至聞有不善名者，不取正覺。

一七，設我得佛，十方世界無量諸佛，不悉咨嗟我名者，不取正覺。

一八，設我得佛，十方衆生，至心信樂，欲生我國，乃至十念，若不生者，不取正覺。唯除五逆、誹謗正法。

一九，設我得佛，十方衆生，發菩提心，修諸功德，至心發願欲生我國，臨壽終時，假令不與大衆圍繞現其人前者，不取正覺。

二〇，設我得佛，衆生聞我名號，繫念我國，植衆德本，至心迴向，欲生我國，不果遂者，不取正覺。

二一，設我得佛，國中人天不悉成滿三十二大人相者，不取正覺。

二二，設我得佛，他方佛土諸菩薩衆來生我國，究竟必至一生補處。除其本願自在所化，爲衆生故，被弘誓鎧，積累德本，度脱一切。遊諸佛國，修菩薩行，供養十方諸佛如來，開化恒沙無量衆生，使立無上正真之道，超出常倫諸地之行，現前修習普賢之德。若不爾者，不取正覺。

二三，設我得佛，國中菩薩，承佛神力，供養諸佛。一食之頃，不能遍至無量無數億那由他諸佛國者，不取正覺。

二四，設我得佛，國中菩薩，在諸佛前，現其德本。諸所求欲供養之具，若不如意者，不取正覺。

二五，設我得佛，國中菩薩不能演説一切智者，不取正覺。

二六，設我得佛，國中菩薩不得金剛那羅延身者，不取正覺。

二七，設我得佛，國中人天，一切萬物，嚴淨光麗，形色特殊，窮微極妙，無能稱量。其諸衆生乃至逮得天眼，有能明了辨其名數者，不取正覺。

二八，設我得佛，國中菩薩，乃至少功德者，不能知見其道場樹，無量光色高四百萬里，不取正覺。

二九，設我得佛，國中菩薩，若受讀經法，諷誦持説，而不得辯才智慧者，不取正覺。

三〇，設我得佛，國中菩薩智慧辯才，若可限量者，不取正覺。

三一，設我得佛，國土清淨，皆悉照見十方一切無量無數不可思議諸佛世界，猶如明鏡，覩其面像。若不爾者，不取正覺。

三二，設我得佛，自地以上至於虚空，宫殿樓觀、池流華(花)樹，國中所有一切萬物，皆以無量雜寶、百千種香，而共合成。嚴飾奇妙，超諸人天。其香普熏十方世界。菩薩聞者，皆修佛行。若不爾者，不取正覺。

三三，設我得佛，十方無量不可思議諸佛世界衆生之類，蒙我光明觸其體者，身心柔軟，超過人天。若不爾者，不取正覺。

三四，設我得佛，十方無量不可思議諸佛世界衆生之類，聞我名字不得菩薩無生法忍，諸深總持者，不取正覺。

三五，設我得佛，十方無量不可思議諸佛世界，其有女人聞我名字，歡喜信樂，發菩提心，厭惡女身，壽終之後，復爲女像者，不取正覺。

三六，設我得佛，十方無量不可思議諸佛世界諸菩薩衆，聞我名字，壽終之後，常修梵行，至成佛道。若不爾者，不取正覺。

三七，設我得佛，十方無量不可思議諸佛世界諸天人民，聞我名字，五體投地，稽首作禮，歡喜信樂，修菩薩行，諸天世人，莫不致敬。若不爾者，不取正覺。

三八，設我得佛，國中人天欲得衣服，隨念即至。如佛所讚應法妙服，自然在身。若有裁縫染治浣濯者，不取正覺。

三九，設我得佛，國中人天所受快樂，不如漏盡比丘者，不取正覺。

四〇，設我得佛，國中菩薩隨意欲見十方無量嚴淨佛土，應時如意，於寶樹中皆悉照見，猶如明鏡，睹其面像。若不爾者，不取正覺。

四一，設我得佛，他方國土諸菩薩衆，聞我名字，至於得佛，諸根缺漏不具足者，不取正覺。

四二，設我得佛，他方國土諸菩薩衆，聞我名字，皆悉逮得清淨解脱三昧。住是三昧，一發意頃，供養無量不可思議諸佛世尊而不失定意。若不爾者，不取正覺。

四三，設我得佛，他方國土諸菩薩衆，聞我名字，壽終之後生尊貴家。若不爾者，不取正覺。

四四，設我得佛，他方國土諸菩薩衆，聞我名字，歡喜踴躍，修菩薩行，具足德本。若不爾者，不取正覺。

四五，設我得佛，他方國土諸菩薩衆，聞我名字，皆悉逮得普等三昧。住是三昧，至於成佛，常見無量不可思議一切如來。若不爾者，不取正覺。

四六，設我得佛，國中菩薩隨其志願，所欲聞法，自然得聞。若不爾者，不取正覺。

四七，設我得佛，他方國土諸菩薩衆，聞我名字，不即得至不退轉者，不取正覺。

四八，設我得佛，他方國土諸菩薩衆，聞我名字，不即得至第一、第二、第三法忍，於諸佛法不能即得不退轉者，不取正覺。

④《贊》——即曇鸞所著《贊阿彌陀佛偈》。

⑤《無量壽論》——即天親所著《往生論》，其全稱爲《無量壽經優婆提舍願生偈》。

⑥ 三界道——衆生在慾界、色界、無色界之間生死流轉，因果相通，通即道，

所以總稱三界流轉爲三界道。

⑦ 量如虛空——形容安樂國廣大無邊無量，猶如虛空，來生者雖多，終無滿時。

⑧ 第一珍寶性—— 第一性即佛性，佛性清淨，安樂國珍寶，自性清淨，具足莊嚴，所以稱第一珍寶性。

⑨ 無上法王——法王即佛，無有能過者，號爲無上。無上法王爲對佛的尊稱。

⑩ 如來——佛的又一名稱。有三解：一説如即真如，乘真如之道從因來果而成正覺，故名如來；一説乘真如之道來三界垂化，故名如來；一説如諸佛而來，故名如來。

⑪ 化生——指没有可見之物作爲依託，是借業力而生現的，如諸天神、餓鬼和地獄中受苦者，也就是在天上和地獄中因變化而生者。

⑫ 愛樂佛法味，禪三昧爲食——這兩句是説，在淨土中不吃别的，以佛法、禪定、三昧爲食。如日月燈光明佛説《法華經》六十小劫，聽衆也坐一處六十小劫，如同已經食罷，没有一人懈倦。以禪定三昧爲食，是説諸大菩薩常在三昧，没有實在的食物，不是真正的飲食，如須食，百味嘉肴羅列在前，眼見色、鼻聞香、身受適悦，自然飽足，隨即化去。

⑬ 二乘——乘，指引導衆生達到解脱的方法、教説。一般稱聲聞、緣覺、菩薩（或佛）爲三乘。聲聞乘又稱小乘，證阿羅漢；緣覺又稱中乘，證辟支佛果；菩薩乘又稱大乘，識無上菩提。按照曇鸞的説法，彌陀淨土没有聲聞、緣覺二乘。

⑭ 根缺——佛家稱眼、耳、鼻、舌、身、意爲六根，六根殘缺即根缺。如聾、啞、盲，都屬根缺。

⑮ 相好——就佛之身體而言，微妙之相狀，可了别者，稱爲相；細相之可愛樂者，稱爲好。相，大莊嚴身；好，小莊嚴身。也就是説，相與好都是指佛身的特徵，相指大的特徵，好指引起愛樂的小的特徵。

⑯ 應機——機爲根機、機緣。應機即隨根機或機緣教化。

⑰ 真如——梵文意譯，早期佛教經籍譯爲“本無”，又作“如如”。一般解釋爲絶對不變的永恒真理或本體。各個宗派從不同角度也稱作“性”“無爲”“實相”“法界”“法性”“實際”“真實”“真性”“佛性”“法身”，等等，或直接作爲佛的同義詞。

⑱ 諸法——法，佛教文獻中通常有三種用法：一，指佛的教法，或稱佛法；二，泛指一切事物和現象，包括物質的和精神的，存在的和不存在的，過去的、現在的和未來的；三，特指某一事物和現象，如色法、心法等。這裏的“諸法”，是泛指各種事物和現象。

⑲ 總相——按佛家説法，一即具多爲總相。或説，如無常、無我之相，通於一切，故謂之總相。總相即一般、普遍性、共性。

⑳ 別相——按佛家説法，多即非一是別相。或説，如地有堅相、水有濕相，謂之別相。別相即個別、特殊性、個性。

㉑ 天人不動衆——所有天人，成就大乘（菩薩乘）根，成爲不退不没，不可傾動之衆。

㉒ 須彌山——佛教説，世界的中心是須彌山，其他大地、山河、星球等都圍繞着它而排列。須彌山由金、銀、琉璃和玻璃四寶所構成，山高八萬四千由旬（一由旬，小者四十里，中者五十里，大者六十里），山頂上爲帝釋天，四面山腰爲四天王天。

㉓ 四大海——佛教稱圍繞須彌山四方之外海爲四大海。

㉔ 法王相——即佛相，佛相有三十二相、八十隨形好。

㉕ 無上果——即佛果。

㉖ 天人丈夫——天人，天與人，又或指諸天世人；丈夫，彌陀淨土中没有女人，故特説"天人丈夫"。

㉗ 調御師——佛的又一稱呼。一切衆生，譬如狂象惡馬，佛如象馬調御之，因稱調御師。

㉘ 師子王——師子，即獅子，獸中之王，獨步無畏，能伏一切。以佛無一切畏者，所以稱爲師子王，即師子中之王。

㉙ 佛本願力——佛在菩薩地位修行，於將來成佛道時，在其所建設的國土内，欲實現何種作用或狀態的預先誓願，稱爲本願。菩薩共同的誓願爲四弘誓願：濟度無邊之衆生、斷滅無邊之迷執、學習無量之法義、成就無上之佛道。這四願概括起來，便是"上求菩提，下化衆生"兩句。除共同性誓願外，每位菩薩各有特殊的本願，四十八願就是阿彌陀佛的本願。本願原是思想，只是淨土建設的方針或藍圖，但按佛家的説法，本願同時是力，能普度衆生到達淨土。於是，本願又具有物質性了。以本願爲力，稱爲佛本願力。

㉚ 功德海——功德之深廣無涯，如同大海，所以稱爲功德海。

㉛ 淨心菩薩——《維摩經·佛國品》："若菩薩願得淨土，當淨其心。隨其心淨，則佛土淨。"

㉜ 平等法身——八地以上之菩薩，證平等寂滅之法（一切衆生平等成佛之法），則雖任其自然，不加功用，也能一時遍於十方世界，示現種種教法，作種種佛事，而無往來之想，無作無不作之想，稱爲平等法身。所以，平等法身即八地以上菩薩。

㉝ 十方——佛家稱東、西、南、北、東南、西南、東北、西北、上、下爲十方。

㉞ 應化——應，應現，應衆生之機類而現身。化，變化，應其機緣而種種變化。

㉟ 如實修行——雖常修行，實無所修行，叫作如實修行。

㊱ 應化身——佛、菩薩爲隨緣教化和超度衆生的需要而應化顯現的身，稱爲應身、化身，或稱應化身。

㊲ 方便——方，方法；便，便用。便用合於衆生之機的方法，稱爲方便。又：方，方正之理；便，巧妙之言辭。對種種之機，用方正之理與巧妙之言辭教化，稱爲方便。又：方，衆生之方域；便，教化之便法。應諸機之方域，用適當變化之便法，稱爲方便。

㊳ 衆生——佛教對人和其他動物以及某些虛構的生類（如天、鬼等）通稱爲"衆生"。一般把衆生分爲五趣或六趣。五趣即天、人、畜生、餓鬼、地獄，六趣即在人和畜生之間加阿修羅。小乘各派大半取五趣説，大乘各派則多取六趣説。

㊴ 無餘照諸佛大會——有的菩薩欲供養他方無量諸佛，或欲教化無量衆生，此處出彼處進，先到南後到北，不能以一念一時放光普照，遍至十方世界教化衆生。所以，阿彌陀佛有願，彌陀淨土諸菩薩，能於一念時頃遍至十方作種種佛事，普照諸佛大會而無餘。

㊵ 三寶——佛、法、僧，稱爲三寶。

三、生安樂者品輩與因緣

問曰：生安樂土者，凡有幾品輩？有幾因緣[①]？

答曰：《無量壽經》中，唯有三輩：上、中、下。《無量壽觀經》中[②]，一品又分爲上、中、下，三三而九，合爲九品[③]。今依傍《無量壽經》爲贊，且據此經作三品論之。

上輩生者，有五因緣：

一者，捨家離慾而作沙門[④]。

二者，發無上菩提心[⑤]。

三者，一向專念"無量壽佛"[⑥]。

四者，修諸功德。

五者，願生安樂國。

具此因緣，臨命終時，無量壽佛與諸大眾現其人前[7]，即便隨佛往生安樂，於七寶華（花）中[8]，自然化生，住不退轉[9]，智慧勇猛，神通自在。

中輩生者，有七因緣：

一者，發無上菩提心。

二者，一向專念“無量壽佛”。

三者，多少修善，奉持齋戒。

四者，起立塔、像。

五者，飯食沙門。

六者，懸繒然燈[10]，散華（花）燒香。

七者，以此迴向[11]，願生安樂。

臨命終時，無量壽佛化現其身，光明相好具如真佛，與諸大眾現其人前，即隨化佛往生安樂，住不退轉。功德智慧，次如上輩。

下輩生者，有三因緣：

一者，假使不能作諸功德，當發無上菩提心。

二者，一向專意乃至十念[12]，念“無量壽佛”。

三者，以至誠心[13]，願生安樂。

臨命終時，夢見無量壽佛，亦得往生。功德智慧，次如中輩。

又有一種往生安樂，不入三輩中，謂以疑惑心，修諸功德，願生安樂。不了佛智[14]、不思議智[15]、不可稱智[16]、大乘廣智[17]、無等無倫最上勝智[18]，於此諸智，疑惑不信，然猶信罪福，修習善本，［願］生安樂[19]。

生安樂國七寶宮殿[20]，或百由旬[21]，或五百由旬[22]，各於其中受諸快樂，如忉利天[23]，亦皆自然。於五百歲中，常不見佛，不聞經法，不見菩薩、聲聞聖眾[24]。安樂國土謂之“邊地”，亦曰“胎生”。邊地者，言其五百歲中不見聞三寶，義同邊地之難，或亦於安樂國土最在其邊。胎生者，譬如胎生人[25]，初生之時，人法未成。邊言其難，胎言其暗，此二名皆借此況彼耳。

非是八難中邊地[26],亦非胞胎中胎生。何以知之?安樂國土一向化生故,故知非實胎生。五百年後還得見聞三寶故,故知非八難中邊地也。

【注釋】

① 因緣——佛教通常把因和緣加以區别。所謂"因",是相對於果而言,造果者爲因,由因事成爲果。因者能生,果者所生。"緣"是結果所賴以生起的條件。因與緣相區别,一説親生爲因,疏助爲緣;一説力强爲因,力弱爲緣;一説前後相生爲因,現相助成爲緣。大千世界,形形色色,生生化化,無一不是因緣和合而生。如種子爲因,水、肥、農民耕種等等爲緣,因緣和合,産生糧食之果。不過,實際上因與緣都是結果得以引起的條件、因素,所以,因即是緣,因緣也常合用。

②《無量壽觀經》——即《觀無量壽經》。

③ 合爲九品——品,品位,品級,即等級。《無量壽經》把往生淨土者分爲上、中、下三輩。《觀無量壽經》又把每輩再分上、中、下,即上品上生、上品中生、上品下生;中品上生、中品中生、中品下生;下品上生、下品中生、下品下生,共爲九品。

④ 沙門——梵文音譯,又作桑門、娑門、喪門、沙門那,意譯爲勤修息煩惱,是出家者的通稱。

⑤ 發無上菩提心——菩提,梵文音譯,意譯爲覺道,覺爲能覺之智慧,道爲所覺悟之佛家真理。心有真心、妄心,真心即菩提心,覺道之心;妄心是貪瞋癡愛,種種染污心。無上菩提心即佛心,説"無上",因爲無有過於佛心者,非聲聞、緣覺二乘所得之菩提心可比擬。衆生真心,自無始以來,被許多虚妄心層層包裹,以至起貪瞋癡,造有漏惡業,輪迴於六道之中,無有出期。衆生根據佛陀所啟示的方法,如實施行,那便是把自己的真心從染污堆中開發出來,開發完成,本覺真心全盤顯露,也就成佛了。因此,發無上菩提心,即發心學佛修行。

⑥ 無量壽佛——即阿彌陀佛。"阿彌陀佛"語義十分複雜,一般説其含義有通有别。通指無量佛,即十方無量諸佛。别則譯爲無量壽佛、無量光佛、無邊光佛、無礙光佛,等等,而以"無量壽佛"最爲常用。

⑦ 無量壽佛與諸大衆現其人前——阿彌陀佛爲法藏菩薩時,發四十八大願,其十九願説:"設我得佛,十方衆生,發菩提心,修諸功德,至心發願欲生我國,臨壽終時,假令不與大衆圍繞現其人前者,不取正覺。"因爲阿彌陀佛會在臨終來接引往生淨土,所以又稱爲接引佛,這是彌陀淨土大大優勝於其他淨土之處。曇鸞這裏説的便是據此而言。

⑧ 七寶華(花)——七寶,各經所説略有不同,《阿彌陀經》説的是:金、銀、琉璃、玻璃、硨磲、赤珠、瑪瑙。七寶所成之花爲七寶花。

⑨ 不退轉——所修之功德善根,愈增愈進,不會退失轉變,稱爲不退轉。從佛教理論上説,人們怎樣從有因有緣的現實世界進入無因無緣的涅槃境界呢?必須憑藉某些條件,如信奉佛、法、僧三寶,廣修善緣,修持等等而達到涅槃彼岸。但按照緣起説,這些條件是會離散的。這樣一來,條件離散時是否還能保持涅槃呢?對於佛家來説便成爲一個難題。爲了解決這個難題,佛家提出"退"與"不退"的説法,説修行在一定階段中,如果條件離散了,是要退轉的;而達到某個高級階段後,即使條件離散了,也不會退轉,如阿羅漢就是。至於爲什麽達到某個階段後便可以不退轉,則仍然是個難題。淨土法門的解釋是憑藉阿彌陀佛的本願力。阿彌陀佛四十八大願中的第四十七願、四十八願都强調保證得"不退轉",便是淨土法門的依據。

⑩ 懸繒——繒,絹布,此處指以絹布所作的大蓋。懸繒,即把繒蓋懸掛起來。

⑪ 迴向——有兩重意義:一重,在現世廣作功德,願以此功德普施衆生,與衆生共同往生淨土;一重,往生淨土後,迴入現實生死苦海,教化衆生共向佛道。此處指的是前一重意義的迴向。

⑫ 十念——按曇鸞的解釋,十念即多念,不一定只念十次,甚至不必去計數。後世淨土宗人有的以念十聲爲十念,有的以十口氣念爲十念。

⑬ 至誠心——《觀無量壽經》提到,願生淨土,要具至誠心。唐代善導解釋説:"至者真,誠者實,欲明一切衆生身、口、意業所修解行,必須真實心中作,不得外現賢善精進之相,内懷虛假,貪瞋邪僞,奸詐百端,惡性難侵,事同蛇蠍,雖起三業,名爲雜毒之善,亦名假虛之行,不名真實業也。……欲迴此雜毒之行,求生彼佛淨土者,此必不可也。"(《觀經疏散善義》)

⑭ 不了佛智——對佛智的贊稱,意爲佛智無邊,非衆生所能明瞭。《無量壽經》:"不了佛智、不思議智、不可稱智、大乘廣智、無等無倫最上勝智,於此諸智,疑惑不信,然猶信罪福,修習善本,願生其國。"隋淨影慧遠疏:"不了佛智,謂如來智無有邊畔。"但下文中,曇鸞認爲"不了佛智者,謂不能信了佛一切種智。不了故,故起疑。"曇鸞的解釋很有見地。

⑮ 不思議智——佛智深廣,心不可思而得,言不可議而明,故稱不思議智。

⑯ 不可稱智——佛智無量,稱説不能盡,故稱之爲不可稱智。《無量壽經》淨影疏:"不可稱智,謂無有限局。"

⑰ 大乘廣智——《無量壽經》淨影疏:"大乘廣智,謂無照境不取。"佛之智慧,無法不知,無煩惱不斷,無善不備,無衆生不度,故云大乘廣智。

⑱ 無等無倫最上勝智——佛之智慧，非凡夫之智可等，故云無等；非聲聞、辟支佛之智可倫比，故云無倫；八地以上菩薩習氣微熏三昧，不極明淨，形待佛智，猶爲有上，佛智斷具足，如法而照，法無量故，照亦無量，故云最上勝。《無量壽經》淨影疏："最上勝智，謂照同凡境。"即如同了解凡境一般，能了解一切境。

⑲［願］生安樂——《大正藏》此處空缺一字，據文義補"願"字。

⑳ 七寶宫殿——安樂國中，"其講堂、精舍、宫殿、樓觀，皆七寶莊嚴，自然化成"（《無量壽經》）。

㉑由旬——爲計里程的數目，多少説法不一，或説一由旬四十里；或説三十里；或説六十里；或説上由旬六十里，中由旬五十里，下由旬四十里；或説由旬大者八十里，中者六十里，小者四十里等。此處所説百由旬、五百由旬，都是描述七寶宫殿之廣大。

㉒ 或——《大正藏》作"惑"。此處所敘，引自《無量壽經》，經文爲"或百由旬，或五百由旬"。據經文應爲"或"。

㉓ 忉利天——又名三十三天，是諸天的第二天。佛典説此天在須彌山頂，四方四峰各有八天，以輔佐居於中央的帝釋天，合爲三十三天。須彌山頂太平地的正中，爲此天主人帝釋天的王城，城址每邊長二千五百由旬，由高一由旬半的金城圍繞。地由金鋪成，並用各種雜寶鑲飾。王城中爲帝釋天的宫殿，四周共長一千由旬，城外週圍是四苑，苑中各有如意池，池中滿積功德水。西南有會堂，爲天人講經説法處。

㉔ 菩薩、聲聞聖衆——按曇鸞在《往生論注》中的解釋，淨土中没有緣覺和聲聞二乘人，"如言聲聞者，是他方聲聞來生，仍本名故，稱爲聲聞"。曇鸞的解釋，可作爲此處的參考。

㉕ 胎生——是説從母胎而生，如人、畜和兩足的蟲。按佛家觀點，所謂衆生，其出生狀態有四種，除胎生外，尚有卵生，從卵殼而生，如雞、雀等；濕生，也叫因緣生，是從濕氣、濕地而生，如腐肉中的蟲、蚊蟲等；化生，指没有可見之物作爲依據，借業力而生的，如諸天神、餓鬼和地獄中受苦者。淨土中全是化生，没有胎生、卵生和濕生。此處説"胎生"是比喻語，曇鸞在文中有解釋。

㉖ 八難——指見佛聞法有障難的八處：一，地獄；二，餓鬼；三，畜生；四，北俱盧洲（四大洲中北方之大洲名，壽可千歲，衣食自然，樂極殊勝，總無諸苦，故也難見佛聞法）；五，長壽天；六，聾盲喑啞；七，世智辨聰；八，佛前佛後，二佛中間無佛法處。

四、胎生之憶念

問曰：彼胎生者，處七寶宫殿中，受快樂否？復何所憶念？

答曰：《經》喻云[①]：譬如轉輪王子得罪於王[②]，内於後宫[③]，繫以金鎖，一切供具無所乏少，猶如王。王子于時雖有好妙種種自娱樂具，心不受樂，但念設諸方便，求免悕出[④]。彼胎生者亦復如是。雖處七寶宫殿，有好色、香、味、觸，不以爲樂。但不見三寶，不得供養、修諸善本，以之爲苦。識其本罪，深自責悔。求離彼處，即得如意，還同三輩生者。當是五百年末，方識罪悔耳。

【注釋】

①《經》——《無量壽經》："佛告彌勒：譬如轉輪聖王，有七寶牢獄，種種莊嚴，張設床帳，懸諸繒蓋。若有諸小王子，得罪於王，輒内彼獄中，繫以金鎖，供養飯食、衣服床褥，華香伎樂，如轉輪王，無所乏少。於意云何？此王子甯樂彼處不？對曰：不也。但種種方便，求諸大力，欲自勉出。"

② 轉輪王——此王身具三十二相，即位時，由天感得輪寶（輪寶即轉輪，迴轉四天下，碾摧諸怨敵），轉其輪寶，而降伏四方，故稱轉輪王。

③ 内——納。

④ 悕——悲傷。

五、對治四疑

問曰：以疑惑心往生安樂，名曰"胎生者"，云何起疑？

答曰：《經》中但云"疑惑不信"[①]，不出所以疑意。尋"不了"五句[②]，敢以對治言之。

“不了佛智”者，謂不能信了佛一切種智[③]。不了故，故起疑。此一句總辨所疑，下四句一一對治所疑。

疑有四意：

一者疑：但憶念阿彌陀佛，不必得往生安樂。何以故？《經》言[④]：“業道如秤[⑤]，重者先牽。”云何一生或百年，或十年，或一日，無惡不造，但以十念相續便得往生，即入正定聚[⑥]，畢竟不退，與三途諸苦永隔乎[⑦]？若爾，先牽之義何以所信？

又：曠劫已（以）來[⑧]，俱造諸行有漏之法[⑨]，繫屬三界。云何不斷三界結惑[⑩]，直以少時念阿彌陀佛，便出三界乎？繫業之義[⑪]，復欲云何？

對治此疑，故言“不思議智”。

“不思議智”者，謂佛智力，能以少作多，以多作少；以近爲遠，以遠爲近；以輕爲重，以重爲輕；以長爲短，以短爲長。如是等佛智，無量無邊，不可思議。

譬如，百夫百年聚薪，積高千仞[⑫]。豆許火焚[⑬]，半日便盡。豈可得言：百年之薪積，半日不盡乎？

又如，躄者寄載他船[⑭]，因風帆勢，一日至千里。豈可得言：躄者云何一日至千里乎？

又如，下賤貧人，獲一瑞物，而以貢主。主慶所得，加諸重賞。斯須之頃[⑮]，富貴盈溢。豈可得言：以可有數十年仕[⑯]，備盡辛勤上下，尚不達歸者[⑰]，言彼富貴無此事乎？

又如，劣夫以己身力，擲驢不上[⑱]。從轉輪王行，便乘虛空，飛騰自然。復可以擲驢之劣夫，言：必不能乘空耶？

又如，十圍之索[⑲]，千夫不制。童子揮劍，瞬頃兩分。豈可得言：一小兒力，不能斷索乎？

又如，鴆鳥入水[⑳]，魚蚌斯斃[㉑]。犀角觸泥[㉒]，死者咸起。豈可得言:性命一斷,無可生乎?

又如,黄鵠呼子安[23],子安還活。豈可得言:墳下千歲齡,決無可甦乎?

一切萬法,皆有自力他力[24],自攝他攝[25],千開萬閉,無量無邊。安得以有礙之識[26],疑彼無礙之法乎[27]?

又,五不思議中[28],佛法最不可思議。而以百年之惡爲重,疑十念念佛爲輕,不得往生安樂,入正定聚者,是事不然。

二者疑:佛智於人,不爲玄絶。何以故?夫一切名字,從相待生[29],覺智從不覺生。如是迷方從記方生[30],若便迷絶不迷,迷卒不解。迷若可解,必迷者解,亦可云解者迷,迷解、解迷,猶手反覆耳。乃可明昧爲異,亦安得超然哉?

起此疑故,於佛智慧生疑不信。對治此疑,故言"不可稱智"。

"不可稱智"者,言佛智絶稱謂,非相形待。何以言之?法若是"有",必應有知"有"之智;法若是"無",亦應有知"無"之智。諸法離於"有""無",故佛冥諸法[31],則智絶相待。汝引解迷爲喻,猶是一迷耳,不成迷解。亦如夢中與他解夢,雖云解夢,非是不夢。以知取佛,不曰知佛;以不知取佛,非知佛;以非知非不知取佛,亦非知佛;以非"非知"非"非不知"取佛,亦非知佛。佛智離此四句,緣之者心行滅,損之者言語斷[32],以是義故。

釋論云[33]:

"若人見般若,是則爲被縛;
若不見般若,是亦爲被縛。
若人見般若,是則得解脱;
若不見般若,是亦得解脱[34]。"

此偈中説[35],不離四句者爲縛,離四句者爲解脱。

汝疑佛智與人不玄絶者,是事不然。

三者疑:佛實不能度一切衆生。何以故?過去世有無量阿僧祇恒沙諸佛[36],現在十方世界亦有無量無邊阿僧祇恒沙諸佛。若使佛實能度一切眾生，則應久無三界，第二佛則不應復爲眾生發菩提心,具修淨土,攝受眾生。而實有第二佛,攝受眾生,乃至實有三世十方無量諸佛[37],攝受眾生。故知,佛實不能度一切眾生。

起此疑故,於阿彌陀佛作有量想[38]。對治此疑,故言"大乘廣智"。

"大乘廣智"者,言佛無法不知,無煩惱不斷,無善不備,無眾生不度。所以有三世十方者,有五義:

一者,若便無第二佛,乃至無阿僧祇恒沙諸法者,佛便不能度一切眾生。以實能度一切眾生故,則有十方無量諸佛。無量諸佛即是前佛所度眾生。

二者,若一佛度一切眾生盡者,復亦不應後有佛。何以故？無"覺他"義故[39]。復依何義,說有三世佛乎[40]?依"覺他"義故,說佛佛皆度一切眾生。

三者,後佛能度,猶是前佛之能。何以故?由前佛有後佛故。譬如帝王之甲得相紹襲後王[41],即是前王之能故。

四者,佛力雖能度一切眾生,要須有因緣。若眾生與前佛無因緣,復須後佛。如是無緣眾生,動逕(經)百千萬佛,不聞不見,非佛力劣也。譬如日月,週四天下[42],破諸暗冥,而盲者不見,非日不明也。雷震裂耳,而聾者不聞,非聲不勵(厲)也。覺諸緣理[43],號之曰"佛",若情强違緣理,非正覺也[44]。是故,眾生無量,佛亦無量。征佛莫問有緣無緣,"何不盡度一切眾生"者,非理言也。

五者,眾生若盡,世間即墮有邊[45]。以是義故,則有無量佛,度一切眾生。

問曰:"若眾生不可盡,世間復須墮無邊[46]。無邊故,佛則實不能度一切眾生。"

答曰:"世間非有邊、非無邊,亦絶四句[47]。佛令眾生離此四句,名之爲‘度’，其實，非度非不度，非盡非不盡。譬如夢渡大海，值濤波諸難，其人畏怖，叫聲徹外，外人喚覺，坦然無憂，但爲渡夢，不爲渡河。”

問曰：“言渡與不渡，皆墮邊見。何以但説渡一切衆生爲大乘廣智，不説不渡衆生爲大乘廣智？”

答曰：“衆生莫不厭苦求樂，畏縛求解。聞渡則歸向，聞不渡不知所以不渡，便謂佛非大慈悲，則不歸向。不歸向故，長寢久夢，無由可息。爲是人故，多説渡，不説不渡。復次，《諸法無行經》亦言[48]：佛不得佛道，亦不渡衆生，凡夫强分別“作佛”“渡衆生”。言“度衆生”，是對治悉檀[49]；言“不度衆生”，是第一義悉壇[50]。二言各有所以，不相違背。”

問曰：“如夢得息，豈不是度耶？若一切衆生所夢皆息，世間豈不盡乎？”

答曰：“説‘夢爲世間，若夢息則無夢’者，‘若無夢者亦不説度’者，如是知世間即是出世間[51]，雖度無量衆生，則不墮顛倒[52]。”

四者疑：佛不得一切種智。何以故？若能遍知諸法，諸法墮有邊故[53]；若不能遍知，則非一切種智故。

對治此疑，故言“無等無倫最上勝智”。

“無等無倫最上勝智”者，凡夫智虚妄[54]，佛智如實，虚實玄（懸）殊，理無得等，故言“無等”。聲聞、辟支佛欲有所知[55]，入定方知[56]，出定不知，又知亦有限。佛得如實三昧[57]，常在深定，而遍知照萬法，二與無二[58]，深法非倫，故言“無倫”。八地已（以）上菩薩[59]，雖得報生三昧[60]，用無出入[61]，而習氣微熏[62]，三昧不極明淨，形待佛智，猶爲有上。佛智斷具足[63]，如法而照。法無量故，照亦無量，譬如函大蓋亦大[64]，故言“最上”。此三句亦可展轉相成，以佛智無與等者故，所以無倫，以無倫故最上勝；亦可最上勝故無等，無等故無倫。

但言“無等”便足，復何以須下二句者[65]？如須陀洹智[66]，不與阿羅漢等[67],而是其類,初地至十地亦如是[68]。智雖不等,非不其倫[69]。何以故? 非最上故。

汝以知有邊爲難,疑佛非"一切智"者[70],是事不然。

【注釋】

①《經》——《無量壽經》佛告彌勒菩薩:"若有衆生,以疑惑心,修諸功德,願生彼國,不瞭佛智、不思議智、不可稱智、大乘廣智、無等無倫最上勝智,於此諸智疑惑不信;然猶信罪福,修習善本,願生其國。此諸衆生,生彼宫殿,壽五百歲,常不見佛,不聞經法,不見菩薩、聲聞聖衆,是故於彼國土,謂之胎生。"

② "不了"五句——指不了佛智、不思議智、不可稱智、大乘廣智、無等無倫最上勝智,共五句。

③ 一切種智——三智之一,即佛智。《大智度論》二十七:"後品中佛説一切智,是聲聞、辟支佛事;道智是菩薩事;一切種智是佛事。"佛智慧以一種之智,知一切諸佛之道法,又能知一切衆生之因種,故云一切種智。

④《經》——《業道經》。

⑤ 業道如秤——在地獄冥官之下,量罪業輕重之秤,稱業秤。《十王經》:"業匠構巧,懸七秤,量身、口七罪,爲糺輕重。""五官業秤向空懸,左右雙童業簿全。"

⑥ 正定聚—— 一切衆生分爲三聚:一,正定聚,必定證悟者;二,邪定聚,畢竟不證悟者;三,不定聚,在二者中間,有緣證悟,無緣不證悟者。聯繫到果位,則大乘與小乘有不同説法,大乘之中也有不同的説法。按《起信論》,十信以前之凡夫不信因果,爲邪定聚;十住以上爲正定聚;十住之人爲不定聚。按《大智度論》,則無種性之人爲邪定聚;不定種性之人爲不定聚;按曇鸞在這裏的解釋,則往生淨土便爲正定聚。

⑦ 三途——又稱三塗:一,火途,地獄趣猛火所燒之處;二,血途,畜生趣互相食之處;三,刀途,餓鬼趣以刀、劍、杖逼迫之處。有的直接解三途即地獄、畜生、餓鬼三惡趣、三惡道。

⑧ 曠劫——曠,久。劫,長時。極言過去時間之長,稱爲曠劫。

⑨ 有漏之法——漏,煩惱之異名。含有煩惱之事物,稱爲有漏。一切世間之行爲,無論善惡,盡爲有漏之法。三界盡爲有漏。

⑩ 三界結惑——結與惑俱是煩惱之異名。結爲繫縛,爲煩惱繫縛,不能解脱,故云結。衆生因煩惱妄惑造諸惡業,而爲衆苦繫縛,流轉三界,不能出離,故云三

界結惑。

⑪ 繫業之義——業必生果，果由業造。一切結果與業相聯繫。這是業感緣起論的内容，即"繫業之義"。此處説"繫業之義云何"，意思是説，只少少念阿彌陀佛，便能往生淨土，業小果大，似與業報之説不合，業報之説豈不是没用了嗎？

⑫ 千仞——仞，長度單位，有七尺、八尺、五尺六寸、四尺的不同説法。千仞，形容其高。

⑬ 豆許火焚——豆許，像豆子那樣大小。豆許火焚，如豆小的火種燒薪。

⑭ 躄者——跛者。

⑮ 斯須之頃——頃，少時、片刻。斯須，亦爲片刻之義，《孟子·告子上》："庸敬在兄，斯須之敬在鄉人。"

⑯ 仕—— 士。此處疑漏一"貧"字，似爲"貧仕"，即貧窮之人。

⑰ 達歸——富貴而歸。

⑱ 擲——騎。縱身跳躍。

⑲ 十圍——圍，計量圓周的量詞。《釋文》引李（頤）云："經尺爲圍。"一説五寸爲圍，一説一抱爲圍。十圍，形容索之粗。

⑳ 鴆鳥—— 有毒的鳥，雄名運日，雌名陰諧。傳説鴆羽有劇毒，鴆羽浸酒，飲之立死。

㉑ 蜯——同蚌。

㉒ 犀角觸泥——犀角，犀牛之角。"犀角觸泥"，不知何典，待考。

㉓ 黄鵠呼子安——鵠，天鵝，古籍多稱"黄鵠"。又，鵠通鶴，黄鵠即黄鶴。《列仙傳》：古仙人王子安，墳下千歲，黄鵠呼之還活。

㉔ 自力他力——凡依經教，在此土修行積德，斷惑證真，修因得果者，是憑自己之力，稱爲自力。凡依淨土念佛法門，乘佛願力往生淨土，仗佛力終成正覺者，稱爲他力。在一切法門、諸多宗派中，只有淨土法門是憑藉他力，其餘法門、宗派均屬自力。見曇鸞《往生論注》。

㉕ 自攝他攝——以戒法自攝專三業（身業、口業、意業），使不放逸，稱爲自攝。以他力之信心爲他力所攝取，稱爲他攝。攝取，攝物而取之，即佛之慈悲之光明攝救衆生。

㉖ 有礙之識——識，爲了别的意思，"了"謂覺了，"别"謂分别。能够就所對境界覺了分别，名爲"識"。識也就是認識的功能和結果。有礙或稱有障。識是有障礙的，衆生貪嗔癡等諸惑，擾亂身心，引起煩惱，煩惱能障礙涅槃之理，稱煩惱障，又一切貪嗔癡等爲愚癡迷闇，不能瞭知諸法之事相及實相，稱智障。識有煩惱障

和智障,因而稱有礙之識。

㉗ 無礙之法——無礙,自在通達而無障礙。佛法於諸法無礙,自在通達,故云無礙之法。

㉘ 五不思議——《大智度論》卷二十六、卷三十:一者,衆生多少不可思議;二者,業力不可思議;三者,龍力不可思議;四者,禪定力不可思議;五者,佛法力不可思議。

㉙ 相待—— 指差别界之現象互相對立。即一切有爲法皆"自""他"相待,藉以成立。如長短、東西、有無、是非、淨穢、迷悟、生死等。實際上,相待即互相比較。在互相比較中,互相區别,因而才能顯露各自的質的規定性。所謂"諸法相待生,猶長短比而形",便是這個意思。

㉚ 記——别、決。有識别的意思。

㉛ 冥——混一,混然而不可區别彼此,稱爲冥。《俱舍論》一:"以諸無知能復實義及障真見,故爲冥。"

㉜ 緣之者心行滅,損之者言語斷——意思是説,懂得四句的"心行滅",否定四句不再思維的也"言語斷"。《大智度論》卷五:"言語已息,心行亦滅。"贊嘆真理深妙不可言説。

㉝ 釋論——《大智度論》。

㉞ "若人見般若,是則爲被縛;若不見般若,是亦爲被縛。若人見般若,是則得解脱;若不見般若,是亦得解脱。"——般若,梵文音譯,意譯智慧。不過,它不是一般智慧,而是實相智慧,或無上正等正覺,或一切種智。這是一種神秘的宗教智慧,修行者可以逐步學到一些,但要到成佛之時才能真正領會,完全具足圓滿。在大乘般若空宗看來,世間一切現象皆空,如幻如夢如泡影,其相都是假相,虚妄不實。世俗誤以爲這些相是真實的,所謂有人相、我相、衆生相,這叫着相。受這種錯誤觀點的束縛,不得解脱,只能在三界中生死流轉,輪迴不已。與假相相對而言,佛家的最高真理才是真實的,這個真理名爲實相,也稱爲真如、佛法……等等。佛家所追求的便是悟得這個實相,即得到實相智慧,得到般若。但是,實相其實無相,無定相,離相,也就是説,抓不着它的一定的實質。如果説實相是這樣不是那樣,是那樣不是這樣,那就着相取相,陷入邪見了。所以,實相也空,不異夢幻。一切皆空,甚至連"空"的概念也要空掉。因爲如果腦中常有一個"空"的概念,則"空"變爲有,也就是不空了。這八句偈便是概括這些觀點的。頭兩句是對學道者告誡:"若人見般若,是則爲被縛。"意思是説,般若性空,無可見者,若見般若,是爲着相,即是被縛。三四句"若不見般若,是亦爲被縛",是説世俗之人不懂諸法實相畢竟空之理,被世俗觀點所縛,也是被縛。五六句"若人見般若,是則得解脱",

指悟道者而言，如見般若，即見諸相非相，諸法皆空，自然思想解放，精神獲得自由。末二句“若不見般若，是亦得解脱”，意思是説，修習般若至甚深處，則無人無我，無法無佛，無立足境，還有什麽般若之相可見可執？那是最高的解脱狀態。前面所説的“緣之者心行滅，損之者言語斷”，便是指這種狀態。

㉟ 偈——梵語偈陀的簡略，意爲頌詞。多用三言、四言、五言、六言、七言以至多言爲句，多句合爲一偈。

㊱ 恒沙——印度恒河之沙，喻其量無數。

㊲ 三世——過去、現在、未來爲三世。

㊳ 於阿彌陀佛作有量想——意思是，對阿彌陀佛救度衆生的能力，認爲有限。即不能普度一切衆生。

㊴ 覺他——大乘佛教認爲前期佛教只求個人解脱，稱之爲小乘。他們説佛的目的是普度衆生，使衆生渡過無邊生死苦海，到達幸福的彼岸。因此，他們的目的也就是自覺覺他，既自己覺悟，又説法開悟他人，使離生死之苦。覺他才是佛，覺他才成佛。

㊵ 三世佛——過去佛，爲迦葉諸佛；現在佛，爲釋迦牟尼佛；未來佛，爲彌勒諸佛。

㊶ 帝王之甲得相紹襲後王——前王之甲胄，得爲後王相繼承。

㊷ 四天下——佛家説法，須彌山之外，有四大洲，也稱四大部洲、四天下。東方是東勝身洲，南方是南贍部洲，又稱南閻浮提，西方是西牛貨洲，北方是北俱盧洲。起初佛教把印度及其周圍國家看爲是南贍部洲，後來南贍部洲指的是整個地球了。

㊸ 緣理——觀念佛界之真理，稱爲緣理，因緣之理。具體地説，觀念真理，即一切諸法，本來寂静，非有非無，非常非斷，不生不滅，不垢不淨，一色一香，無非中道。

㊹ 正覺—— 一切諸法之真正覺智，稱正覺，即梵語“菩提”。所以成佛説“成正覺”“證菩提”。

㊺ 有邊——邊，邊見，或稱迎執見，指執着片面的走極端的錯誤見解。邊見有兩種，偏於有這一邊的稱有見，執着於無這一邊的稱斷見。曇鸞化用有見、斷見兩個概念爲有邊、無邊，把“衆生度盡”觀點稱爲“有邊”。衆生若盡，則佛實能度一切衆生。以爲佛實有度盡一切衆生的能力，偏於有這一邊，因稱爲有邊。

㊻ 無邊——以爲衆生不可度盡，即佛無有度盡一切衆生的能力，偏於無這一邊，因稱爲無邊。

㊼ 四句——以有、空分别諸法，有所謂“四句分别”，或稱“四句門”。四句即：

有而非空，空而非有，亦有亦空，非空非有。有無法門，盡於此四句，更無第五句。所以説："若論涅槃，體絶百非，理超四句。"

㊽《諸法無行經》——姚秦羅什譯，説諸法實相，無善惡之行。

㊾ 對治悉檀——悉檀，梵語，意譯爲成就，指成就衆生之佛道。悉檀有四，"對治悉檀"爲第三悉檀，指的是佛對衆生説法，貪欲多者教以慈心，愚癡多者教以因緣觀，如是施種種之法藥，除遣衆生之惡病。

㊿ 第一義悉檀——佛見衆生之機緣既熟，説諸法實相，令衆生入於真證，悟入聖道，稱爲第一義悉檀。

51 出世間——出世間是相對於世間而説的，一切生死之法爲世間，涅槃之法爲出世間。

52 唯度無量衆生，則不墮顛倒——意思是説，世間與出世間，只不過夢與無夢而已。因此，所謂"度衆生"，便是渡夢，不爲渡河。明白度無量衆生只是渡夢，才不會墮入顛倒，墮入世俗的渡河之見。

53 若能遍知諸法，諸法墮有邊故——意思是説，如果佛能遍知一切客觀事物（諸法），則先需肯定一切事物的客觀存在。而肯定事物的客觀存在，便是以諸法爲"有"。而諸法是非有非空的，肯定其"有"，即墮"有邊"之見，那就錯了。所以，因諸法不能墮有邊，則佛不能遍知諸法。

54 凡夫智虚妄——佛家認爲，凡人把自身執着爲實有，産生我的觀念，把事物執着爲獨立自存的實有，産生法（物）的觀念，熱衷於自他彼此的差别，産生和增長貪、嗔、癡，形成種種煩惱，造種種業，於生死輪迴中流轉。其實，凡人的觀點是虚妄的。我的形體由色、受、想、行、識五藴（五種元素）組成，這五藴中没有任何一種可以代表我，正如磚瓦椽檁組成的房屋，房屋不是磚，不是瓦，不是椽，也不是檁。但離開磚瓦椽檁便没有房屋，離開五藴更找不到另外的我。我完全是假像。諸法也是因緣和合而生，並無自性，同樣不實。而且，諸行無常，一切都是一種流，在永恒地流動變化，繁華富貴，轉眼成灰，英雄豪傑，盡爲泥土。所以，人無我，法無我。所謂我、法，如夢如幻如泡影。凡夫不悟，其智虚妄。佛明實相，其智如實。

55 辟支佛——辟支，梵語，意爲各各獨行。辟支佛，譯爲獨覺或緣覺。按照大乘的説法，佛法有三乘：聲聞乘、辟支佛乘和大乘。聲聞和辟支佛又稱二乘，都是小乘。聲聞的梵語原文指弟子、門徒。辟支佛有兩種情况：一種是無師自通，全憑自己努力修行證悟，獨立成佛，叫作獨覺；一種是經過多世積善修行，最後一世雖是無佛之時，無所師從，而緣業成熟，自然成佛，叫作緣覺。其實，辟支佛無所師承，也不説法傳道，當然没有留下什麽辟支佛之道，所謂"辟支佛乘"，乃是虚設。

56 入定——定，是梵文的意譯，音譯爲三昧，三摩地，指的是心意專注於一境而不散亂的精神狀態。所謂入定,即進入到這種精神狀態之中。

㊼ 如實三昧——三昧即定。有如幻三昧與如實三昧。現種種如幻之事,使能達於諸法如幻之理,此種三昧稱如幻三昧。觀諸法如實相之三昧,稱如實三昧。

㊽ 二與無二——這裏是説萬法與真如的關係。萬法即萬物,真如即佛家最高真理,又稱佛性、實相、法界,等等。萬法與真如似現象與本質,互相區别爲二。但按佛家説法,真如隨緣而生萬法,隨染緣而生染法,隨淨緣而生淨法。雖隨緣而爲千差萬别諸法,不失真如自性。隨緣如波,真如似水,不變之水起波相,而不失水性。所以,以隨緣故,真如即萬法;以不變真如故,萬法即真如,二而無二。也可理解爲,有無爲二,超越有無而知實相不二。

㊾ 八地已(以)上菩薩——佛家按修行證果的果位分爲十個等級,稱爲十地,或稱十住。這十個等級的内容,説法繁複。按菩薩乘十地説,第八地爲不動地,第九地爲善慧地,第十地爲法雲地。八地菩薩以上,是高級菩薩。

㊿ 報生三昧——爲八地以上菩薩常入之三昧。住此三昧,則如人見色(物質),不用心力,依此三昧之力,自然成事,其身之果報,現種種之形,生種種之功德,故稱報生三昧。報生,得於先天,非由習修。

61 用無出入——意思是説,八地以上菩薩,已得報生三昧,常在三昧之中,自然有智。不需如聲聞、辟支佛那樣,欲有所知,尚須入定。八地以上菩薩没有入定出定問題。

62 習氣微薰——大乘所説的妄惑有三種:一,現行的妄惑;二,妄惑的種子;三,習氣,即妄惑煩惱之餘氣。惑之種子已斷,然而現行妄惑熏習,尚存惑相,稱爲習氣。所説"微熏",則指分量稍輕,對三昧影響較微,但總還影響三昧,使三昧中出現不純之智,惑妄未能全斷。

63 智斷——智德與斷德。照了真理名智德,斷盡煩惱名斷德。智德即菩提,斷德即涅槃。曇鸞《往生論注》卷上:"論智則義無不達,語斷則習氣無餘。智斷具足,能利世間。"

64 函大蓋亦大——函,指盒子,蓋,指盒蓋。函大蓋亦大,叫作函蓋相稱。《大智度論》二:"如諸法無量,智慧亦無量,無數無邊。如函大蓋亦大,函小蓋亦小。"

65 下二句——"無等"之下二句:"無倫""最上勝"。

66 須陀洹智——須陀洹,梵語,意譯爲預流。須陀洹爲聲聞四果中初果之名,又稱預流果。一切聖道,其説如流,能相續流向涅槃。初證聖果,初入聖流,故名預流。預,及、參預。須陀洹剛斷見惑,其智稱須陀洹智。

67 阿羅漢—— 梵語,聲聞四果中最高果位,意譯爲殺賊,斷盡一切見思二惑,殺煩惱賊之意。又譯爲應供,既得報果,應受人天供養之意。又譯爲不生,一世之果報盡，永入涅槃，不再來生三界，不再受生死果報之意。

⑱ 初地至十地——初地至十地，即修行所得果位的第一至第十個等級。有聲聞乘十地，緣覺乘十地，菩薩乘十地，佛乘十地等。

⑲ 智雖不等，非不其倫——意思是説，智雖爲同類（倫），但其中尚有高下等級的區别。

⑳ 一切智——有兩個用法：一是指佛智，"以無盡之智，知無盡法"。在這個含義上，與"一切種智"同。二是指三智之一，一切智爲聲聞、緣覺之智；道種智爲菩薩之智；一切種智爲佛智。此處應是指佛智。

六、十念相續

問曰："下輩生中，云：十念相續，便得往生。云何名爲十念相續？"

答曰："譬如有人，空曠迥處，值遇怨賊，拔刃奮勇，直來欲殺。其人勁走，視渡一河，若得渡河，首領可全。爾時但念渡河方便：'我至河岸，爲著衣渡，爲脱衣渡？若著衣納[①]，恐不得過；若脱衣納，恐無得暇。'但有此念，更無他緣，一念'何當渡河？'即是'一念'。如是不雜心，名爲'十念相續'。

"行者亦爾[②]。念'阿彌陀佛'，如彼念渡，逕于十念[③]。若念佛名字，若念佛相、好，若念佛光明，若念佛神力，若念佛功德，若念佛智慧，若念佛本願，無他心間雜，心心相次，乃至十念，名爲'十念相續'。

"一往言'十念相續'[④]，似若不難。然凡夫心猶野馬，識劇猿猴[⑤]，馳騁六塵[⑥]，不暫停息。宜至信心[⑦]，預自尅念，便積習成性，善根堅固也，如佛告頻婆娑羅王[⑧]：人積善行，死無惡念，如樹西傾，必倒隨曲[⑨]。若便刀風一至[⑩]，百苦湊身，若習前不在，懷念何可辨[⑪]？

"又,宜同志五三,共結言要。垂命終時,迭相開曉,爲稱'阿彌陀佛'名號,願生安樂。聲聲相次,使成十念也⑫。譬如蠟印印泥,印壞文成⑬。此命斷時,即是生安樂時。一入正定聚,更何所憂也。"

【注釋】

① 衣納——納,後來俗作衲。衲衣,比丘之法衣,又稱糞掃衣,乃是以破敝朽舊之布帛補綴而成,爲最賤之衣。但因成爲修頭陀行之高德比丘法衣,又被當作最貴之物而重之。

② 行者——即修行者。

③ 徑——直,直捷。

④ 一往——向來。

⑤ 劇——更甚。

⑥ 六塵——眼處、耳處、鼻處、舌處、身處、意處六根的物件,即六類認識的物件,稱爲六境,指的是色、聲、香、味、觸、法。這六境通過六根污染淨心,所以又稱爲六塵,比喻污爲塵埃。

⑦ 至信心——對於念佛而往生淨土的信心。曇鸞在《往生論注》卷上説:信心應包括三個内容,一爲淳心,如不淳則若存若亡;二爲一心,即無二無三;三爲相續心,即持續而不間斷。

⑧ 頻婆娑羅王——佛在世時,摩揭陀國(古印度國名,其地在今印度比哈爾邦南部)之國王名。其王后爲韋提希夫人。據説,他是釋迦佛最初之施主,佛尚未得正覺,便請佛至國中説法。他深皈佛法,積善甚多,後被逆子阿闍世王幽囚,但得佛光明所照,證阿那含果而死。

⑨ 必倒隨曲——意思是説,必隨樹之西傾而向西倒。

⑩ 刀風一至——佛教説法,人命欲終時,有風氣,解肢節如刀,皮肉筋骨脂髓精血一切解截,名爲刀風。刀風一至,即死亡一至。

⑪ 若習前不在,懷念何可辨——意思是説,如果尚未形成念佛習性之前,即使懷念阿彌陀佛,又怎能分清是否對佛有信心呢?那末,刀風一至,自然難逃百苦湊身了。這是要求修行者堅持多念佛的告誡。

⑫ 聲聲相次,使成十念——意思是説,《觀無量壽經》第十六觀説:"具足十念,稱南無阿彌陀佛"。曇鸞在這裏沿襲此説,要求口念佛名,具足十念。但曇鸞只是沿襲"十念"之詞,内容已與"十"這個數字無關。他的"十念"便是多次念。在《往

生論注》卷上，曇鸞明確地解釋説，十念便是多念，不一定計數。

⑬ 蠟印印泥，印壞文成——以蠟爲印，印在泥上，印雖非壞不可，但文已印在泥上保留下來。曇鸞以此爲喻，説明肉身之我雖命斷，念佛之因卻保存着，使我得生安樂國。此喻借用《涅槃經》二十九："如蠟印印泥，印與泥合，印滅文成。而是蠟印不變在泥，文非出泥不餘處來，以印因緣而生是文。"

附　録

魏西河石壁谷玄中寺釋曇鸞傳

大唐西明寺[1]沙門[2]釋[3]道宣[4]撰

釋曇鸞，或爲戀，未詳其氏，雁門人[5]。家近五臺山[6]，神跡靈怪，逸於民聽[7]。時未志學，便往尋焉。備覩遺蹤[8]，心神歡悦，便即出家。内外經籍，具陶文理[9]，而於四論佛性[10]，彌所窮研。

讀《大集經》[11]，恨其詞義深密，難以開悟，因而注解。文言[12]過半，便感氣疾，權停筆功，周行醫療。行至汾川秦陵故墟[13]，入城東門，上望青霄[14]，忽見天門洞開，六欲階位[15]，上下重復，歷然齊睹。由斯疾愈，欲繼前作。顧而言曰："命惟危脆，不定其常。《本草》諸經[16]，具明正治。長年神仙，往往間出。心願所指，修習斯法，果尅既已，方崇佛教，不亦善乎？"承江南陶隱居[17]者，方術所歸，廣博弘贍，海内宗重，遂往從之。

既達梁朝，時大通中也[18]。乃通名云："北國虜僧曇鸞[19]，故來奉謁。"時所司疑爲細作[20]，推勘無有異詞，以事奏聞。帝[21]曰："斯非覘國[22]者，可引入重雲殿，仍從千迷道。"帝先於殿隅，卻坐繩床，衣以袈裟，復以納帽[23]。鸞至殿前，顧無承對者，見有施張高座[24]，上安几拂[25]，正在殿中，傍無餘座。徑往昇之，豎佛性義，三命帝曰："大檀越[26]，佛性義深，略已標敘，有疑賜問。"帝卻納帽，便以數關往復，因曰："今日向晚，明須再見。”鸞從座下，仍前直出，詰曲重沓二十餘門，一無錯誤。帝極歎訝曰：“此千迷道，從來舊侍，往還疑阻，如何一度，遂乃無迷！”明旦，引入太極殿。帝降階禮接，問所由來。鸞曰：“欲學佛法，限年命促減。故來遠造陶隱居，求諸仙術。”帝曰：“此傲世遁隱者，比屢征不就，任往造之。”

鸞尋致書通問，陶乃答曰：“去月耳聞音聲，兹辰眼受文字。將由頂禮歲積，故使應真來儀[27]。正爾整拂藤蒲[28]，具陳花水，端襟斂思，竚聆警錫也[29]。”及届山所，接對欣然。便以《仙經》十卷[30]，用酬遠意。

還至浙江[31]，有鮑郎子神者，一鼓湧浪，七日便止。正值波初，無由得度。鸞便往廟所，以情祈告：“必如所請，當爲起廟。”須臾，神即見形，狀如二十，來告鸞曰：“若欲度者，明旦當得，願不食言。”及至明晨，濤猶鼓怒，才入船裏，帖然安静。依期達帝，具述由緣。有敕爲江神，更起靈廟。因即辭還魏境[32]。

欲往名山，依方修治。行至洛下[33]，逢中國三藏菩提留支[34]。鸞往啟曰：“佛法中頗有長生不死法，勝此土《仙經》者乎？”留支唾地曰：“是何言歟？非相比也。此方何處有長生法？縱得長年，少而不死，終更輪回三有耳[35]。”即以《觀經》授之曰[36]：“此大仙方。依之修行，當得解脱生死。”鸞尋頂受，所齎仙方，並火焚之。

自行化他，流靡弘廣，魏主重之[37]，號爲“神鸞”焉。下敕令住并州大寺[38]。晚，復移住汾州北山石壁玄中寺[39]。時往介山之陰[40]，聚徒蒸業，今號“鸞公岩”是也。以魏興和四年[41]，卒於平遥山寺[42]。春秋六十有七。

臨至終日，幡花幢蓋，高映院宇；香氣蓬勃，音聲繁鬧。預登寺者，並同瞻之。以事上聞，敕乃葬於汾西泰陵文谷[43]，營建磚塔，並爲立碑，今並存焉。

然鸞神宇高遠，機變無方；言晤不思，動與事會。調心練氣，對病識緣，名滿魏都，用爲方軌，因出《調氣論》。又著作王邵，隨文注之。又撰《禮淨土十二偈》，續龍樹後[44]。又撰《安樂集》兩卷等[45]，廣流於世。仍自號爲“有魏玄簡大士”云。

（《續高僧傳》卷第六，《大正藏》第五十册《史傳部二》）

【注釋】

① 西明寺——唐高宗於長安所立。《釋氏稽古略》三：“戊午顯慶三年(658)六月十二日，帝創西明寺成。……七月，詔迎玄奘法師入居西明寺。”

② 沙門—— 梵文音譯，又作安門、桑門、喪門、沙門那，意譯爲息、淨志、勤息等，爲出家者的通稱。

③ 釋——梵文釋迦之略稱。晉道安認爲，佛以釋迦爲姓，爲佛子者，宜從佛之姓，即姓釋。此後，僧人均稱釋。

④ 道宣(596—667)——錢氏，丹徒人，一云長城(今浙江長興)人。年十五出家，爲律宗南山宗創始者，佛教史家，曾充西明寺上座。

⑤ 雁門——郡名。戰國趙地，秦置郡，今山西北部均爲其地，治所在今山西代縣。

⑥ 五臺山——中國佛教四大名山之一。因五峰聳出，頂無林木，有如壘土之臺，故名五臺。五臺山環週五百餘里，在今山西省境。

⑦ 逸於民聽——在民間聽聞中流傳。

⑧ 備覲遺蹤——覲，見。 遺蹤，曇鸞之時，五臺山爲文殊菩薩道場之説已經流傳，遺蹤應指文殊菩薩的靈跡。

⑨ 内外經籍，具陶文理——佛教的經籍爲“内”，其餘如儒家、道教的經籍爲“外”。陶，喜悦。這兩句的意思是説，佛家的以至儒、道的經籍，其理與文，都爲他所喜愛。

⑩ 四論佛性——四論，指《大智度論》《中論》《百論》《十二門論》四部經論。以這四論爲據的學者，稱爲四論師。這一派認爲，一切萬有只是衆因緣和合而生，所以無自性。但爲引導衆生而用假名來説有，這就是中道。所以不離性空而緣生的諸法歷然可見，雖有假名仍是空無所得。這叫中道實相。四論師按這個中道觀來談論佛性，是曇鸞研究的内容。

⑪《大集經》——即《大方等大集經》。佛在慾界與色界中間，廣集十方之佛、菩薩所説大乘之法，稱爲《大集經》。中國無全譯本。

⑫ 文言——以文爲言，即寫作。

⑬ 汾川秦陵故墟——汾川，即汾河之川。秦陵故墟，有説在今山西文水縣大陵村。後文有"葬於汾西泰陵文谷"之説，疑此處"秦陵"爲後文"泰陵"之誤。

⑭ 青霄——即天空。

⑮ 六慾階位—— 佛家認爲，慾界有六天，即四天王天、忉利天、夜摩天、兜率天、樂變化天、他化自在天。"天"不是指天空，而是指高於人類的上界生類，同時指這些生類的生活環境。這六天由低到高，是有階位的，因之總稱爲六慾階位。

⑯《本草》——本名《神農本草經》，三卷。因書中所記各藥以草類爲多，故稱《本草》。收藥三百六十五種，書中所載郡縣多爲東漢地名，疑爲漢人所作。

⑰ 陶隱居——陶弘景(456—536)，南朝時丹陽秣陵人，字通明。初爲齊諸王侍讀。後隱居於句容句曲山，自號華陽穩居。因佐蕭衍奪齊帝位，建梁朝，蕭衍有大事便到山中咨詢，時謂"山中宰相"。著《真誥》等道教經籍，晚年受佛教五大戒，主張儒、釋、道三教合流。

⑱ 大通——梁武帝年號。"大通"爲 527—528 年。

⑲ 北國虜僧——對南朝而言，稱北魏爲"北國"。古代中國文人多以南朝爲正統，稱北國人爲"北虜"。 此處説鸞自稱"北國虜僧"，當是道宣所説，應不是曇鸞的原話。

⑳ 所司疑爲細作——所司，有關的管理部門，"細作"即奸細、間諜。

㉑ 帝——梁武帝蕭衍(464—549)，是極虔誠的佛教徒，曾下詔捨道歸佛，宣佈佛教爲國教。又曾四次捨身佛寺，大臣們花了大量錢財把他贖回來。他有很多佛教著述，頗通佛理。

㉒ 覘國——覘，窺伺。"覘國"，偵察國家。

㉓ 納帽——納綴細片所作之帽子，爲僧人所戴。納爲納衣之納，或作衲。

㉔ 施張——即施帳，施設有帳子。

㉕ 几拂——几，矮桌。拂，拂塵。

㉖ 大檀越—— 檀越，梵文"陀那鉢底"音譯之訛，意譯爲施主。

㉗ 應真來儀——應真，阿羅漢之舊譯。儀，儀容。此句似化用"鳳凰來儀"一典。《書·益稷》："簫韶九成，鳳凰來儀。"《傳》："備樂九奏而致鳳凰，則餘鳥獸不待九而率舞。""凰凰來儀"意爲鳳凰飛來展示儀容，古人以爲瑞應。

㉘ 藤蒲——藤與蒲均可編織成圓墊，爲僧人坐禪及跪拜之用。

㉙ 警錫——警，告誡。錫，賜。"警錫"即賜教。

㉚《仙經》——道教經典之總名。此處指其中説長生不死術者。

㉛ 浙江——即錢塘江。

㉜ 辭還魏境——曇鸞返魏後，梁武帝蕭衍對其印象深刻，評價頗高。《續高僧傳》卷十六《僧達傳》：梁武帝"常顧侍臣云：北方鸞法師、達禪師，肉身菩薩。恒向

北遥禮”。

㉝ 洛下——即洛陽,當時北魏都城。

㉞ 菩提留支——即菩提流支,約五六世紀北印度人,不但深通顯教,還熟悉當時流行的秘密陀羅尼法門。北魏永平元年(508),攜帶大量梵本來到洛陽,後又隨東魏的遷都到了鄴城,到天平二年(535),前後譯經三十年,何時去世已無考。

㉟ 三有——即慾界、色界、無色界三界。因三界有生有死,輪迴不已,所以又稱三有。

㊱《觀經》——《觀無量壽經》,一卷,劉宋時畺良耶舍譯,爲淨土三經之一。

㊲ 魏主——指東魏孝静帝元善見。

㊳ 并州大寺——北魏時期,并州州治在今太原市晉祠所在的晉陽。晉祠古十六景有“大寺荷風”,約在晉祠東二里許,很可能便是曇鸞所住的并州大寺。

㊴ 汾州北山石壁玄中寺——玄中寺在今山西省交城縣西北二十里的石壁山,寺因山名,故稱“石壁玄中寺”。汾州,春秋晉地,秦爲太原郡,漢爲太原西河郡,北魏置汾州,治所在蒲子城,孝昌時移治於西河(今汾陽縣),北魏時交城屬汾州。

㊵ 介山——在今山西省介休縣,又稱綿山。春秋時,晉文公重耳流落國外時,介子推爲忠實從臣。重耳回國即位,賞賜流亡時從臣,介子推未得提名,便與母隱居綿山。後來,重耳召介子推,介子推不出。爲逼他出來,重耳放火燒山,母子俱被焚死。爲紀念介子推,後人稱綿山爲介山。

㊶ 興和四年——興和,東魏孝静帝年號。興和四年,542 年。

㊷ 平遥——縣名,屬今山西省。漢爲平陶縣,北魏因太武帝名拓跋燾,陶、燾同音,避諱改名平遥。

㊸ 汾西泰陵文谷——此地名含混不清。“汾西”似指汾河之西。曇鸞“時往介山之陰”“卒於平遥山寺”,今介休與平遥二縣都在汾河兩岸,都有“汾西”部分,都無泰陵文谷。

㊹ 續龍樹後——龍樹(約 150—250),印度大乘佛教中觀學派的創始人,他曾贊頌阿彌陀佛,宣傳淨土信仰,如《十住毗婆沙論》《大智度論》《十二門論》等。“續龍樹後”,即繼龍樹而贊頌阿彌陀佛。

㊺ 撰《安樂集》兩卷——此處訛誤。《安樂集》兩卷,爲道綽所撰。曇鸞所撰非《安樂集》,乃《往生論注》(又名爲《無量壽經優婆提舍願生偈注》),共上、下二卷。

曇鸞傳

唐蘭谷法師慧祥撰

元魏沙門釋曇鸞[①],本雁門高族。在俗之日,曾止其寺[②],結草爲庵,心祈真境。既而備睹聖賢[③],因即出家。其地即鸞公所止之處也。後人廣其遺址,重立寺焉。今房屋十間,像設嚴整。

(《古清涼傳》卷上,《大正藏》第五十一册 《史傳部三》)

【注釋】

① 元魏——北魏孝文帝拓跋宏推行漢化措施,把鮮卑復音的姓氏,改爲音近的單音漢姓,皇族拓跋改爲元。因此,又稱北魏爲元魏。

② 其寺——指五臺山東臺外五臺縣豆村北蓮花山中的佛光寺。

③ 聖賢——指文殊菩薩及其眷屬。

沙門曇鸞法師傳

大唐弘法寺釋迦才撰[①]

沙門曇鸞法師者,并州汶水人也[②]。魏末高齊之初猶在。神智高遠,三國知聞[③]。洞曉眾經,獨步人外。梁國天子蕭王[④],恒向北禮曇鸞菩薩。注解天親菩薩《往生論》,裁成兩卷;法師撰集《無量壽經》奉贊,七言偈百九十五行;並《問答》一卷,流行於世。勸道俗等,決定往生,得見諸佛。恒請龍樹菩薩,臨終開悟,誠如所願。此方報盡,

半霄之内[5],現聖僧像,忽來入室云:

"我是龍樹。"

便爲説曰:

"已落之葉,不可更附枝也;未來之粟,不可倉中求也;白駒過隙,不可暫時留也。

已去者叵反,

未來未可追。

現在今何在?

白駒難可迴。"

法師妙達言旨:如是告終。即半夜内,發遣使者,遍告諸村白衣弟子及寺内出家弟子[6],可三百餘人,一時雨雲集。法師沐浴,着新淨衣,手執香爐,正面西坐,教誡門徒:索西方業。日初出時,大衆齊聲念彌陀佛,便即壽終。

寺西五里之外,有比丘尼寺,並是門徒。明相出後[7],集堂食粥,舉衆皆聞空内有微妙音樂,西來東去。中有智者告大衆言:

"法師和上(尚),一生教人修淨土業。今此音聲向東去者,必應多是迎法師來。"

食訖,相命覲法師去。庭前相待,未出寺庭之間,復聞音樂遠在空中,向西而去。尼僧等相與至彼,乃見無常[8]。此依經論,定得生西方也

(《淨土論》卷下,《大正藏》第西十七册《諸宗部四》)

【注釋】

① 迦才——唐代比丘,住長安弘法寺,其撰著中記載有道綽而無善導,似爲善導同時人。服膺淨土法門,撰有《淨土論》三卷。餘不詳。

② 汶水——即文水,縣名,今屬山西省。春秋時爲晉平陵邑,戰國時爲趙大陵地。漢置大陵縣,晉置壽陽縣,北魏改稱受陽,屬并州。隋改并州南受陽縣爲文水,

以縣西有文谷水而名。各家曇鸞傳均説爲雁門人，唯獨迦才説爲文水人，不知何據。

③ 三國——指東魏、北齊與梁。

④ 梁國天子蕭王——即梁武帝蕭衍。

⑤ 半霄——霄通"宵"，宵即夜。半霄即半夜。

⑥ 白衣弟子——白衣爲俗人之别稱，以印度婆羅門及俗人多服鮮白之衣之故。白衣弟子指在家弟子。

⑦ 明相——天空始呈白色之時。《釋氏要覽》："婆沙論云：明相有三：初，日照剡部樹身，天作黑色；二，日照樹葉，天作青色；三，日過樹，天作白色。三色中取白色爲正時，須舒手見掌文分明，始得食粥。"

⑧ 無常——本指一切事物生滅遷流，刹那不住。人生也是無常的，不能長生。《涅槃經》一："是身無常。"所以，無常俗指身死。

曇鸞法師傳

唐沙門文諗　釋子少康撰

齊朝曇鸞法師[①]，家近五臺[②]，洞明諸教[③]。因得此土《仙經》十卷，欲訪陶隱居學仙術。後逢三藏菩薩[④]，問曰："佛法中有長生不死法，勝此土《仙經》否？"三藏唾地驚曰："此方何處有長生不死法？縱得延壽，年盡須墮。"即將《無量壽觀經》授與鸞曰[⑤]："此大仙方，依而行之，長得解脱，永離生死。"鸞便須火，遂焚《仙經》。

忽於半夜，見一梵僧入房[⑥]，語鸞曰："我是龍樹菩薩。"便説偈：

"已落葉不可更附枝，
未來粟不可倉中求。
白駒過隙[⑦]，
不可暫駐。
已去者叵反[⑧]，
未來未可追。

現在今何在？

白駒難可迴。

法師乃知壽終，集弟子三百餘人，自執香爐面西，教誡門徒，勸崇西方。以日初出時，齊聲念佛，即便壽終。

寺西五里，有一尼寺，聞空中音樂，西來東去，須臾，又聞東來西去。

（《往生西方淨土瑞應傳》，《大正藏》第五十一册《史傳部三》）

【注釋】

① 齊朝曇鸞法師——按道宣《曇鸞傳》，曇鸞卒於東魏興和四年（542），年六十七。此處説"齊朝曇鸞法師"，則齊朝曇鸞尚在。

② 家近五臺——"五臺"指五臺山。五臺山環週五百餘里，其北麓即代縣，古雁門郡治所。曇鸞爲"雁門人"，所以説"家近五臺"。

③ 洞明諸教——不僅深諳佛理，而且通曉道教、儒家等學説。

④ 三藏菩薩——指菩提流支。通曉經、律、論者，稱爲"三藏"。"菩薩"是對菩提流支的美稱。

⑤《無量壽觀經》——即《觀無量壽經》。

⑥ 梵僧——古代對印度僧人的稱呼。

⑦ 白駒過隙——比喻光陰迅速。《莊子·知北遊》："人生天地之間，若白駒之過隙，忽然而已。"《史記·魏豹傳》："人生一世間，如白駒過隙耳。"《索隱》："小顔云：白駒謂日影也。隙，壁隙也。以言速疾，若日影過壁隙也。"

⑧ 叵——不可。

後魏壁谷釋曇鸞傳

宋戒珠撰

釋曇鸞，雁門人也。少遊五臺，感其靈異，誓而出俗。三乘頓漸[①]，具陶文理。嘗讀《大集經》，苦其辭義深密，難以開悟，大下辭筆，以形注解。又嘗抱疾，行至汾川，俄見雲陰斗盡，天門洞開，六欲階位，上下重復。鸞方瞬目，疾乃隨愈。鸞於是後，用心佛道，常如不及。開蒙誘俗，無間遠邇。

初，鸞好爲術學[②]，聞江南有陶隱居，得道家長生法，千里就之，以卒其業。陶以所學《仙經》十卷授鸞。鸞躍然自得，以爲神仙之術，其必然也。後還洛下，遇菩提留支，意頗德之。問支曰："佛道有爲長生乎？其能卻老爲不死乎？"支笑而對曰："長生不死，吾佛道也。道家何有焉？"旋以《觀無量壽經》授之曰："汝可誦此，則三界無復生[③]，六道無長往[④]。盈虛消長，禍福成敗，無得而朕[⑤]。其爲壽也，有劫石焉[⑥]，有河沙焉[⑦]。河沙之數有極，壽量之數無期。此吾金仙氏之長生也[⑧]。"鸞承其語，驟起深信，遂焚所學《仙經》，而專《觀經》焉。

每於《觀經》，得其理義，修三福業[⑨]，想像九品[⑩]。雖夫寒暑之變，疾病之來，不懈於始念。魏主憐其志向，又嘉其自行化他，流靡弘廣，號爲"神鸞"，敕住并州大嚴寺。未幾，移住汾州壁谷玄中寺。

一夕，鸞正持誦，見一梵僧掀昂而來，入其室曰："吾，龍樹也。其所居者，淨土焉。以汝有淨土之心，故來見汝。"鸞曰："何以教我？"樹曰：

"已去不可及，

未來未可追。

現在今何在？

白駒難與迴。”

言訖而失。鸞以所見勝異，必知死生之期戒（届）矣。即集弟子數百人，盛陳教誡言：“其四生役役[11]，其止無日。地獄諸苦，不可以不懼。九品淨業，不可以不修。”因令弟子齊聲高唱“阿彌陀佛”。鸞乃西向冥目，頓顙而示滅之。是時道俗，同聞管弦絲竹之聲，由西而來，由西而隱。

魏主曰：“此誠佛子之真修，其所歸也有在矣。”敕葬汾西之文谷，仍條其生平所習，以立碑焉。

（《淨土往生傳》卷上，《大正藏》第五十一册《史傳部三》）

【注釋】

① 三乘頓漸——乘，就是車。“三乘”即聲聞乘、緣覺乘、菩薩乘。按大乘佛教的説法，聲聞乘與緣覺乘爲小乘，因爲他們只求自己的解脱，譬如小車，不能多裝人，所度之人太少。菩薩乘是大乘，因爲菩薩自行化他，不但追求自己的解脱，而且發願度盡世人，譬如大車，能度衆生。頓漸，成佛是頓悟而得，還是靠長期努力修積而得，這是佛教界一直爭論的問題，也就有各種學説作出回答。

② 術學——指道家的方術。

③ 三界——慾界、色界、無色界，稱爲三界。按佛教説法，三界無安，猶如火宅。

④ 六道——慾界中的地獄、餓鬼、畜生、阿修羅（魔神）、人、天，稱爲六道。人在六道中輪迴，永無離期。

⑤ 朕——朕兆，事物的跡象、先兆。

⑥ 劫石——喻時間之長久。《智度論》五：“佛以譬喻説劫義：四十里石山，有長壽人，每百歲一來，以細軟衣拂拭此大石盡，而劫未盡。”佛以拂石喻示劫量之長，因稱劫石，或稱磐石劫。

⑦ 河沙——恒河之沙，其數不可計量。此處以河沙喻壽命之長。

⑧ 金仙氏——指佛。東漢《四十二章經》：“昔漢孝明皇帝，夜夢見神人，身體有金色，項有日光，飛在殿前。意中欣然，甚悦之。明日問群臣，此爲何神也？有通

人傳毅曰：臣聞天竺有得道者，號曰佛，輕舉能飛，殆將其神也。”因佛身金色微妙，稱爲金仙。李白《贈僧崖公》：“授予金仙道，曠劫未始聞。”《稽古略》四：“宋徽宗宣和元年，詔改佛爲大覺金仙。”

⑨ 三福業——三種福業：一，世福，孝養父母，奉事師長，持十善戒；二，戒福，持三歸五戒乃至具足戒；三，行福，發菩提心而行佛道。見《觀無量壽經》。

⑩ 九品——《觀無量壽經》把往生淨土者分爲九個品級，上品上生、上品中生、上品下生；中品上生、中品中生、中品下生；下品上生、下品中生、下品下生。

⑪ 四生役役——佛家把衆生之出生分爲四種，即胎生、卵生、濕生與化生。稱爲四生。“四生役役”即指在四生中輪迴轉生不已。

釋曇鸞法師傳

日本國親鸞撰[①]

釋曇鸞法師者，并州汾水縣人也[②]。魏末高齊之初猶在。神智高遠，三國知聞[③]。洞曉衆經，獨出人外。梁國天子蕭王[④]，恒向北禮菩薩[⑤]。注解《往生論》，裁成兩卷。事出釋迦才三卷《淨土論》也。

建長八年丙辰七月廿五日[⑥]

愚禿親鸞　八十四歲加點了

（《大正藏》曇鸞《往生論注》附録）

【注釋】

① 親鸞（1173—1262）——京都人。俗姓藤原氏，幼名松若磨，九歲出家，後拜日本淨土宗創立者法然上人（源空）爲師。三十五歲時自稱“愚禿親鸞”，五十一歲著《教行信證文類》六卷，創日本淨土真宗。明治九年(1876)，天皇賜以“見真大師”謚號。

② 并州汾水縣——疑誤。所據迦才《淨土論·曇鸞法師傳》作“并州汶水”。

③ 三國—— 東魏、北齊與蕭梁。

④ 梁國天子蕭王——梁武帝蕭衍。

⑤ 菩薩——指曇鸞。

⑥ 建長八年——建長，日本後深草天皇年號。建長八年即康元元年，公元1256年。

北魏壁谷曇鸞法師傳

宋志磬撰[①]

曇鸞，初爲術學，就陶隱居得《仙經》。還洛下遇菩提流支，問曰："佛道有長生乎？"支笑曰："長生不死，吾佛道也。"即授以《觀經》曰："能解此，則三界復生，六道無復轉。"師承其語，遂焚毁《仙經》，晝夜專誦《觀經》，修三福業，觀想九品。北魏主嘉之，號"神鸞"[②]，勑住汾州玄中寺。

一夕，正持誦，見梵僧入室，謂曰："吾龍樹也。以汝有淨土之念，故來見汝。"鸞曰："何以教我？"僧曰：

"已去不可及，
未來未可追，
見在今何在？
白駒難與迴。"

言訖不見。鸞即令弟子同唱佛，西向瞑目而化。

（《佛祖統紀》卷二十七，《大正藏》第四十九册《史傳部一》）

【注釋】

① 志磐——宋代僧人。咸淳中（1265—1274）住四明東湖。修天臺教法，博覽能文，爲著名佛教史家，所著有《佛祖統紀》。

② 北魏主——應爲“東魏主”之誤。

神鸞傳

明袾宏輯①

後魏曇鸞，少遊五臺，感靈異出家。而性嗜長生，受陶隱居《仙經》十卷。後遇菩提流支，乃問曰：“佛有長生不死術乎？”支笑曰：“長生不死，吾佛道也。”乃授《十六觀經》曰②：“學此，則三界無復生，六道無復往。其爲壽也，河沙劫石，莫能比焉。此吾金仙氏之長生也。”鸞大喜，遂焚《仙經》而修淨業，寒暑疾痛，曾無少懈。魏主號爲“神鸞”。

一夕，室中見梵僧，謂曰：“吾龍樹也，久居淨土。以汝同志，故來相見。”鸞自知時至，集衆教誡曰：“勞生役役，其止無日。地獄諸苦，不可以不懼。九品淨業，不可以不修。”因令弟子高聲念佛，西向稽顙而終。衆聞天樂自西而來，良久而已。

贊曰：黄冠者恒言曰③：“釋氏有死，神仙長生。”今支公謂佛有長生④，仙無長生，此論痛快簡當，高出千古。鸞法師捨僞歸真，如脱敝屣，豈非宿有正因者哉？

（《往生集》卷一，《大正藏》第五十一册《史傳部三》）

【注釋】

① 袾宏——字佛慧，號蓮池大師，華嚴宗人，寄心淨土，所著有《往生集》《阿彌陀經疏》等。明萬曆四十三年（1615）病逝，終年八十四歲。被尊爲淨土宗第八祖。

②《十六觀經》——即《觀無量壽經》，其中談淨土十六觀。

③ 黄冠——道士之冠，轉爲道士之别稱。唐李淳風父播，初仕隋，官高唐尉，後棄官爲道士，自號黄冠子。唐唐求《題青城范賢觀》："數里緣山不厭難，爲尋真訣問黄冠。"

④ 支公——菩提流支。